古代歷史文化研究輯刊

四　編

王　明　蓀　主編

第29冊

清初翰苑體制與翰林流品（下）

宋秉仁　著

國家圖書館出版品預行編目資料

清初翰苑體制與翰林流品（下）／宋秉仁 著—初版—台北
縣永和市：花木蘭文化出版社，2010〔民99〕
目 4+200 面；19×26 公分
（古代歷史文化研究輯刊 四編；第 29 冊）
ISBN：978-986-254-249-1（精裝）
1. 中國政治制度　2. 內閣　3. 文官制度　4. 清代
573.529　　　　　　　　　　　　　　　　　　99013201

ISBN - 978-986-254-249-1

9 789862 542491

古代歷史文化研究輯刊
四 編　第二九冊　　　　　　ISBN：978-986-254-249-1

清初翰苑體制與翰林流品（下）

作　　者　宋秉仁
主　　編　王明蓀
總 編 輯　杜潔祥
印　　刷　普羅文化出版廣告事業
出　　版　花木蘭文化出版社
發 行 所　花木蘭文化出版社
發 行 人　高小娟
聯絡地址　台北縣永和市中正路五九五號七樓之三
　　　　　電話：02-2923-1455／傳眞：02-2923-1452
電子信箱　sut81518@ms59.hinet.net
初　　版　2010 年 9 月
定　　價　四編 35 冊（精裝）新台幣 55,000 元

清初翰苑體制與翰林流品（下）

宋秉仁　著

目次

下　冊

第六章　官　常

官常原有官職、官規之意。官職典出《周禮》「以八法治官府……四曰官常，以聽官治」，鄭玄注「官常，謂各自領其官之常職，非連事通職所共也」[註1]。官規則是約束官員言行，有國家典制規定之法令，亦有約定俗成之官箴。惟本章並非單純討究官職、官規，乃取「官常」之名以涵蓋清代詞林人物於官場活動中，包括各種公私場合，所有行為舉止應該遵循之守則，並及於當時政治與社會環境對待此等人物所持之交接態度與動靜規矩。此為本章起首必須聲敘者。

第一節　名號稱謂

明清時人慣以古稱冠於現時官銜與職官之上，有以古代相應職官名為稱謂，亦有以古代高一級職官名相稱呼者，要之視為典雅與尊重之意。此風早於唐宋時期便有，如稱縣令為「明府」，稱刺史、知府、知州為「太守」，所用均是漢代官稱。

清人酬酢往來所用古代官稱與俗省稱謂更多，在京者，如稱大學士為「中堂」，稱太子少保為「宮保」，內閣有「閣學」（內閣學士）、「閣老」（內閣侍讀），六部有「天官」（吏部尚書，亦有稱冢宰者）、「大宗伯」（禮部尚書）、「大司徒」（戶部尚書，亦有稱大司農者）、「大司寇」（刑部尚書）、「大司馬」（兵部尚書）、「大司空」（工部尚書）。稱左都御史為「總憲」，稱左副都御史為「副

〔註1〕鄭玄注，賈公彥疏《周禮注疏》（北京：中華書局據上海世界書局縮印清阮元校刊《十三經注疏》影印，1980年），卷二，天官，大宰，頁7。

憲」，稱給事中爲「黃門」。在地方，如稱總督爲「制軍」、「制台」、「制憲」、「督憲」、「部堂」，稱巡撫爲「中丞」、「撫軍」、「撫台」、「撫院」、「撫憲」、「部院」，稱布政使爲「藩台」、「藩司」、「方伯」、「東司」，稱按察使爲「臬台」、「臬司」、「廉訪」、「西司」，稱道員爲「道台」、「觀察」，稱知府爲「二千石」、「太守」、「太尊」、「黃堂」、「五馬」，稱知縣爲「明府」、「令」、「大令」、「宰」、「邑尊」、「邑宰」、「邑令」、「令尹」、「大尹」，稱總兵爲「總鎮」、「鎮台」，稱副將爲「協鎮」、「協台」。

不僅職官稱謂，即各衙門亦有多種託古代稱，例如稱都察院爲「御史臺」、「柏臺」、「諫垣」，稱吏部爲「天官」，稱戶部爲「地官」，稱禮部爲「春官」，稱兵部爲「夏官」，稱刑部爲「秋官」，稱工部爲「冬官」。又如稱太常寺爲「奉常」，稱順天府爲「京兆尹」。以上所舉，實犖犖大端，且於清代小說、筆記與清人信札之中常見而正式官書政典所絕無者。其他京中與外省大小官員之別稱正多，無法細舉。凡此皆增加閱讀載籍之困難，故需予以釐清，以下就其與詞林相關者論述之，既明其典故，復可顯見其官場地位與時人之重視。

一、玉　堂

翰林院又有翰苑、詞林、槐廳、玉堂等別稱。

翰苑一詞，既可指措翰林院衙署所在，亦可視爲國家機構翰林院之代稱。梁章鉅《稱謂錄》引《宋史》〈蕭服傳〉語「文辭勁麗，宜居翰苑」，又云「明英宗制，非進士起家，不得居翰苑爲孤卿」。〔註2〕

槐廳乃指翰林院衙門而言，據宋人沈括《夢溪筆談》載：

> 學士院第三廳學士閣子，當前有一巨槐，素號槐廳，舊傳居此閣者，多至入相。學士爭槐廳，至有抵徹前人行李而強據之者，予爲學士時，目觀此事。〔註3〕

雖然《全唐詩話》亦有相同記載〔註4〕，但沈括既云親眼所見，故槐廳之稱至晚已見於宋代。

〔註2〕梁章鉅《稱謂錄》（台北：廣文書局據清刻本影印，1977年），卷十三，頁4a～4b。

〔註3〕沈括《夢溪筆談》（香港：中華書局胡道靜校注本，1975年），卷一，故事一，頁26。

〔註4〕張廷玉等纂《詞林典故》，卷六下，廨署，唐，頁3b。

至詞林之稱，據梁章鉅《稱謂錄》所記云：

> 《殿閣詞林記》洪武初建翰林院於皇城內，扁之曰詞林。《玉海》王
> 洙爲學士，仁宗以飛白「詞林」二字賜之。〔註5〕

詞林之稱至清代仍被廣泛使用，泛指翰林職官或云翰林人物之群體。

玉堂一詞，既云翰林院之機構，亦富涵崇高之意。據王士禎《古夫于亭雜錄》所記，乃出於《漢書》〈李尋傳〉，玉堂本爲漢代殿名，有待詔者之直廬於其側〔註6〕。陸以湉《冷廬雜識》則認爲漢代玉堂「乃天子所居，又爲嬖倖之舍」〔註7〕。俞樾《茶香室四鈔》引宋人程大昌《演繁錄》語「漢武故事，玉堂去地十二丈，基階皆用玉」〔註8〕，後世之人雖習用玉堂故事，卻罕能詳言其制，據此則想望其高峻如此，信乎如在天上矣。梁章鉅《稱謂錄》數引歷代載籍云：

> 李肇《翰林志》，時以居翰林皆謂凌玉清，溯紫霄，豈止於登瀛洲哉，
> 亦曰玉署玉堂。彭時《筆記》，翰林官世謂之玉堂仙。楊雄《解嘲》，
> 歷金門，上玉堂。

復引宋代葉夢得之語：

> 太宗時，蘇易簡爲學士，上嘗語曰「玉堂之設，但虛傳其說，終
> 未有正名」。乃以紅羅飛白「玉堂之署」四字賜之。易簡即扃鐻置
> 堂上，每學士上事始得一開視，最爲翰林盛事。紹聖間，蔡魯公
> 爲承旨，始奏乞摹就杭州刻之，以避英廟諱，去下二字，止曰玉
> 堂。〔註9〕

李調元《淡墨錄》更指出除宋太宗曾書以賜蘇易簡之外，宋高宗亦曾書賜周麟之，同時認爲後代稱翰林爲玉堂，便是始於宋代〔註10〕。陸以湉更舉歐陽修詩「金馬並游年最少，玉堂初直夜猶寒」爲證，說明玉堂一詞自宋代開始專屬翰林。〔註11〕

〔註5〕梁章鉅《稱謂錄》，卷十三，頁4b。

〔註6〕王士禎《古夫于亭雜錄》，卷二，玉堂，頁40。

〔註7〕陸以湉《冷廬雜識》，卷四，玉堂，頁231。

〔註8〕俞樾《茶香室叢鈔》（北京：中華書局點校本，1995年），冊四，四鈔，卷十七，玉堂，頁1750。

〔註9〕梁章鉅《稱謂錄》，卷十三，頁5b～6a。

〔註10〕李調元《淡墨錄》（台北：廣文書局，據乾隆乙卯（60）年序本影印，1969年），卷二，頁25a。

〔註11〕陸以湉《冷廬雜識》，卷四，玉堂，頁231。

二、中　堂

清人喜稱大學士爲中堂，此稱乍視之似與翰苑無關，然細究之，則關係綦大，若不知底蘊，無以明瞭翰苑與殿閣宰輔之關係。

俞樾《茶香室四鈔》云：

> 大學士今稱中堂，以大學士設坐在翰林院正堂之中故也。〔註12〕

此說但知其然，不知其所以然。王士禎《池北偶談》認爲清代閣臣大拜，稱中堂，起源應追溯至明初。明太祖洪武十五年（1382）設殿閣大學士，帝命皆於翰林院上任。十八年（1385）又命殿閣大學士、左右春坊大學士俱爲翰林院官，故院中設閣老公座於上，而掌院學士反居其旁，諸學士乃稱閣臣爲「中堂」〔註13〕。其後趙翼質疑王士禎有張冠李戴之嫌，所著《陔餘叢考》引《明史》〈錢幹傳〉云：

> 宣德七年，以故鴻臚寺爲翰林院落成，諸殿閣大學士皆至，錢幹不
> 設楊士奇、楊榮座，或問之，曰「此非三公府也」。二楊以聞，上命
> 工部具座，禮部敘位次，二楊始自內閣出坐諸學士上。

認爲既然洪武時已於翰林院設座，豈有宣德時反不設座之理，豈非洪武時事爲南京舊制，而宣德時則以北京鴻臚寺改翰林院爲創舉，遂不援爲故事。〔註14〕

袁枚《隨園隨筆》解中堂之義有三：

> 宋有集賢院大學士，以宰相充之，太宗親幸之。後惟學士上任，一
> 正坐而已，有朱衣院使引之而上，故曰中堂。《通雅》則云「明制，
> 宰相無印支俸，皆借翰林院印，故到任必在翰林院，衙門吏視相公
> 幾位，則設幾坐，故曰中堂」。史文靖公云「中堂者，中書政事堂也。
> 堂白，宋始建」。〔註15〕

是知中堂之名始於宋代，而大學士在翰林院到任，因座在正堂之中而稱中堂乃是起於明代，其制至清猶然。

清代大學士拜命入閣之時，須至翰林院到任，坐翰林院正堂居中，故習稱「中堂」，即使掌院蒞任亦只坐東偏，意爲避相國坐處〔註16〕。清初有欽定

〔註12〕俞樾《茶香室叢鈔》冊四，四鈔，卷十七，翰林院正堂左堂右堂，頁1753。
〔註13〕王士禎《池北偶談》，卷一，談故一，中堂，頁16～17。
〔註14〕趙翼《陔餘叢考》（上海：商務印書館據清乾隆五十五年湛貽堂刻本點校，1957年），卷二十六，大學士到任在翰林院，頁531～532。
〔註15〕袁枚《隨園隨筆》，卷上，中堂三解，頁142～143。
〔註16〕王應奎《柳南隨筆續筆》，隨筆，卷三，頁57。

之〈大學士上任儀〉明載「凡大學士初授應於翰林院受任」：

> 是日，大學士具朝服入署，至大堂簷下停輿，詣先師祠，行三跪九
> 叩禮。詣昌黎祠，行一跪三叩禮。至後堂更衣，出坐大堂，翰林官
> 以次進揖，大學士出位答揖。館人呈上諸名帖，學士至中贊用紅柬，
> 稱年家眷晚生；修撰編修用白柬，稱晚生。無論前後輩皆然。庶吉
> 士用光名柬，如門生儀。或大學士不由詞林出身者，儀式並同。如
> 大學士授職已久，因在外省還京，始行受任，其奉旨以後始散館授
> 職之翰林，仍用光名。故事，凡大學士上任前一日，先具帖，差館
> 人至前輩處，辭其進署。掌院並同。〔註17〕

亦可推知中堂之「堂」應是翰林院大堂。

　　福格為清季時人，所著《聽雨叢談》對中堂另有別解：

> 大學士滿漢各二人，不以殿閣為序，有新拜者，同列具疏請定班
> 次，而階級相均，難別正佐，故皆稱中堂。協辦大學士，滿漢無定
> 員，例以六曹尚書兼之，未便降稱副佐，故亦曰中堂。或曰大學士
> 多拜總理部務之命，於尚書位次之中，別設一座，故曰中堂，亦近
> 似之。

其言應是清季對「中堂」一詞來源日久失實所致，但福格仍以前述王士禛所
述明代故實而加案語「今大學士上任仍在翰林院」。〔註18〕

　　又，清初葉鳳毛《內閣小志》記其親見之語：

> 中堂到任，若由翰林出身者先到翰林而後到閣。內閣翰詹班迎於午
> 門內，設公案於滿本堂，三處官員以次參揖。翰詹學士揖，中堂出
> 位答揖，送至門檻。閣署供事皂隸叩頭已，乃至所坐堂。滿漢學士
> 序立庭內迎前輩中堂，在門檻內迎入。供事先呈吉利本數件閱，翌
> 日奏行走前後班次。〔註19〕

葉鳳毛親見翰林出身之閣臣上任須先在翰林院上任，而後到閣，此例在清末
似已不成慣例。曾國藩（湖南湘鄉人，道光十八年（1838）進士，由庶吉士

　　　　朱彭壽《安樂康平室隨筆》，卷四，頁 232。
〔註17〕朱珪等纂《皇朝詞林典故》，卷四十六，儀式，大學士上任儀，頁 1a～2a。
　　　　內閣典籍廳有〈呈送大學士上任儀注〉，所記亦同。見王正功纂輯，趙輯寧校
　　　　補《中書典故彙紀》，卷四，頁 42a～42b。
〔註18〕福格《聽雨叢談》，卷一，中堂，頁 24。
〔註19〕葉鳳毛《內閣小志》，頁 2b～3a。

授檢討）於穆宗同治七年（1868）十二月十八日到武英殿大學士任，其日記略云：

> 午初出門，至內閣到大學士任。先至誥敕房更衣，在公案一坐，次至滿本房公案一坐，次至大堂一坐。橫列六案，滿，東三案，漢，西三案。余在西之第一案一坐，畫稿兩件。侍讀、中書等數十人來三揖，余答揖……旋至翰林院到任，先在典簿廳更衣，次至大堂一坐，次至聖廟行禮，次至典簿廳更衣，次至昌黎廟行禮，次至清秘堂一坐。學士編檢等以次來三揖，余答揖後回寓。〔註20〕

翁同龢（江蘇常熟人，咸豐六年（1856）一甲一名進士，授修撰）於德宗光緒二十三年（1897）八月二十日到協辦大學士任，其日記略云：

> 是日巳刻到任，入協和門，循廊南行，至誥敕房廊下西嚮三間，侍讀、中書數人候於此，更朝服，設公案，侍讀等三躬呈官單，中書二人導入內閣前門，至滿本堂，侍讀等復三躬呈官單，又導上堂，閣讀學迎於垂花門外一揖二人。上堂坐西邊末座，侍讀、中書人甚多，皆三躬。呈單事宜畢，畫稿數件，供事皂隸參見畢，即乘椅出後門。由東華門至翰林院，在典籍（簿）廳易朝冠，在穿堂設坐，書上任稿，三筆政、一走侍館。至聖人廟行禮九叩，復至典籍（簿）廳易補褂藍袍，至文公祠行禮三叩。遂詣清秘堂，編檢辦事諸君迎於階下，學士迎階上，入門三揖，分三次，答揖如之。坐北床，學士以下陪坐，走館呈帖，請易名片諸君，寒暄一刻，遂散送如之。〔註21〕

雖與葉鳳毛所記稍有不同，然大學士上任仍須兼至翰林院則為確然無疑。且據曾國藩、翁同龢二人日記，在翰林院設座一在大堂、一在穿堂，且左右並無他席，故此座當在堂之正中，亦可證明「中堂」之「堂」，乃指翰林院大堂。

　　又，清代並無丞相，但擢陞殿閣大學士即為宰輔，實即拜相，又稱「大拜」。大拜之稱，自古已然，如唐人李肇《國史補》「（李晟）與張延賞有隙，及延賞大拜，二勳臣在朝，德宗令韓晉公和解之」〔註22〕。明人謝肇淛《五

〔註20〕《曾國藩全集》《日記》冊三，同治七年十二月十八日，頁1586。

〔註21〕趙中孚《翁同龢日記排印本附索引》（台北：成文出版社，全五冊，1970年），冊五，光緒二十三年八月二十日，頁2112。

〔註22〕李肇《國史補》（台北：新興書局筆記小說大觀二十一編，1987年），卷上，頁7b。

雜俎》「永嘉（張孚敬）登第時，年逾五十，主司見而憫其老也。永嘉憾之，其後大拜，竟不及門云」〔註23〕。至清代尤尚此稱，王士禎《池北偶談》卷三「本朝以學士大拜者二人：高陽李公，丙戌進士，戊戌大拜，兼工部尚書。孝感熊公，戊戌進士，乙卯大拜，兼刑部尚書。李年三十四，熊年四十一」〔註24〕。即便戲曲文本亦用此稱，孔尚任《桃花扇》「若論迎立之功，今日大拜，自然讓馬老先生了」。〔註25〕

三、太 史

清人喜以官職指稱其人，對待翰林稱某侍讀、某侍講、某編修、某檢討，此外有喜以「太史」相稱，具體可見於筆記、信札與傳狀誌銘之中。

史官為中國獨有之制〔註26〕，起自上占。據傳黃帝時已有「史」之職官，其人為倉頡、沮頌、大撓、隸首、容成、史皇，夏有「大史令」終古，殷有「大史」遲任、「內史」向摯、「史」尹逸。

《周禮》春官之屬有「太史」，為史官、曆官之長，掌理天象曆法之事。西周、春秋時亦設掌管起草文書、策命諸侯卿大夫、記載史事、編寫史書，兼掌國家典籍、天文曆法、祭祀等。

秦稱「太史令」，屬太常。漢代史官依《漢書》〈百官公卿表〉有「中丞」，官屬御史大夫，在殿中蘭臺掌圖籍秘書，《後漢書》〈百官志〉則為少府卿官屬，秩六百石，本注曰「掌奏及印工文書」，以上為掌史料圖籍而兼撰史傳者，此為一類。另一類「太史令丞」，依《漢書》〈百官公卿表〉為奉常屬官，有大樂、大祝、大宰、大史、大卜、大醫。司馬遷《史記》雖有〈太史公自敘〉，但漢代實無「太史公」職官，應係司馬遷自尊自重之稱，遷與其父司馬談所任者應是「太史令」，亦為承秦以來之制。

漢代以後修史已有專官，晉有「著作郎」，南朝有「修史學士」，隋唐有「著作郎」、「起居舍人」。太史成為推演曆法之職，或稱太史署、太史局、太史監，至元猶有太史院，明清則改為欽天監。

〔註23〕謝肇淛《五雜俎》（北京：中華書局中國文學參考資料叢書標點本，1959年），卷十四，事部二，頁413。

〔註24〕王士禎《池北偶談》，卷三，談故三，學士大拜，頁63～64。

〔註25〕孔尚任《桃花扇》（北京：人民文學出版社王季思、蘇寰中合註本，1959年），卷二，上本，第十六齣，設朝，頁103～104。

〔註26〕以下中國歷代史官制度，均整理自劉節《中國史學史稿》（鄭州：中州書畫社，1982年）。與李宗侗《史學概要》（台北：正中書局，1968年）。

　　兩宋史官制度頗爲複雜，有「起居院」，命三館（史館、昭文館、集賢院）校理以上官纂修《起居注》；有「日曆所」，性質與《起居注》相近；有「實錄院」、「國史院」，分別修造編年體之《實錄》與紀傳體之《國史》；有「玉牒所」，譜世系、辨昭穆，且兼紀大事；有「會要所」，蒐羅編纂範圍已超越杜佑《通典》。

　　明代將翰林院與史館之制結合，《起居注》、《實錄》均歸翰林院兼攝，清代復沿襲而擴大之，故清人以翰林職在纂撰修史，乃喜以古代史職「太史」稱謂翰林，亦表尊崇之意。

　　梁章鉅《稱謂錄》引《周禮》「凡命諸侯及孤卿大夫，則策命之。凡四方之事書，內史讀之。王制祿，則贊爲之，以方出之」，及「外史掌書外令，掌四方之志，掌三皇五帝之書，掌達書名于四方，若以書使爲四方，則書其令」二語，認爲世以「太史」稱謂翰林爲非，因《周官》五史雖以太史爲之長，而其職專掌天文，並非秉筆之任，即便西漢之太史令屬太常，乃術數之官，不司著述，故司馬遷亦自稱「近於卜祝之間」；唯「內史」掌策命，「外史」掌外令及書志，與後世翰林之典制誥書籍者相符〔註 27〕。其說固然成理，然清人之呼翰林爲太史，則恐非以古代史職爲考慮，應是以翰林乃官在史職，而漢代司馬遷著《史記》開創中國正史體例先河，取司馬遷所任官職以稱謂現世翰林，實表恭維崇敬之意。

　　以下略舉數例，以證「太史」之稱之使用。明清之際談遷於世祖順治十年（1653）至順治十三年（1656）北遊京師，撰《北遊錄》一書，內有〈寄吳默貞太史書〉、〈上吳駿公太史書〉〔註 28〕。按吳默貞即吳太沖，明崇禎四年（1631）進士〔註 29〕；吳駿公即吳偉業，明崇禎四年（1631）一甲二名進士，授編修，入清授侍講〔註 30〕。可見自明以來，已以「太史」稱謂翰林。

　　清代太史之稱，於載記中俯拾皆是，於此僅略舉二書爲例。康、雍時人金埴《不下帶編》有以下文字：〔註 31〕

〔註 27〕梁章鉅《稱謂錄》，卷十二，頁 9a～9b。
　　　　所引《周禮》二語，見鄭玄注，賈公彥疏《周禮注疏》，卷二十六，春官，內史。外史，頁 182。
〔註 28〕談遷《北遊錄》，記文，頁 267～269。
〔註 29〕朱保炯、謝沛霖《明清進士題名碑錄索引》（上海：上海古籍出版社，1980年），頁 2608。
〔註 30〕王鍾翰點校《清史列傳》冊二十，卷七十九，吳偉業，頁 6552。
〔註 31〕分見金埴《不下帶編》，卷一，頁 8；卷一，頁 18；卷二，頁 25；卷三，頁 59。

近如寒村鄭太史梁，康熙初贋鄉薦，陳太史介眉錫鍜尚諸生，寄詩云……。

潘太史稼堂未序貴池吳復古銘道云……。

查太史德尹嗣瑮試京兆下第，有送秋詩……遂以此詩得名。

辛巳夏，與竹垞朱太史錫鬯暨西湖諸子有湖上樓之集……。

按，陳錫鍜，浙江定海人，康熙十五年（1676）丙辰科進士，選庶常，散館授編修〔註32〕。鄭梁，浙江慈谿人，聖祖康熙二十七年（1688）戊辰科進士，選庶常，散館改主事，官至知府〔註33〕。又，潘耒，江蘇吳江人，康熙十八年（1679）以布衣舉博學鴻詞，授檢討〔註34〕。查嗣瑮，浙江海寧人，查慎行之弟，康熙三十九年（1700）庚辰科進士，選庶常，散館授編修，洊陞侍講〔註35〕。朱彝尊，字錫鬯，浙江秀水人，康熙十八年（1679）以布衣舉博學鴻詞，授檢討〔註36〕。由鄭梁之例，則知庶常散館他授者，亦稱太史。

另，乾、嘉、道時人錢泳所著《履園叢話》有以下二則文字：〔註37〕

吳縣范芝巖太史來宗，字翰尊，爲宋文正公後。中乾隆乙未進士，入翰林，告歸，時年五十餘矣。

大興翁宜泉太史名樹培，覃溪先生子。乾隆丁未進士，入翰林。博雅好古，能傳家學。

按，范來宗，字翰尊，號芝巖，江南吳縣人，高宗乾隆四十年（1775）乙未科進士，選庶常，散館授編修〔註38〕。翁樹培，順天大興人。父翁方綱，字正三，號覃溪，乾隆十七年（1752）壬申科進士，選庶常，散館授編修。樹培中乾隆五十二年（1787）丁未科進士，選庶常，散館授檢討〔註39〕。父子二人皆中進士、選庶常、任翰林、稱太史。

翰林非惟被尊爲太史，詞臣出身者亦自視爲太史。博明，滿洲鑲藍旗，原名貴明，字希哲，號晰齋，又號西齋。乾隆十七年（1752）壬申恩科進

〔註32〕朱汝珍《詞林輯略》，卷二，康熙十五年丙辰科，頁5～7。

〔註33〕朱汝珍《詞林輯略》，卷二，康熙二十七年戊辰科，頁14～15。

〔註34〕王鍾翰點校《清史列傳》冊十八，卷七十一，潘耒，頁5787。

〔註35〕王鍾翰點校《清史列傳》冊十八，卷七十一，查慎行附弟嗣瑮，頁5811。

〔註36〕王鍾翰點校《清史列傳》冊十八，卷七十一，朱彝尊，頁5776。

〔註37〕錢泳《履園叢話》（北京：中華書局點校本，1979年），叢話六，耆舊，芝巖太史，頁156；叢話六，耆舊，宜泉太史，頁160。

〔註38〕朱汝珍《詞林輯略》，卷四，乾隆四十年乙未科，頁35～37。

〔註39〕徐世昌《大清畿輔先哲傳》冊下，文學傳五，翁方綱附子樹培，頁708。

士，選庶吉士，散館授編修，歷官雲南迤西道，遇事降貶，復官至兵部員外郎〔註40〕。陳康祺《郎潛紀聞》記其晚年景況：

> 晚年頹放，布衫草笠，涸跡長安，僧舍酒樓，醉輒題詠，灑如也。
>
> 人有叩其姓名者，答曰「八千里外觀察使，三十年前太史公」。又云
>
> 「十五科前進士，八千里外監司」。〔註41〕

由博明答語，既知其晚年仍自承曾爲太史之職，亦知其仍以科分前輩爲榮。其他稱翰林爲太史之載籍正多，無法一一縷述。要之者，太史之稱，至清末民初仍然風行，相沿不替。

四、宮　詹

東宮詹事稱爲宮詹，在清代乃指詹事府詹事。王士禎《池北偶談》記其友：

> 薛君諱佩玉，山西芮城人，辛丑進士，出予友李宮詹容齋之門。
>
> 〔註42〕

李容齋即大學士李天馥，河南永城人，世祖順治十五年（1658）進士，改庶吉士，散館授檢討，其後於聖祖康熙十五年（1676）累遷至詹事府少詹事〔註43〕。又，錢泳《履園叢話》述其同宗先賢錢大昕學問，首云：

> 家竹汀先生名大昕，字曉徵，嘉定人。乾隆甲戌進士，官至詹事府
>
> 少詹。

錢泳將此段文字冠以「竹汀宮詹」〔註44〕之題，即因錢大昕由庶吉士散館授編修，於乾隆三十四年（1769）累遷爲詹事府少詹事之故。〔註45〕

清代被稱「宮詹」最常見而有名者，厥爲聖祖朝歸允肅。允肅，字孝儀，江南常熟人，康熙十八年（1679）己未科一甲一名進士，授修撰。嘗主順天鄉試，充日講起居注官，陞中允，歷侍講、侍讀，晉讀、講學士，遷詹事府少詹事，其後以疾告歸，卒於家〔註46〕。允肅於康熙二十年（1681）主試順

〔註40〕朱汝珍《詞林輯略》，卷四，乾隆十七年壬申恩科，頁 19～20。

〔註41〕陳康祺《郎潛紀聞初筆二筆三筆》，初筆，卷十，博晰齋之頹放，頁 227。

〔註42〕王士禎《池北偶談》，卷六，談獻二，薛佩玉，頁 142～143。

〔註43〕王鍾翰點校《清史列傳》冊三，卷九，李天馥，頁 643。

〔註44〕錢泳《履園叢話》，叢話六，耆舊，竹汀宮詹，頁 148。

〔註45〕王鍾翰點校《清史列傳》冊十七，卷六十八，錢大昕，頁 5499。

〔註46〕朱汝珍《詞林輯略》，卷二，康熙十八年己未科，頁 7～8。

閔爾昌編《碑傳集補》（上海：上海書店《清碑傳合集》據民國十二年作者自序本影印，1988 年），卷八，翰詹一，蘇州府志〈歸允肅傳〉，頁 1。

天，入闈前自誓明志，並要求同、房各官俱應清廉自持、秉公守正（事見本書「職掌」章、「試差提學」節），其事屢爲清人筆記所載，津津樂道。

東宮官稱謂，另有「宮坊」一詞較爲少見。金埴《不下帶編》記：

> 孫太常莪山勷，寄趙宮坊秋谷執信詩云「可憐一曲長生殿，斷送宮坊到白頭」。〔註47〕

按，趙執信，字伸符，山東益都人，聖祖康熙十八年（1679）進士，改庶吉士，散館授編修。是時正值徵試鴻博，續學雄文之士，群集輦下，執信往來其間，傾倒四座，尤爲朱彝尊、陳維崧、毛奇齡所引重，互訂忘年之交。趙執信性喜諧謔，有狂名。康熙二十八年（1689），時任右春坊右贊善，以事削籍奪官，時年不及三十。既歸，放情詩酒，徜徉山林五十餘年，至高宗乾隆九年（1744）卒，年八十三〔註48〕。執信去官之日，任職右春坊右贊善，是以稱爲「宮坊」。孫勷寄詩，乃因執信削職而欲有所安慰，其事出於國學生錢塘洪昇，以詩詞遊於公卿之間，所演《長生殿傳奇》初成，置酒大會，名流畢集，讌飲觀劇，執信亦在其中，而其時尚處國恤期間，爲給事中黃儀所劾；執信至考功獨以自任，使其餘在座者僅得薄譴，己身則以此罷職。〔註49〕

五、殿 撰

會試一甲一名俗稱狀元，清人又稱爲「殿撰」。陳其元《庸閒齋筆記》云：

> 我朝凡一甲一名及第者，均授職翰林院修撰，故有殿撰之稱。

〔註50〕

其說固無大錯，然未能確考此稱之由來。按，宋代有集英殿、集賢殿、右文殿，俱有修撰之職，「殿撰」即指此而言〔註51〕。如陸游〈送辛幼安殿撰造朝〉詩，即因辛棄疾曾任右文殿修撰與集英殿修撰〔註52〕。元代張起巖以進士第

〔註47〕 金埴《不下帶編》，卷一，頁3。

〔註48〕 王鍾翰點校《清史列傳》冊十八，卷七十一，趙執信，頁5796。

〔註49〕 錢儀吉《碑傳集》冊四，卷四十五，翰詹上之下，汪由敦〈文林郎前右春坊右贊善兼翰林院檢討趙先生執信墓誌銘〉，頁1248。

〔註50〕 陳其元《庸閒齋筆記》，卷一，頁5。

〔註51〕 脫脫等撰《宋史》冊十二，卷一六二，志一一五，職官二，諸修撰直閣，頁3821。「國初，有集賢殿修撰、直龍圖閣、直秘閣三等。政和六年，始置集英殿修撰、右文殿修撰、秘閣修撰……政和六年，以集賢院無此名，其見任集賢院修撰並改爲右文殿修撰，次於集英殿修撰，爲貼職之高等」。

〔註52〕 陸游原著，錢聯仲校注《劍南詩稿校注》（上海：上海古籍出版社，全八冊，1985年），冊六，卷五十七〈送辛幼安殿撰造朝〉，頁3314。

一名特授集賢院修撰〔註 53〕，明清仍沿其舊稱，仍稱大魁天下、榜下授職修撰者爲「殿撰」，如陸以湉《冷廬雜識》所載二例：〔註 54〕

> 嘉定秦簪園殿撰大成，事母純孝，母稍不悦，則長跪請罪……。
>
> 蘄水陳秋舫殿撰沆，工詩……。

按，秦大成，字澄敘，號簪園，江南嘉定人，高宗乾隆二十八年（1763）癸未科一甲一名進士，授修撰〔註 55〕。陳沆，字太初，湖北蘄水人，仁宗嘉慶二十四年（1819）己卯恩科一甲一名進士，授修撰，曾充廣東鄉試正考官、會試同考官，轉任四川道監察御史，卒於官〔註 56〕。又如閔爾昌編《碑傳集補》有〈陳殿撰愛川先生傳〉，傳主陳倓，字定先，號愛川，江南儀徵人，世宗雍正十一年（1733）癸丑科一甲一名進士，授修撰，嘗分校北闈，承命編纂《文獻通考》，充文穎館提調、國史館纂修、實錄館纂修，高宗乾隆二年（1737）六月充冊封安南特簡副使，四年（1739）卒於官。〔註 57〕

六、老先生

據考，老先生之稱，始於《史記》〈賈誼傳〉。明代已稱翰林曰老先生，雖年少亦總稱老先生。至清初則用以稱呼相國，而各省兩司稱呼撫臺亦曰老先生〔註 58〕。明末王世貞（弇州）《觚不觚錄》云：

> 京師稱謂極尊者曰老先生，自內閣以至大小九卿皆如之。門生稱座主亦不過曰老先生而已……內閣諸老縉紳于外，亦不過曰老先生而已。〔註 59〕

是知明代已有老先生之稱，但有一定範圍，翰林亦在其中。王士禎《居易錄》

脫脫等撰《宋史》冊三十五，卷四○一，列傳一六○，辛棄疾，頁 12161。

〔註 53〕宋濂等撰《元史》冊十四，卷一八二，列傳六十九，張起巖，頁 4193。「中延祐乙卯進士，首選，除同知登州事，特旨改集賢修撰，轉國子博士，陞國子監丞，進翰林待制，兼國史院編修官」。

〔註 54〕陸以湉《冷廬雜識》，卷一，秦殿撰，頁 31；卷六，陳殿撰詩，頁 317。

〔註 55〕李桓《國朝耆獻類徵初編》（台北：明文書局，周駿富輯《清代傳記叢刊》據清光緒十年湘陰李氏藏板影印，1985 年），卷一二九，詞臣十五，秦大成，頁 23a。

〔註 56〕王鍾翰點校《清史列傳》冊十九，卷七十三，陳沆，頁 6016。

〔註 57〕閔爾昌編《碑傳集補》，卷八，翰詹一，馬樸臣〈陳殿撰愛川先生傳〉，頁 18a。

〔註 58〕錢泳《履園叢話》，叢話三，考索，老先生，頁 68。

〔註 59〕王世貞《觚不觚錄》（台北：新興書局據《廣百川學海》本影印，1970 年），頁 16a～17b。

云：

> 京官各衙門相稱謂，皆有一定之體，蓋沿明舊。如內閣部堂彼此曰
> 老先生，翰詹亦然。給事中曰掌科，御史曰道長，吏部曰印君，曰
> 長官，自國初以來皆然。余己巳冬再入京師，則諸部郎官以下無不
> 稱老先生者矣。〔註60〕

對照王士禎另撰《香祖筆記》云：

> 京官舊例，各衙門稱謂有一定儀注，不可那移。如翰詹稱老先生，
> 吏部稱選君、印君，員外以下稱長官，科稱掌科，道稱道長是也。
> 自康熙丙子祭告回京，見聞頓異，各部司及中行評博，無不稱老先
> 生者矣，此亦觚不觚之一也。〔註61〕

由上引諸文，已清楚可知清初沿襲明代舊習，內閣、六部、九卿之堂上官，
及翰詹各官，均以「老先生」彼此相稱，且應為衙門內稱謂。王士禎於聖祖
康熙二十四年（1685）請假歸里，時官少詹事，旋丁父憂。至二十八年（1689，
己巳）服闋返京，次年正月補原官。又於康熙三十五年（1696，丙子）正月，
以戶部左侍郎並充《淵鑒類函》總裁之身，奉命祭告西嶽西鎮江瀆〔註62〕。
兩處記載，時間不同，惟均驚覺風氣大變，「老先生」之稱已非堂官、翰詹以
上者專有。

王應奎距王士禎三十餘年，所見又有不同：

> 今則一登兩榜，未有不「老先生」之者。〔註63〕

因此當時之殿閣大學士、翰林院掌院學士、教習庶吉士均以老先生稱呼庶常
〔註64〕，即是此稱謂對象範圍日益擴大之跡。

據久居內閣之葉鳳毛所觀察者，老先生之稱確有日見氾濫之勢：

> 按自雍正三年間，三品以上俱稱大人，而老先生止稱於四品以下至
> 小京官。外任道府由部員翰林出，同知由中書舍人出者，俱如舊稱。
> 近見京僚稱佐雜流外亦老先生，此又觚不觚之尤甚者矣。〔註65〕

〔註60〕 王士禎《居易錄》（台北：新興書局據清刊本影印，1977年），卷二十九，頁
12b。
〔註61〕 王士禎《香祖筆記》，卷一，頁5b。
〔註62〕 王鍾翰點校《清史列傳》冊三，卷九，王士禎，頁657。
〔註63〕 王應奎《柳南隨筆續筆》，隨筆，卷一，頁8。
〔註64〕 梁章鉅《稱謂錄》，卷三十二，京官尊稱，老先生，頁25a～25b。
〔註65〕 葉鳳毛《內閣小志》，頁29b～30a。

七、大　人

翰林原有稱呼「老爺」、「大老爺」者。清初王應奎《柳南隨筆》記云：

> 前明時，縉紳惟九卿稱老爺，詞林稱老爺，外任司道以上稱老爺，
> 餘止稱爺，鄉稱老爹而已……今則內而九卿，外而司道以上，俱稱
> 大老爺矣；自知府至知縣，俱稱太老爺矣。又舉人、貢生俱稱相公，
> 即國初猶然，今則並稱大爺矣。此就紳士言之，其餘稱謂之僭越無
> 等，更非一端也。〔註66〕

是知自明代以來，翰林又同時被稱爲「老爺」，至熙、雍年間逐漸演爲「大老
爺」。更透露一項消息，即官職之俗省稱謂，不僅代有變化，且朝野之間亦有
不同，而其稱謂本身之寓意亦有後來居上之勢。惟此項稱謂，在清初並無足
夠證據顯示爲常見現象。然可確定者，京官「老先生」、「老爺」、「大老爺」
之稱，至清季均不復見，改稱「大人」。咸、同間福格云：

> 古稱大人、先生，蓋指德業而言，非謂名爵也……本朝內大臣、都
> 統、尚書、侍郎、卿寺、學士、堂上官皆稱大人。中允、洗馬、贊
> 善、巡城御史、掌科給事，皆在本署中稱大人，出署則否也。外官
> 文職督撫、學政、織造、監督、司道，武職提督、副都統、總兵、
> 城守尉，皆稱大人……大學士稱中堂，將軍稱將軍，似不以大人兩
> 字爲極尊之稱。

依福格所言，清人直以大人二字稱其名爵，已非尊其德業，甚而可視爲一種
躐等媚稱：

> 余幼時，道員已稱大人，府廳州皆稱大老爺，知縣皆稱太爺，形於
> 筆札則稱太老爺。咸豐年用兵以來，知府多加運使、道員職銜，亦
> 稱大人。甚有未加銜者，屬吏亦媚之曰大人。知縣則無不加銜，無
> 不大老爺矣……近年以來，副將漸稱大人，守備亦稱總爺，兵丁久
> 已稱將爺，什長、傳號久已稱掌家，更爲躐等之甚矣。〔註67〕

陳康祺，浙江鄞縣人，穆宗同治十年（1871）辛未科進士，自述在京見聞
云：

> 康祺入都，在同治初，所謂掌科、道長、長官者，絕無如此稱謂，
> 惟印君則六部掌印者皆然，不獨吏部。而老先生三字，則貴賤上下，

〔註66〕王應奎《柳南隨筆續筆》，隨筆，卷五，頁91。
〔註67〕福格《聽雨叢談》，卷八，大人，頁178。

滿朝無一人稱者。

陳康祺於此段文字之後自注按語「按，詞林掌故，翰林前輩稱後輩曰老先生，近亦不行」〔註68〕。是則沿襲至清季，京師官場中人，包括翰詹，已無使用前此之舊稱謂，取而代之者爲「大人」。陳康祺又云：

> 今則京官四品以上，外任司道以上，無不稱大人。翰林一開坊，六品亦大人；編修得差，七品亦大人。外任加道銜，即稱大人，三品銜更無不大人。知府無加銜者，以至知縣，皆稱大老爺。佐貳六品以上，即大老爺。舉貢生監，無不老爺。甚至屠沽市儈，捐道銜則大人矣，捐六品銜則大老爺矣。關內羊頭，職方如狗，稱謂之僭，更何足言。〔註69〕

另，方濬師《蕉軒隨錄》斷言文職內而六部、大小九卿、翰林院侍講以上、詹事府贊善以上，外而督、撫、藩、臬、運、道，武職都統、副都統、口外大臣及綠營提督、總兵稱大人，必在世宗雍正以後〔註70〕。其說已與葉鳳毛所云世宗初年京官三品以上稱大人之俗有異，顯見官員俗省稱謂之日益浮濫，然其中對於翰林仍有特殊待遇，遷轉宮僚，即便僅是六品中、贊，亦稱大人；又，得充衡文、典學等差使，即使只是七品編修，亦稱大人。均與四品以上京官相同，受人禮敬。

清末之俗，泛以「大人」指稱京內外各級官員，時至現代，回首前朝，無論小說、戲劇、耆獻傳述，均廣泛使用此稱，其他稱謂雖或間有使用，然普遍亦不知其何所從來矣，惟備述於茲，以待識者再加追考。

第二節　詞館儀注

清代官場甚重禮數，尤其翰苑，舉凡入館投謁拜答、前後輩交接、公私謁見等，無不有一定禮數，絲毫不得紊亂，若有失儀之處，輕則貽笑大方，重則遭受嫌怨。古代科舉有「科分」，即科舉中式年份。同爲進士，依殿試年

〔註68〕陳康祺《郎潛紀聞初筆二筆三筆》，二筆，卷八，京師官場之稱謂，頁 457～458。
〔註69〕陳康祺《郎潛紀聞初筆二筆三筆》，初筆，卷十，今昔稱謂之殊，頁 226。
〔註70〕方濬師《蕉軒隨錄續錄》，隨錄，卷十二，官場稱謂，頁 453～455。有自注按語「梅文穆公曰『康熙中非欽差中使即督撫亦不敢稱大人』可爲雍正後之證」。

之先後互爲前後輩，早登第者爲前輩，晚登第者爲後輩，同時登第謂之同科或同年。大體而言，翰林、御史以及內閣中書、軍機章京、吏禮二部司員，對於同僚之先進者，不論年齒，皆稱爲前輩。初謁時，必俱紅白柬三份，登堂拜見，執禮惟謹〔註71〕。雖官至九列，亦必呼先達者爲老前輩，並按科分自稱晚生、學生。以科分敘前後輩之誼，終其身不改，並不以官職年齒爲高低。即便因軍國大事而有齟齬，一旦論起科分輩分，亦不得不服。德宗光緒二十四年（1898），俄國租借旅順大連一案由大學士李鴻章（宣宗道光二十七年（1847）庶吉士）主稿，簽約後一日，遇尚書許應騤（咸豐二年（1852）庶吉士），許應騤聞旅大之事而詫曰「中堂不知譯署有同官耶」？李鴻章則直飭以「爾足不至署，謂予能日至而家請命乎？爾無多言，他日予將至清秘堂判曲直焉」，許應騤聞此而爲之氣結〔註72〕。依照翰苑故事，後輩無禮於前輩，直可呼至院署清秘堂服罪，而李鴻章便以己爲前輩而與許應騤論理，許應騤雖貴爲尚書亦無可如何。可知科分輩分乃爲官場倫理之重要依據，亦是詞林人物所以自尊自重者。翰林重視此類交接，經清初四朝傳衍，已有各種固定儀節規定約束其行止，甚而載入欽定官書〔註73〕，不僅以其職官身分之特殊，亦且密邇禁廷，交通往來之際，更須時刻警醒，免遭非議。

一、大拜前輩儀

京署各官，最重資格，而翰林尤重前後輩之禮，三鼎甲榜下授職與庶吉士先入館者爲前輩，後入館者爲後輩，縱使異日爵秩懸殊，其稱謂終無更改。

翰林院有「認啓單」，凡前一科以上之授職編修檢討，及未散館之庶常，無論是否在本衙門，亦無論在原籍或外任均列名其中，以大學士冠於前，彙爲一紙，列名次第則敘科不敘爵，惟大學士敘爵不敘科。至奉旨改授館職者，如曾拜前輩亦得列名，即附於是科現任庶常之末，未拜者不列。館選後，館人送「認啓單」，新入館者便據以投啓拜謁。單內諸前輩，除各有素識

〔註71〕 朱壽彭《安樂康平室隨筆》，卷一，頁168。

〔註72〕 劉體智《異辭錄》（北京：中華書局點校本，1988年），卷三，京朝官重前後輩之禮，頁152～153。

〔註73〕 清代文武官員應對禮節，官書政典中首見於高宗朝所修《會典》，卷四十三，禮部，爲一般禮節，並未有翰林往來儀注。以下各儀節，整理自朱珪等纂《皇朝詞林典故》，卷四十七，儀式。與沈廷芳原輯、陸費墀重訂《國朝館選錄》欽定詞館儀式。除別有引證說明外，不另加註。

及同省者自行具柬晉謁外，其餘皆應投啓：滿漢大學士、尙書、侍郎、內閣學士，俱用大啓（大學士雖非前輩，亦投啓）；詹事以下、贊善以上用中啓；修撰、編修、檢討及前科庶常用小啓。定期，一甲三人及庶吉士在庶常館會齊「大拜前輩」，咸衣公服、攜紅氈（跪拜時鋪於地下，以免衣物髒污）、俱晚生白柬三副（不用家、年、眷字），至門，館人投遞，庶吉士皆下車，閣人收帖，主人辭見，始升車行，若接見，則陳氈展拜。會見茶畢，送至大門外陞車〔註74〕。大拜時，如前輩有不在京者，俟其還京，須補行投啓。素識及同省前輩，率於大拜前投啓求面，以爲日後相見，免有失禮之故。〔註75〕

二、前輩答拜儀

　　大拜既畢，館人走請前輩科分最深者訂日答拜，乃有「前輩答拜儀」。約以兩日爲率，遍行傳知，屆期庶吉士著公服，晨集於館之正堂祗候，答拜者下輿入，庶吉士迎於階下。升堂，館人唱「後輩行拜前輩禮」，一跪四拜興，館人復唱「前輩行答拜禮」，亦一跪四拜興，少坐即退，庶吉士公送至儀門外，視升輿，拱揖然後退。其有誼屬師生者，應於大門外揖送，然後退。

　　投啓用柬亦有固定儀節：前輩紅柬用「年家眷同學弟」字樣，如有年世姻誼及分屬師生者則仍其舊。科分深者，用「年家眷弟」字樣。七科以上前輩，晚生柬三副全收；三科以上者，或收一柬二柬，或俱璧還。前輩不親答拜者，遣館人持紅柬答拜。庶吉士收柬，於七科以上者再覆年家眷晚生帖一副，七科以下者再覆年家眷侍生帖一副。如前輩官至庶子及四品京堂以上，無論科分，均用年家眷晚生帖，若有年世誼則仍加年世等字；姻誼亦仍舊稱門生，仍用光名帖。

　　庶吉士所用名帖，與眾不同。據清末藏園老人傅增湘言，庶吉士並非正式官員，但軒昂自肆，所用名帖均爲親自楷書，鐫就木戳，印於梅紅紙上，長者可達二尺，小者亦有一尺有餘，字則大者四寸見方，小者二寸，俱爲鐵畫銀鉤，雄偉挺秀，此乃眾庶吉士炫耀放縱之時，不但同科新取眾主事、知縣、中書不敢使用此等形制名帖，即三鼎甲亦不敢使用，因三鼎甲榜下授職，已然身爲正式國家官員，實不能如此放縱恣肆，以免有玷官聲。〔註76〕

〔註74〕帥方蔚於宣宗道光六年（丙戌科，1826年）中一甲三名進士，有《詞垣日記》，縷述入館大拜前輩過程，與既定儀注相同，可以參看，頁17b～21a。
〔註75〕平步青《霞外攟屑》，卷一，前後輩，頁249～250。
〔註76〕唐魯孫《什錦拼盤》（台北：大地出版社，2000年），頁223～225。

三、投帖求面儀

凡初入翰苑見前輩，有「投帖求面儀」。見前輩時，具晚生白柬三副，不論年世誼皆如之。至第二次請見，謂之「求面」，具白柬一副，至是始分別稱謂，用「年家眷」及「年世」字樣。

初見時，俱公服，攜紅氈；於名柬應用晚生者，相見自稱亦曰「晚生」，於名柬應稱侍生者，相見自稱則曰「學生」，以上二種均終身無改。

散館改官之前輩，相見仍稱「前輩」；初見時備晚生白柬及年家眷侍生紅柬各一，不論科分品秩，均稱「侍生」。

四、賓主相見儀

尋常敵體賓主相見，有「賓主相見儀」，此為京官常禮，非翰林特有，大抵大門迎送，揖讓入出，廳事再拜請坐，出視乘輿馬揖送。另可注意者，翰詹官員見大學士，主人迎於儀門內，送至大門外，不出視乘輿馬，餘皆如賓主常禮。翰詹品級稍次者，見二三品京堂，主人趨正賓坐，賓辭，賓還正主人坐，主人辭，餘如常禮。見四品京堂以下官，以及在京各衙門屬官、外省督撫以下各官，俱照賓主敵體禮平行，如常儀。

翰詹官奉命出差者，詹事以上，外省督撫等官俱出迎，恭請聖安。少詹事以下兼起居注官者出差，同此禮行。

五、互行前後輩儀

京官稱前後輩者，翰詹而外，惟內閣、吏部、禮部、都察院、國子監有之。凡由內閣中書入翰林，當中書任內，有後輩在前而前輩在後者，至館選投帖時，則互行前後輩禮，惟翰林前輩仍用紅柬為稍異。相見互稱前後輩，坐次仍依翰林儀。其由翰林改授御史而互為前後輩者，相見僅互稱前輩。

輩分最為翰林所講究，無論如何不能逾越。滿洲正白旗奎照於仁宗嘉慶十九年（甲戌科，1814）選庶常，其弟奎耀則先於嘉慶十六年（辛未科，1811）選庶常授編修，二人之父英和為高宗乾隆五十八年（癸丑科，1793）庶吉士，嘗作〈示兒詩〉有句云「應呼乃弟為前輩，敢向而翁認晚生」，顯見輩分之別，即父子兄弟亦然，其後奎照之子錫祉於宣宗道光十五年（乙未科，1835）中式選庶常，祖孫父子，三代四翰林，復互為前後輩，一時引為玉堂佳話〔註77〕。

〔註77〕姚元之《竹葉亭雜記》，卷五，頁114。

俞樾爲宣宗道光三十年（1850）庚戌科翰林，在清季翰林中科分最先，年齒最高，有一印，文曰「海內翰林第二」。其因當時仍有前一科丁未（道光二十七年，1847）四川翰林伍肇齡在世，雖早於散館後告歸，並在家鄉掌書院幾六十年，然前科輩分有人，俞樾終不能自詡爲第一翰林。〔註78〕

六、謁見出送儀

自編檢以下見大學士，不論是否前後輩均應及門下車，由僕役持束入授閽人。見尚書以下之各前輩，及門傳束，俟延請乃下車入。見畢出，前輩送至大門外，視升輿，賓揖，主人答揖，賓升車，主人致辭請行，賓遜避不敢致辭（後輩見前輩，惟此節稍異賓主常禮）。

未授職之庶吉士初見大學士、掌院學士暨教習庶吉士，皆在大門外下車，通名俟延請；見畢，主人送至二門，揖退，如國學生見國子師禮。凡師生相見，禮皆視此。

平日燕見執弟子之禮，北面揖，主人答揖。大學士對待庶常，一如大學士待編檢儀。掌院學士、教習庶吉士（大教習）對待庶常，一如前輩接後輩儀。大學士、掌院學士、教習庶吉士稱庶常均曰「老先生」，具束則用年家眷弟，俱同前輩接後輩儀。庶吉士謁見分教庶吉士之翰林官（小教習），應執弟子儀，用光名白束。其分教之翰林對於庶常，則用前輩接後輩儀。

七、揖見告坐儀

公私聚會，有前輩在座，後輩相見俱長揖，前輩答揖。讌會於私邸，若同席皆翰林，則後輩挨次於各前輩之前長揖告坐。如主人亦係前輩，則先於諸賓挨次告坐後，再向主人告坐。若有他衙門客在座，則不行此禮。

八、稱前輩儀

前輩之稱，不論官階，由翰林出身者，尚書以下及一科以前之庶常皆同。惟前輩官至大學士，編檢以上翰詹官見之，稱「中堂」，不稱前輩（其另有年世等誼者仍舊），庶吉士則稱「老師」（故事，庶吉士稱大學士爲閣師）。

若大學士與大學士相見，同由翰林出身者，仍敘前後輩；若大學士於前輩，則不論官階仍稱前輩，具束及相見自稱均同常儀。

大學士無論陞任先後，未散館以前擢授者，是科庶吉士見之，均執弟子

〔註78〕崇彝《道咸以來朝野雜記》，頁14～15。

之禮。七科以下前輩，庶常原自稱「侍生」；如於後輩散館之前，前輩即已陞至庶子以上，則後輩改自稱「晚生」；其於大拜前輩之後陞任者，庶常仍換帖，惟鼎甲已授職者仍稱侍。

七科以前之前輩，如係庶常未散館者，後輩亦自稱「晚生」；散館改官，改自稱「侍生」〔註79〕。凡云七科，皆合前後輩兩科計之，併中間五科，則為七科。又，前後輩專指內班，滿洲、蒙古科甲未歷庶常編檢而由他衙門揀補者謂之外班，彼此不敘前後輩，亦不行前後輩禮。

九、謁師儀

翰苑有「謁師儀」，規矩綦嚴，不可逾越。故事，舉人、進士於中式之座主、房官稱「老師」，相見自稱「門生」。於座主、房官之座主、房官稱「太老師」，相見自稱「小門生」。

老師、太老師如係翰林前輩，門生館選後，初謁老師則具光名白柬三副，初謁太老師則具門下晚生白柬三副。平日謁見，具白柬一副。其由庶常改官者，初見時各以其稱具紅白柬各一，常見則具紅柬一。

若老師、太老師不係翰林前輩，則無論初見、常見，均具紅柬一。凡初見，俱衣公服、攜紅氈如儀。

另，於太老師之子稱「世叔」；如係前輩，具柬則仍照科分，自稱「通家世晚生」，或「通家世侍生」，不稱世侄；如非前輩，或係後輩，俱稱「通家世侍生」，亦不稱世侄。

凡兄弟之師，亦稱師。兄於弟師屬前輩者，無論科分，均稱「通家晚生」。弟於兄師，同門生禮。

師之父亦稱「太老師」，具柬稱「門下晚生」，與師之師及父之師並同。又，太老師之師，例不敘師生之禮。

〔註79〕王正功纂輯、趙輯寧校補《中書典故彙紀》，卷四，頁42b～43a。記世宗、高宗之際「京朝官行前後輩禮者，內閣與翰林院、都察院三衙門，惟翰林院有一科後稱侍生，七科後稱晚生之分，而內閣與都察院凡屬後進者，皆稱侍生。金總憲德瑛、曹侍郎秀先乙卯年（雍正十三年，1735）進內閣，丙辰（乾隆元年，1736）即中進士入翰林。而林右通枝春、涂少空逢震先於庚戌年（雍正八年，1730）進內閣，至丁巳（乾隆二年，1737）、己未（乾隆四年，1739）始中進士入翰林，彼此各行前後輩之禮。其有進內閣、翰林院在前，而進都察院在後者，亦照此例行」。

十、署款稱謂儀

凡聯幅札啟，後輩署款俱以科分分別稱「晚」、「侍」。

稱「館晚」、「館侍」者，以前輩已出衙門，或後輩自出衙門，始有此稱。如前輩科分太深，在十三科以上者，則後輩具柬統稱「晚生」，而聯幅札啟署款自稱「後學」。其前輩有稱後輩為「館丈」者，科分視此相同。其於後輩有師生之誼者，亦可稱館丈。

未開坊之翰林致前輩札啟，應用素縑，不得用紅。凡有故具柬邀請，用白全柬夾紅單帖。按，清初舊慣，必四科以前之前輩或有師生之誼者，前輩稱後輩始曰「館丈」，至後翰林一經散館授職，與新庶常作札通問，往往逕呼館丈，流風不古，有被認為「醜甚」者。〔註80〕

十一、交際儀

於前輩之父母稱「晚生」，於後輩之父母稱「侍生」。若前輩之父亦係前輩，雖在七科以內，應自稱「晚生」。若後輩之父係前輩，則敘科分，係後輩則仍稱「同學弟」，其另有年世誼者各從其稱。若後輩之父係現任官，彼此有統屬及例有常儀者，仍照《會典》儀注行。

十二、開坊換帖儀

修撰、編修、檢討開坊，於各前輩處投柬謂之「換帖」。至門，具紅白柬各一，其稱謂如常禮。此後再見，改用紅柬。若改授御史見前輩，惟具紅柬，不具白柬。於庶常散館改官之前輩，均不行此禮。

十三、通行儀

凡翰詹官通用大字書柬，自大學士至庶吉士皆同，惟翰詹謁見大學士及協辦大學士不用大字。

故事，書柬之時，大學士自簡端書起，掌院而下以次遞降，及庶常則大約於柬之中半高數指寫起，不自稱「教弟」。除大學士、協辦大學士、吏部尚書及前輩外，不稱「晚生」。

於非前輩之他官相接，吏部除外之五部尚書、左都御史、吏部侍郎、總督用「侍生」，戶禮兵刑工五部侍郎、巡撫而下皆用「年家眷弟」。

致人書札不稱「稟」，雖師長亦稱「啟」，自詹事至庶吉士均同，以其為

〔註80〕阮葵生《茶餘客話》，卷二，頁12～13。

朝廷近臣，春秋之義，王人雖微，序於諸侯之上，不得以品級論，為其官者，亦不敢自貶以紊典制。

奏摺列銜，除宮詹、學士、庶子各按品級衙門序次外，侍讀、侍講、洗馬、中允、贊善、修撰、編修、檢討俱列科道之前。如奉差外省係循例欽差，如提督學政之類，則列名在督撫之後、藩臬兩司之前。如係特旨欽差，奉旨查辦事件之類，則列名在督撫之前。

凡遇前輩為本省地方官（含督撫）者，後輩具束不用「治」字。若後輩為本省地方官，前輩仍用「治」字。

又凡前輩改為他官，己身雖係後輩統屬，具束仍用「晚生」、「侍生」。其已改官之前輩，品秩若卑於後輩，則照現在品位儀注行，不得自居前輩。後輩改為他官，如現在品位尊於前輩，或與前輩相等，仍照後輩禮行；如卑於前輩，亦照現在品位儀注行，不敢自居後輩。

第三節　官場交接

清代官場中人，平日交誼往來，極重禮節。

翰詹庶常出身者，為科舉制度之最上層菁英，於官場中自然更需注意行止儀節，前節「詞館儀注」為國家令典，著於載籍，乃無時無地不可不遵行者。此外又有其他交接往來之不成文或約定俗成之各種規矩，以下分別論述。

一、座師門生

自科舉制行，即有師生之禮，考官為師，中式舉子為生。唐與五代人最重此道，明代尤甚〔註81〕。清代踵前故習，亦重師生。稱考官為師，並非出於曾經門下授業，實乃感於場闈拔舉之恩，亦係人情之常，然而官場中拜認座主恩師，則不免有奔競趨附、結黨夤緣之嫌。是以世祖於順治十二年（1655）三月首諭內三院：

> 今科殿試，較往科更宜虛懷詳慎，一秉至公，茲命爾等讀卷，務體朕求賢若渴至意，各官所閱試卷，粘貼浮籤，止書次第，不必書各官姓名，以除師生陋習。〔註82〕

〔註81〕王士禎《池北偶談》，卷一，談故一，禁師生，頁18。「萬曆中，門戶既成，一為師生，終身以之」。
〔註82〕《清實錄》冊三，《世祖實錄》，卷九十，順治十二年三月戊戌，頁708。

順治十四年（1657）正月首次正式禁止投拜門生之習，世祖諭吏部：

朕惟制科取士，課吏薦賢，皆屬朝廷公典，原非臣子可借以罔上行私，市恩報德之地。至於師生稱謂，必道業相成，授受有自，豈可攀援權勢，無端親暱。近乃陋習相沿，會試鄉試考官所取之士，及殿試讀卷、廷試閱卷、學道考試優等、督撫按薦舉屬吏，皆稱門生。往往干謁于事先，徑竇百出，酬謝於事後，賄賂公行。甚至平日全未謀面，一旦仕官同方，有上下相關之分，輒託師生之稱。或屬官借名獻媚，附勢趨炎，或上官恃權相迫，恐喝要挾。彼此圖利，相煽成風，恬不知恥，以致屬吏職業妄修，精神悉用之交給。上司罔問吏治，喜怒一任乎私心，因而薦舉不公，官評清亂，負國殃民，不知理義，深可痛恨。朕欲大小臣工，共滌肺腸，痛革積弊。以後內外大小各官，俱恪守職業，不許投拜門生，如有犯者，即以悖旨論罪。薦舉各官俱照衙門體統相稱，一切讀卷閱卷考試等項，俱不許仍襲師生之號。即鄉會主考同考，務要會集一堂，較閱試卷，公同商訂，惟才是求，不許立分房名色。如揭榜後有仍前認作師生者，一併重處不貸。爾部即通行嚴飭內外各衙門，務令恪遵，永絕朋黨之根，以昭朕激勵群工，共還蕩平至意。〔註83〕

其意即僅憑場屋一試而互認師生，實無端親暱，設若不加禁止，則難保無市恩行私、逢迎鑽營，甚或朋黨誤國之事。順治十五年（1658）戊戌科，給事中胡悉寧建言「鄉會試不分經房，不稱師生」，至聖祖康熙十八年（1679）己未科始復分房舊例，而師生之禁仍舊〔註84〕。其實聖祖於康熙十四年（1675）已有上諭「鄉會試主考、同考及讀卷、閱卷官，俱不得襲師生之號，違者重處」〔註85〕。王熙為順治四年（1647）進士，由庶吉士授檢討，後於康熙二十一年（1682）授保和殿大學士，曾經自言「吾又屢辭典會試，師生沿習久，恐亦不可不慎也」。又某日，聖祖臨朝，極言漢官門生座師市恩交通之弊，王熙奏對：

臣不曾為主考，僅壬辰（順治九年，1652）分校得士二十餘人，今在朝者惟金鋐、張可前二人，有弊無弊，難逃聖明洞鑒。

〔註83〕蔣良騏原纂，王先謙改修《十二朝東華錄（順治朝）》，順治十四年正月，諭吏部，頁203。
〔註84〕王士禎《池北偶談》，卷一，談故一，禁師生，頁18。
〔註85〕吳振棫《養吉齋叢錄》，卷十，頁113。

聖祖聞言，始「意少解」〔註86〕。王熙屢辭禮闈文衡，以免致疑，又亟以分校得士僅存二人回奏，可見師生之禁在聖祖之時仍嚴。

縱有師生之禁，惟個人之得以揚名場屋，總需受考官賞識提拔，不論日後是否飛黃騰達，對於座、房各師拔舉之恩終究不能忘懷。聖祖朝左副都御史勞之辨有自敘一生行述之文，即詳載鄉、會試受知各師之名：

> 癸卯鄉試，出自大座主講學任丘李公尚友，禮垣富平李公約菴，本房則溫州司李安東穆公淑子，以八股中式，場後，改八股為對策。
>
> 甲辰會試，出自大座主相國高陽李公坦園，大司農寶坻杜公純一，少宰霸州郝公敏公，閣學海豐王公思齋，本房則戶部副郎閩縣金公陟三，時二十六歲也。〔註87〕

按，勞之辨於康熙二年（1663）舉浙江鄉試，正考官侍讀學士李儀古（字淑服，直隸任丘人），副考官吏科給事中李鵬鳴（字約菴，陝西富平人），二人即為鄉試座主〔註88〕。定例鄉試分校各房可用地方各官充任，是故勞之辨鄉試本房之師為浙江溫州司李某。康熙三年（1664）赴京會試，正考官為內閣大學士李霨（字坦園，直隸高陽人），副考官為戶部尚書杜立德（字純一，順天寶坻人）、吏部侍郎郝惟訥（字敏公，順天霸州人）、內閣學士王清（字思齋，山東海豐人）〔註89〕，是則正考官大學士李霨為大座師，副考官杜立德等三人為座師，惟以拔舉之恩視之，大座師當居首功。會試初閱後，再次分房覆閱取中之分校官戶部員外郎（即「副郎」）金某是為房師。

雍正五年（1727）查嗣庭獄案起，牽涉案內者有以同年身分轉相囑託情事，世宗因諭：

> 漢人於同年師生黨比成風，似此頹風，不知起自何時。夫國家開科取士，原欲得讀書明理之人，必其秉公持正，以端風俗、正人心，所謂以同道為朋，於國家方有裨益，今乃往來囑託，彼此營求，以朝廷取士之途，為植黨徇私之藪，敗風俗而壞人心，亦何取於科甲出身之人……國家首重科目，朕於一長可用之人尚必錄用，況科甲

〔註86〕錢儀吉《碑傳集》冊一，卷十二，康熙朝宰輔中，韓菼〈予告光祿大夫少傅兼太子太傅保和殿大學士兼禮部尚書加六級謚文靖王公熙行狀〉，頁275。

〔註87〕錢儀吉《碑傳集》冊二，卷二十，康熙朝部院大臣下之中，勞之辨〈自序〉，頁666。

〔註88〕法式善等撰《清秘述聞三種》，卷一，康熙二年癸卯鄉試浙江考官，頁30。

〔註89〕法式善等撰《清秘述聞三種》，卷一，康熙三年甲辰科會試考官，頁33。《清實錄》冊四，《聖祖實錄》，卷十一，康熙三年二月己亥，頁171。

出身乎。且鄉試中式，文章知遇，師生禮貌之常，朕亦非概行禁絕，但能以黨援爲戒，以道義相規，無負名教，共矢公忠，則爾等同受科甲之榮，而朝廷亦收得人之效，朕亦不致受薄待科目之名，諸臣勉之戒之。〔註90〕

是則已然承認中式後認拜座師、房師之情，惟仍不得互爲黨援，免致干犯法紀名教。及至雍正八年（1730）正式諭准中式士子與座、房各師以師生往來。〔註91〕

　　高宗雖然曾下諭「嗣後凡新進士未經引見之前，一概停其拜認師生」〔註92〕，然若以榜發之後，師生關係即自然發生而論，則高宗之諭實不啻蚍蜉撼樹，毫無作用。是知清廷於師生之禁根本無能爲力，抑且逐漸承認，可見此種人際網絡關係乃爲科舉制度之下，千百年來自然形成，浸潤人心既深且厚，實非政治力之干涉所能打破者。

　　就會試而言，師生關係之建立有其程序，高宗乾隆四十年（1775）乙未科會試有「撥房」一案，可以瞭解其內容。該科磨勘大臣題奏取進第十九名錢兆鵬詩句「才豈讓向雄」，「豈」字仄聲爲誤用；十四名許士煌首題既入成湯語氣，即不應用周公孔子爻象、武王泰誓篇中語；四十一名許日章卷語「學問者詞章之末」，語屬倒置。高宗以許士煌援引錯謬，考官等不應取中，交部嚴議，取進之許士煌罰停殿試三科，錢兆鵬罰停殿試一科。其時御史孟邵奏許士煌原係詩三房李殿圖呈薦，經主考取中，撥入詩四房白麟名下，今白麟既照例議處，而原薦之房考轉得置身局外，似覺偏枯。高宗諱之，乃召詢軍機大臣，大學士于敏中奏稱向例撥房之卷，原本皆由受撥之房考覆閱，若其文果然當意，方交內監試改用薦條，如閱有疵類而不願受撥，則主考官亦不能相強。高宗乃以改撥之卷既由受撥房考閱定方換薦條，即與本房呈薦無異，且聽其自擇，並非主考所能抑勒；至於受撥以後即認該房考爲房師，與原薦之房並無干涉，則功過皆應由受撥房考任之，遇有處分，乃分所應得，是以議處受薦房考白麟，不得謂之偏枯，而此等情事亦惟有房考慎之於始，切勿以貪得門生而率意濫受，反致輕罹處分，並諭御史孟邵之奏不必行〔註93〕。

〔註90〕蕭奭《永憲錄》，續編，頁 341～345。

〔註91〕吳振棫《養吉齋叢錄》，卷十，頁 113。

〔註92〕崑岡等纂《欽定大清會典事例（光緒朝）》冊四，卷三四〇，禮部，貢舉，申嚴禁令，乾隆二十二年，頁 1013。

〔註93〕李調元《淡墨錄》，卷十六，撥房，頁 5b～7a。

可知師生關係之建立，乃在於考試交卷後，分房閱卷，各房官將獲選者呈薦主考，主考則另分別撥入其他房官名下覆閱，受撥房官覆閱可取者，則改用薦條取中，否則儘可剔落，再經磨勘無誤，便可奏進欽定名次。凡中式進士，稱主考（即正考官，或云總裁）為「座師」，稱受撥覆閱之房官（即同考官）為「房師」，從此師生名分，終生不改。除座師、房師之外，其餘他房考官則稱為「受知師」。〔註94〕

　　原本新進士投帖謁見座師、房師，均以「門生」自稱，雖經禁止，但投謁之風不息，清初御史楊雍建曾議以投帖只書姓名，其後中式進士見主司，但用姓名書帖，不稱門生。待乾嘉之時，惟手板書姓名而無稱謂，若用之束啓，則皆書「受業」二字，避門生之稱〔註95〕，其實質仍同前無異。

　　新進士館選為庶吉士，除拜謁座主恩師之外，如投謁閣臣亦用師生之禮，即所謂「閣師」。〔註96〕

　　新進士選入庶常，開始為期三年之修業，座師對門生未來進德修業之期許亦自此時開始。高宗朝尚書王安國（雍正二年，1724，甲辰科一甲二名進士）初入詞館時，曾經言道：

> 初謁座主高安朱先生，先生教之曰，學人通籍後，惟留得本來面目為難。退而自省，面慚發赤，由是立志堅定。

高安朱先生即雍正二年甲辰科會試主考吏部尚書朱軾，江西高安人。以「本來面目」一語勉勵王安國勿以官場繁華而忘卻在館修業之本職，亦是暗示爾後任官應不務奔競、恪愼勤職之意。是以日後王安國遷國子監司業，嚴督月課、裁抑營競，進諸生講濂洛關閩之學，並不沾沾於講義，嘗曰「學當識之於心，見之行事，講習討論，求其是耳。著書垂訓，當出之老師宿儒，非學者所急也」。後又提督廣東肇慶、高要等處學政，仍同樣以此要求轄下。無論在京在外，王安國均將座師當年訓勉之語，屢屢高舉以勵學徒。〔註97〕

　　主試衡文，拔擢茂才，為國舉賢，可謂為仕途高峰之一。禮部侍郎介福，

〔註94〕劉禺生《世載堂雜憶》（北京：中華書局點校本，1960年），頁11。

〔註95〕陸以湉《冷廬雜識》，卷一，受業，頁21～22。

〔註96〕一士《內閣談》（台北：文海出版社，沈雲龍輯，中和史料月刊選集，全二冊，1970年），冊一，頁185。

〔註97〕錢儀吉《碑傳集》冊三，卷二十九，乾隆朝部院大臣上之上，汪由敦〈光祿大夫經筵講官吏部尚書諡文肅王公安國墓誌銘〉，頁957。
　　　　法式善等撰《清秘述聞三種》，卷五，雍正二年甲辰科會試考官，頁135。

四主會試、四主鄉試，嘗於某次恩榮宴有詩云「鸚鵡新班宴御園，摧頹老鶴也乘軒；龍津橋上黃金榜，四見門生作狀元」，得有狀元門生，實乃一大快事；于敏中亦贈詩介福云「天下文章同軌轍，門牆桃李半公卿」〔註98〕，門生優異超遷，座師亦與有榮焉。

門生學問優良，座師亦甚願薦舉以發揮其長。大學士李光地受命承編御纂《性理精義》、《周易折中》，需人分校其書，乃薦丁憂在籍門生蔡世遠（康熙四十八年，1709，進士，館選庶吉士）來京供事，逾歲而書成。其後蔡世遠復歸籍主講於鼇峰書院，雍正元年（1723）以編修特召來京，侍上書房講讀，五轉而至禮部侍郎〔註99〕。其仕途之發煌，不得不謂與早年受座師薦舉校書有關。

師生之誼，終生繫之，座師物故，門生代求墓銘；亦有受知最深之門生，於座師死後，親撰墓銘者。工部尚書朱之弼原與徐元文有通門之誼，元文兄徐乾學以此而從游，往來尤密，徐乾學次子徐炯亦出朱之弼門下。當朱之弼臥疾之時，嘗謂徐乾學曰「身後事，幸君留意」。康熙二十六年（1687）朱之弼卒，即有之弼門人編修周金然、吳苑代孤子朱儼向徐乾學求撰墓銘，且告速葬〔註100〕。另如高宗朝保和殿大學士張廷玉卒，配享太廟，賜卹典如制，予諡文和。其子現任翰林院編修張若澄赴闕謝恩，行將歸舉葬事之際，持其父行狀請兼管刑部尚書事汪由敦作墓銘，汪由敦自謂「為公甲辰（康熙三年，1664）主會試所取士，受公知最深，誼不敢辭」，乃作其師張廷玉墓銘，備述一生勞蹟榮寵。〔註101〕

除座主門生之外，庶常在館肄業之教習亦是老師，且禮敬依然。大學士徐元文任編修時，嘗扈從世祖巡幸南苑，恩賜御馬座騎，並命學士哲庫訥為之執轡，元文以哲庫訥為在館肄業時教習之師，遜謝不敢，世祖乃命元文改充侍衛，以全敬師之意。〔註102〕

〔註98〕陳康祺《郎潛紀聞初筆二筆三筆》，初筆，卷八，儒官榮遇，頁178。

〔註99〕錢儀吉《碑傳集》冊三，卷二十三，雍正朝部院大臣上，方苞〈禮部侍郎蔡公世遠墓誌銘〉，頁770；賀代伯〈蔡文勤公傳〉，頁772；沈廷芳〈蔡文勤公祠碑〉，頁773。

〔註100〕錢儀吉《碑傳集》冊一，卷八，國初部院大臣上，徐乾學〈光祿大夫工部尚書幼菴朱公之弼墓誌銘〉，頁164。

〔註101〕錢儀吉《碑傳集》冊三，卷二十二，雍正朝宰輔，汪由敦〈光祿大夫太保兼太子太保保和殿大學士致仕諡文和桐城張公廷玉墓誌銘〉，頁741。

〔註102〕錢儀吉《碑傳集》冊一，卷十二，康熙朝宰輔中，韓菼〈資政大夫文華殿大

　　京中有譏貧打油詩云「先裁車馬後裁人，裁到師門二兩銀」〔註103〕。在京爲官，若生活貧困，節衣縮食之餘，不得已裁去代步騾馬與使喚僕役。又少不得有各種應酬禮數，各種節敬贄贄均是負擔，贈二兩銀者，唯座師乃克有之，其餘朝殿老師則京錢八千而已。然三節（元旦、端午、中秋）、兩壽（老師、師母生辰），爲數仍然不輕。門生若吝於此道，則是自絕於宦途無疑。反視之，若門生確實走投無路，則座師亦不能視若無睹。有一小例，可以窺覘師生之間非唯僅有宦途利害關係，亦有體恤照拂之恩義：清季有楊姓御史，前爲工部主事時，家貧不能舉火，乃上啓光緒八年（1882）壬午科鄉試座主孫家鼐，家鼐家人詫曰「門生而乞助於師耶」？家鼐曰「唯，然必與之。彼非情急，而肯作此請乎」。待孫家鼐由左都御史授工部尚書，楊某正爲其屬，孫家鼐知其家素貧，因將工部第一優差琉璃窰予之〔註104〕。其師生情誼之重如此。亦有座師以清簡自勵，並以勖門生者，如陝西韓城王杰，乾隆二十六年（1761）一甲一名進士，授修撰，官至東閣大學士，卒諡文端。自通籍至參政，握文衡者十二次，其間提督浙學三任、提督閩學兩任，又三充會試正總裁，門生遍天下，服官四十年，仍一貧如爲諸生之時。嘗有門生自外任歸，餽金爲壽，王杰乃斥之曰「曩吾與若言何如？今若受餽，如所言何？」〔註105〕是其忠貞亮直，以己作則，允爲師門大家。

二、前後輩分

　　翰林重視前後輩分，所依憑者，厥爲「科分」，即按照中式年份而爲先進後輩。科分在前者爲前輩，在後者爲後輩，同科中式則爲同年。官員相見，總是先敍科分，前輩爲尊，後輩自甘下風，如屬同年，則親切異常。

　　翰林自傳臚大典後之謝恩已開始講究輩分。按例，新科三鼎甲榜下授翰林院職，須進表謝恩，由新科狀元擬撰「謝恩表」，但以其未經歷練學習，實不知如何下筆，故須向前科狀元請益，一則不致筆誤出錯，一則重前輩之體。康熙六年（1667）丁未科一甲一名進士繆彤欲撰謝恩表，當時科分最近之在京前輩中，康熙三年（1664）甲辰科狀元嚴我斯給假歸籍，順治十六年（1659）

　　　　學士戶部尚書掌翰林院事徐公元文行狀〉，頁 300；張玉書〈文華殿大學士戶
　　　　部尚書掌翰林院事徐公神道碑〉，頁 316。
〔註103〕陸以湉《冷廬雜識》，卷二，典當，頁 64。
〔註104〕劉體智《異辭錄》，卷三，科分關係，頁 144～145。
〔註105〕陳康祺《郎潛紀聞初筆二筆三筆》，初筆，卷一，王文端清節，頁 13。

己亥科狀元徐元文與順治十二年（1655）乙未科狀元史大成亦皆在籍，故而例當轉求在京前科榜眼、探花，然而康熙三年（1664）甲辰科榜眼李元振與順治十八年（1661）辛丑科探花吳光亦均在籍，唯順治十八年（1661）辛丑科榜眼李仙根在京。繆彤乃與同甲之張玉裁、董訥登翰苑大堂求見，備述擬撰謝恩表與現在京中前輩情形，李仙根乃分析現在京中鼎甲資格最深者數人，計有順治四年（1647）丁亥科探花蔣超、順治六年（1649）己丑科榜眼熊伯龍、順治十五年（1658）戊戌科榜眼孫一致。又遇蔣超，蔣超乃以在京鼎甲科分最深之前輩身分，明言新科狀元求前輩指點謝恩表之事，李仙根應禮讓孫一致，孫一致應禮讓熊伯龍，熊伯龍應禮讓蔣超，蔣超則以最資深前輩爲新科狀元代求李仙根，由科分最近之李仙根指點繆彤撰擬謝恩表，且曰「此乃衙門之體」〔註106〕。座中人對蔣超之言咸表歎服，不啻整肅綱常倫理之語。

　　詞林人物，輩分綦嚴，康熙間掌院學士徐元文嘗從容語院中同列謂「詞臣之所以異於各衙門者，以退讓不求進也，先後輩自古已然，可無讓乎？」〔註107〕故事，後進謁先生長者，逡巡退讓唯諾而不敢前。資次稍後者，官位雖尊，見前輩，必退讓；遇遷擢，輒自引避，不敢越出其上。聖祖朝兵部侍郎項景襄（順治十二年，1655，進士，改庶吉士，散館授內弘文院檢討）早年在翰苑時，以生性嚴峻，館中同僚咸敬憚之，獨與後輩徐乾學（康熙九年，1670，一甲三名進士，授職編修）相親暱，徐乾學以後輩之身感於項景襄下交之情，因於景襄卒後特記彼此交誼，「至今思之，猶餘痛也」。〔註108〕

　　爲官年久，復有勞績功勳，往往科分甚高，即天子亦有所推讓。大興朱珪，乾隆十三年（1748）進士，選庶常，授編修。於仁宗嘉慶八年（1803）以戶部尙書、協辦大學士加太子少保銜兼翰林院掌院學士。九年（1804）春，仁宗循高宗乾隆九年（1744）故事駕幸翰林院，賜宴聯句，御書「天祿儲才」額賜朱珪，並摹刻懸掛院中。此時朱珪在翰苑爲二十四科前輩，資格最深，又掌院事，領袖清班，瀛洲典故既盛且榮。十年（1805）正月，仁宗遵高宗

〔註106〕繆彤《臚傳紀事》（台北：新興書局筆記小說大觀六編據清刻本影印，1989年），頁 3b～4a。
〔註107〕錢儀吉《碑傳集》冊一，卷十二，康熙朝宰輔中，韓菼〈資政大夫文華殿大學士戶部尙書掌翰林院事徐公元文行狀〉，頁 300。
〔註108〕錢儀吉《碑傳集》冊二，卷十八，康熙朝部院大臣上之下，徐乾學〈通奉大夫經筵講官兵部右侍郎加一級項公景襄墓誌銘〉，頁 566。

遺命，授朱珪為體仁閣大學士管理工部事務，命叩謁裕陵謝恩，並賜題〈知足齋集〉詩四首，內有「科名翰苑推元老，學業綸扉倚大賢」句，道盡詞林輩分尊卑與皇帝亦從而禮敬之意。〔註109〕

通俗小說常能表露時代風氣，李寶嘉《官場現形記》第十九回有關於翰林前後輩分之生動記述：

> 副欽差的官雖然比正欽差小些，然而論起科分來，他入翰林比正欽差早十年，的的確確是位老前輩。做京官的最講究這個，他面子上雖然處處讓正欽差在前頭，然而正欽差遇事還得同他商量，不敢僭越一點，恐怕他擺出老前輩的架子來，那是大干物議的。〔註110〕

講究前後輩分，不僅翰苑如此，京曹各屬亦然，至清末仍有記載其中情狀者：京曹如翰林、御史、中書，及吏禮兩部，均依到署之先後敘前後輩，即樞直當差者亦同。後進稱先輩為「老前輩」，自稱「侍生」，簡稱「侍」。其由內閣或吏禮二部入直者，往往有於閣部為前輩，而於樞直為後進者，則以老前輩互稱之。凡初入直者，老班公必列舉一切規制，詳告而善導之，間或趾高氣揚，動輒指斥，則後進亦不敢有所頂撞，仍應虛心接受。〔註111〕

三、同年之誼

科分之中，來往關係最為親密者，厥為「同年」，即同榜取中、同科登第者。此種關係稱之「年誼」。「同年」之稱起於唐，《新唐書》〈許孟容傳〉有「舉進士為同年」〔註112〕之語。唐人李肇《國史補》亦有「（進士）具捷謂之同年」〔註113〕語。沿傳千載，至明末顧炎武仍言「今人以同舉為同年」〔註114〕。同年取進，亦稱「同科」，宋人王安石〈酬沖卿見別〉詩有「同官同齒復同科，

〔註109〕王鍾翰點校《清史列傳》冊七，卷二十八，朱珪，頁2118。
　　　　錢儀吉《碑傳集》冊三，卷三十八，嘉慶朝宰輔，阮元〈太傅體仁閣大學士大興朱文正公珪神道碑〉，頁1076。
〔註110〕李寶嘉《官場現形記》（北京：人民文學出版社，1995年），第十九回，頁310。
〔註111〕水東花隱《南屋述聞》（台北：文海出版社，沈雲龍輯，中和史料月刊選集，全二冊，1970年），冊一，頁9。
〔註112〕歐陽修、宋祁撰《新唐書》冊十六，卷一六二，列傳八十七，許孟容附弟季同，頁5001。
〔註113〕李肇《國史補》，卷下，頁4b。
〔註114〕顧炎武原著，黃侃、張繼校勘《原抄本日知錄》（台北：明倫書局標點本，1979年），卷十九，同年，頁508。

朋友婚姻分最多」〔註115〕之句，最能體現官場齒敘年誼關係之親密。

徐乾學，江南崑山人，康熙九年（1670）一甲三名進士，授編修，與同年牛鈕、孫在豐相交甚善。二人卒後，乾學覼述年誼之情，可以窺見同榜取進不惟因緣巧合，亦有官場中相互提攜砥礪之情。其記牛鈕曰：

> 今天子御極之九年……始命滿漢同以經義賜進士，而內閣學士兼禮部侍郎牛公衰然興焉。滿洲之有漢文進士自茲始，人咸以為榮。而乾學得竊附於公同年之末，交相善也。繼而泝歷館閣，凡朝廷有大制作，裁纂編輯之任，往往與公周旋從事，又相親也。公性淳摯，而意好閒靜。余每自直廬歸，過公斗室中，焚香掃地而坐，繩床棐几，左右惟圖書數卷，所談不及塵事；至商酌經史，移晷忘疲，故知公又甚深也……其卒之明年，公之子明福以狀來徵銘，為乾學之知公也。久之，乃為之銘。〔註116〕

又記孫在豐曰：

> 余與公同擢第，同官翰林記注起居，同被命教習常吉，誼若兄弟。公之撒瑟也，召余屬以後事，口占遺疏，俾余書之。余悲不自勝，輴輁未行，余與諸同年生數往哭焉。〔註117〕

按，牛鈕，滿洲正藍旗，姓赫舍里氏，康熙九年（1670）庚戌科三甲一百九十八名進士，選庶吉士，授檢討。孫在豐，浙江德清人，康熙九年（1670）庚戌科一甲二名進士，授編修。二人與徐乾學誼屬同年，或切磋問學，或同膺編纂，或同官記注，或同任教習。徐乾學分別與二人往來，或「交相善也」、「又相親也」、「知公又甚深也」，或「誼若兄弟」、「屬以後事」，如此情誼，自然非比尋常。

同榜中式者謂之同年，自會同年之後，每歲團拜而生年誼，因是乃有年伯、年侄之稱。對與父親同年登科者尊稱年伯，又稱年丈，明代中葉以後亦用以稱呼同年之父親或伯叔。清王應奎《柳南隨筆》記「前明正、嘉以前，風俗猶為近古，必父之同年方稱年伯，而同年之父即不爾」〔註118〕。年伯之

〔註115〕王安石《王安石全集》（台北：河洛圖書出版社，1974 年），詩集，卷二十二，〈酬沖卿見別〉，頁 136。

〔註116〕錢儀吉《碑傳集》冊四，卷四十，內閣九卿上，徐乾學〈資政大夫經筵講官內閣學士兼禮部侍郎牛公鈕墓誌銘〉，頁 1116。

〔註117〕錢儀吉《碑傳集》冊四，卷四十，內閣九卿上，徐乾學〈內閣學士兼禮部侍郎孫公在豐神道碑銘〉，頁 1119。

〔註118〕王應奎《柳南隨筆》，卷二，頁 41。

稱，於小說中亦有體現，《文明小史》第五十五回「二人和秦鳳梧的老子都有年誼，秦鳳梧只得站起來招呼老年伯」〔註119〕。另《官場現形記》第十九回有如下描繪：

> 一日，副欽差坐在行轅內，忽然巡捕官上來回，說是府學老師稟見。副欽差一看名字……乃是老太爺當年北闈中舉一個鄉榜同年。老太爺中的第九名，這老師中的第八名……見面之後，府老師戰戰兢兢的，照例磕頭打躬，還他的規矩。副欽差一旁還過禮，口稱老年伯。請老年伯上坐，自己並不敢對面相坐，卻坐在下面一張椅子上。言談之間，著實親熱，著實恭敬。〔註120〕

有年誼之兩家相互通謁，謂之「年家」，故秦鳳梧與副欽差見年伯，按規矩應自稱「年家子」，而年伯則稱年家之子為「年姪」〔註121〕。高宗朝大學士于敏中（乾隆二年，1737，丁巳科一甲一名進士，授修撰）少時即曾因其父年誼而受錢陳群之昫拂：

> 余為公年家子，曩自孝廉計偕來京師，辱公獎許殊特，親為評乙課業，暇輒指授《詩學津梁》，不憚諄復，示以奧窔。通籍後復得追趨館閣垂二十年。公顧余益厚，而余親炙公之言論風旨者益深。

于敏中之父于枏，與錢陳群同為康熙六十年（1721）辛丑科進士，錢選庶常，于雖未獲選，然仍具同科年誼，故而于敏中到京，得受年伯錢陳群之照料。其後于敏中高中鼎魁，與錢陳群之關係復多一層前後輩關係。〔註122〕

同年登第，已是情分匪淺，若屬同鄉，則更是融洽。唐夢賚，山東淄川人，順治六年（1649）己丑科進士，選庶吉士，散館授檢討。晚年有以下自述：

> 念己丑之役，山左同館五人，王冰壺少宰、安復旦少參，墓木已拱矣。公騎箕尾之年，姜玉璿檢討亦復相從九原。黃公酒壚，徒有余在，微諸孤之請，余甯無一言於公耶！

〔註119〕李伯元《文明小史》（台北：三民書局，1988年），第五十五回，頁386。

〔註120〕李寶嘉《官場現形記》，第十九回，頁311～313。

〔註121〕顧炎武《亭林文集》（台北：古亭書屋影印清蓬瀛閣校刊本《顧亭林先生遺書十種》，1969年），卷一〈生員論中〉，頁19a～21a。「同榜之士謂之同年，同年之子謂之年姪」。

〔註122〕錢儀吉《碑傳集》冊三，卷三十四，乾隆朝部院大臣中之下，于敏中〈誥授光祿大夫内廷供奉經筵講官太子太傅刑部尚書晉贈太傅入祀賢良祠謚文端錢公陳群墓誌銘〉，頁1022。

王鍾翰點校《清史列傳》冊六，卷二十一，于敏中，頁1545。

是科館選，籍隸山東者五人：日照安煥，字復旦，散館授編修，官至江西湖東道；即墨姜元衡，字玉璿，散館授編修，官至侍讀；章邱焦毓瑞，字輯五，散館改御史，官至戶部左侍郎；海豐王清，字冰壺，散館授編修，官至吏部侍郎；淄川唐夢賚，字濟武，散館授檢討。唐夢賚記述上語，正是聖祖康熙二十五年（1686）焦毓瑞卒，孤子前來請撰神道碑陰之文，於是有此慨歎〔註123〕。當其時，王清、安煥、姜元衡早已物故，如今焦毓瑞亦魂歸三人之後，昔日把酒歡晤，於今僅存夢賚一人，慨歎之餘，乃備述年誼、鄉誼之間交遊過從情狀。

世祖順治九年（1652）壬辰科會試，張潛（字尚若）與耿介（字介石）同榜中式，又同選庶吉士，二人均籍隸河南，張潛屬磁州，耿介屬登封。同鄉復同榜，交誼深厚，張潛死後數十年，耿介爲寫墓表，亟述二人年誼與永隔之思：

> 憶順治壬辰，余與年友尚若張公同選庶常，入翰苑，讀中秘書，晨夕把晤者二年，日以聖賢道德相砥礪，誼切手足，情逾骨肉。已而公以雙親在堂，孝思縈結，請終養去；余外轉福建巡海道，亦去。東西南北，宦海浮沉，自甲午至戊午，別二十有六年。待余返初服，而公逝矣。生死存亡之感，未嘗一日去懷。越十年，余以應召入都，得晤其冢君太史子文年世兄，其德度溫藹謙抑，而誼意懇款篤摯，竊以四十年來思公而不得見者，見太史如見公焉。又二年庚午，太史以書來求爲公表其墓，遂弗敢以不文辭。〔註124〕

彼此仕宦道途雖有不同，然以鄉誼而使年誼愈加深厚，雖四十餘年不得一見，然往日朝夕相處之景，猶在目前。

四、周甲同年

另有一種特殊情況之同年，即中式之年干支歲次相同，卻前後相隔六十年者，亦稱同年。此類同年，最早迨爲各省中式舉人較爲常見，王士禎記云：

〔註123〕錢儀吉《碑傳集》冊一，卷八，國初部院大臣上，唐夢賚〈戶部左侍郎石虹焦公神道碑陰記〉，頁178。

朱汝珍《詞林輯略》，卷一，順治六年己丑科，頁4～6。

〔註124〕錢儀吉《碑傳集》冊四，卷四十三，翰詹上之上，耿介〈待贈文林郎翰林院編修張公潛暨孺人劉氏墓表〉，頁1196。

前輩如以甲子科舉者猶見及後甲子科，則與新榜中式舉人稱同年。
此余幼聞諸先祖方伯贈尚書府君者。吾鄉膠西張編修復我應桂，舉
於順治戊子，昨乙酉秋，送其孫赴試濟南，過余信宿，大椿軒神氣
不衰。今又三年戊子，聞又送其孫來濟，年八十二矣。〔註125〕

按，張應桂，字立林，山東膠州人，世祖順治九年（1652）壬辰科進士，改
庶吉士，授編修〔註126〕。據王士禎所記，乃於順治五年（1648）登戊子科山
東鄉試第，至聖祖康熙四十四年（1705）秋，曾伴送其孫赴省城濟南應乙酉
鄉試。又三年，重逢戊子（康熙四十七年，1708）再度伴孫赴試。則此年鄉
試中式之舉子，皆可謂張應桂之同年。惟名為同年，實則科分相距之遠，堪
為真正老前輩。

　　阮葵生《茶餘客話》記：
　　　　乾隆己未，趙秋谷與新貴遙認同年，沈歸愚詩云『後先己未亦同
　　　　年』」。〔註127〕

趙秋谷即山東益都趙執信，康熙二十八年（1689）去官後，放情詩酒，徜徉
山林五十餘年。乾隆四年（1739）再逢己未春闈，趙執信因早已放歸山林，
故而只得與京中新貴遙認先後同年。

　　高宗朝趙翼亦曾有先後同年之會：
　　　　余庚午鄉舉，宛平黃叔琳開府係前庚午舉人，曾為先後同年之會；
　　　　大學士史鐵崖並及見先後進士同年，真為盛事。〔註128〕

趙翼（江蘇陽湖人）為高宗乾隆十五年（庚午，1750）舉人，黃叔琳（順天大
興人）為聖祖康熙二十九年（庚午，1690）舉人，後登康熙三十年（1691）辛
未科一甲三名進士，二人於鄉榜為先後同年。另，黃叔琳先於乾隆七年（1742）
授詹事府詹事之職，又因前在山東布政使任內誤揭屬員諱盜一案，革去詹事之
任，閒散家居。至乾隆十六年（1751）重遇辛未科會試，高宗特諭：
　　　　原任詹事黃叔琳以康熙辛未探花，年臻大耄，重遇臚傳歲紀，洵稱
　　　　熙朝人瑞，酌從優加給侍郎銜。

叔琳後於乾隆二十一年（1756）卒，年八十五。〔註129〕

〔註125〕王士禎《古夫于亭雜祿》，卷五，張復我編修，頁117。
〔註126〕朱汝珍《詞林輯略》，卷一，順治九年壬辰科，頁6。
〔註127〕阮葵生《茶餘客話》，卷二，頁15。
〔註128〕趙翼《陔餘叢考》，卷二十六，同年，頁608～609。
〔註129〕王鍾翰點校《清史列傳》冊四，卷十四，黃叔琳，頁1055。

　　另一重遇同科者爲高宗朝大學士史貽直（字儆絃，號鐵崖），原爲聖祖康熙三十九年（1700）庚辰科進士，至高宗乾隆二十五年（1760）再遇庚辰科會試，取中者一甲一名畢沅等一百六十四人，皆爲先後同年。此時史貽直早已補授大學士，入閣辦事，且年逾八旬，高宗以其周甲在朝，仍得報效國家，洵爲昇平人瑞，特賜御製詩以誌其難得僅見：

> 庚辰先進杏花芳，周甲重看蕊榜黃。早識家聲孝山史，群稱風度曲江張。本衙門有新嘉話，國史院無舊等行。寧獨縉紳慶人瑞，贊予文治底平康。〔註130〕

　　又如嵇璜，江蘇無錫人，大學士嵇曾筠之子。嵇璜先於世宗雍正七年（1729）欽賜舉人，次年（八年，1730）登庚戌科進士，改庶吉士，散館授編修。至高宗乾隆五十五年（1790）再逢庚戌會試，嵇璜以大學士之身奉命重與恩榮筵宴：

> 大學士嵇璜係雍正庚戌科進士，服官有年，精神矍鑠。茲當庚戌會試已屆周甲之期，與新進士先後同年，實係人文盛事。著照從前史貽直之例，重預恩榮筵宴，以爲藝林佳話。

高宗亦賜詩以爲榮寵。又，嵇璜前經恩賞紫禁城騎馬，此時因年老足疾，上馬艱難，乃特准乘坐小轎，旁縛短杆，用兩人舁行入直，以示眷念大臣恩加體恤之意。〔註131〕

　　再如潘世恩，江蘇吳縣人，乾隆五十八年（1793）癸丑科一甲一名進士，授修撰。歷仕四朝至文宗初年，年逾八秩，由予告大學士在京就養。咸豐二年（1852）遇壬子科鄉試，經順天府尹奏明，循乾隆壬子科舉人例，奉准就近在順天府重與鄉舉鹿鳴筵宴，其子太常寺博士潘曾瑋則加恩以六部員外郎用。三年（1853），再逢癸丑科會試，例得重與恩榮筵宴，文宗並親書「瓊林人瑞」匾額賜之，以示榮寵，又加恩賞給其孫潘祖同舉人銜〔註132〕。陳康祺

　　錢儀吉《碑傳集》冊六，卷六十九，雍正朝督撫，陳兆崙〈詹事府詹事加侍郎銜刑部右侍郎銜黃公叔琳墓誌銘〉，頁1991。

〔註130〕王鍾翰點校《清史列傳》冊四，卷十五，史貽直，頁1132。
　　錢儀吉《碑傳集》冊三，卷二十六，乾隆朝宰輔上，湯右曾〈太保文淵閣大學士溧陽史文靖公貽直墓表〉，頁850。

〔註131〕王鍾翰點校《清史列傳》冊六，卷二十一，嵇璜，頁1557。高宗御賜詩曰「木天希遇兩恩榮，戊茂前庚逮後庚。祖節昔同唐眞果，身階今似漢韋平。可知襲慶緣修德，所喜力行不務名。黃閣重逢錫褒什，絲綸盛事紀皇清」。

〔註132〕王鍾翰點校《清史列傳》冊十，卷四十，潘世恩，頁3118。

記潘世恩重領恩榮之事曰：

> 公以乾隆癸丑大魁天下，至咸豐三年甲子一周，公已早躋台輔。而
> 是科，公子星齋侍郎曾瑩，適奉命典春官試。公孫少農師祖蔭，以
> 前一年及第。闈後，公與小門生稱新同年，朱輪黃髮，領袖恩榮。
> 奉觴少子，即新貴之座師；撰杖童孫，乃清班之前輩。遭遇福澤之
> 隆，科名門第之盛，開闢到今，無與抗手。〔註133〕

清代新進士賜宴謂之瓊林宴。瓊林本爲宋代京城西御苑之一，王士禎《分
甘餘話》引《石林燕語》有下語：

> 瓊林苑、金明池，每二月命士庶縱觀，謂之開池。歲賜二府從官讌
> 於此，進士聞喜讌亦在焉。

此宴自明代相沿至清不改，猶似唐代之題名雁塔〔註134〕。周甲老同年欲赴同
甲瓊林恩榮之宴，須得天子俞允，否則不得擅自赴會。重宴恩榮之奉有明旨
者，以上文所述之高宗朝黃叔琳爲始，此前則似尚無加恩之例，即其以後亦
有以已赴鄉舉鹿鳴重宴而不再加恩者〔註135〕。仁宗嘉慶十九年（1814）甲戌
科會試畢，帝問戶部尚書潘世恩「今科會試，有重赴瓊林宴者乎」？潘世恩
奏以翁方綱爲前壬申科（乾隆十七年，1752，太后六旬萬壽恩科）進士，而
壬申並無正科，現在禮部奏請於甲戌補重宴，仁宗聞奏頷之。禮部隨奉旨：
翁方綱賜四品銜，重預恩榮宴〔註136〕。清代進士之周甲同年並奉旨重預恩榮
者，清季有人統計僅有五人，愈見其難得。〔註137〕

依常情推斷，鄉榜舉人遇周甲之後輩同年，其機會應較進士爲高，因舉
人登第平均年齡較輕，全國各省取進名額亦多，故重宴鹿鳴者亦多。進士則
否，千百不能得一，若史貽直之輩，蓋須少年奪魁，方有可能重遇周甲歲次。
清代首科會試爲世祖順治三年丙戌，依干支紀年，則首次周甲週期如下：

丙戌（順治三年，1646）	己丑（順治六年，1649）
壬辰（順治九年，1652）	乙未（順治十二年，1655）

〔註133〕陳康祺《郎潛紀聞初筆二筆三筆》，初筆，卷六，重賜及第，頁124。
〔註134〕王士禎《分甘餘話》，卷二，瓊林讌，頁38。
〔註135〕朱彭壽《舊典備徵》，卷四，重宴恩榮，頁101～102。
〔註136〕陳康祺《郎潛紀聞初筆二筆三筆》，初筆，卷三，翁覃谿重赴瓊林，頁50。
〔註137〕繼昌《行素齋雜記》（台北：文海出版社據清光緒二十七年湖南臬署刻本影印，
　　　　1985年），卷下，頁21a～21b。「本朝耆舊，重宴鹿鳴者多，若重宴瓊林，則
　　　　惟乾隆辛未黃侍郎叔琳、庚辰史文靖貽直、庚戌稽文恭璜、嘉慶覃溪翁學士
　　　　方綱、咸豐壬子潘文恭世恩，二百餘年僅五人耳」。

戊戌（順治十五年，1658）　　辛丑（順治十八年，1661）

甲辰（康熙三年，1664）　　　丁未（康熙六年，1667）

庚戌（康熙九年，1670）　　　癸丑（康熙十二年，1673）

丙辰（康熙十五年，1676）　　己未（康熙十八年，1679）

壬戌（康熙二一年，1682）　　乙丑（康熙二四年，1685）

戊辰（康熙二七年，1688）　　辛未（康熙三十年，1691）

甲戌（康熙三三年，1694）　　丁丑（康熙三六年，1697）

庚辰（康熙三九年，1700）　　癸未（康熙四二年，1703）

康熙四十二年（1703）癸未科後，爲四十五年（1706）丙戌科，此後即進入第一次周甲，其餘均依次類推。以進士三年一試（丑、辰、未、戌）正科論之，周甲之後，每科均可能有先後同年者；但若遇加科、恩科等不成規律者，則永無機會可敍先後同年。

　　世祖至高宗朝之加科僅二次：順治四年（1647）丁亥科與順治十六年（1659）己亥科。恩科則有九次：

癸巳（康熙五二年，1713，聖祖六旬萬壽恩科）〔註138〕

癸卯（雍正元年，1723，世宗登極恩科）

丁巳（乾隆二年，1737，高宗登極恩科）

壬申（乾隆十七年，1752，太后六旬萬壽恩科）

辛巳（乾隆二六年，1761，太后七旬萬壽恩科）

辛卯（乾隆三六年，1771，太后八旬萬壽恩科）

庚子（乾隆四五年，1780，高宗七旬萬壽恩科）

庚戌（乾隆五五年，1790，高宗八旬萬壽恩科）

乙卯（乾隆六十年，1795，高宗禪位恩科）

須加說明者，高宗乾隆五十五年（1790）庚戌科原本應爲正科，但因適值高宗八旬萬壽，故改爲恩科，而將正科提前於五十四年（1789）己酉舉行〔註139〕。此等加科、恩科出身者，無論日後官職崇高與否，即使壽比老彭，仍不可能

〔註138〕萬壽恩科始於康熙二十五年，見陸以湉《冷廬雜識》，卷八，恩科，頁428。「時士子以上六十萬壽請開恩科，事下禮部，咸以舊例所無難之。大學士王公掞時爲尚書，獨曰『以萬年之聖主，當六旬之大慶，此豈有成例可援？若以靡費爲嫌，則民間家長生日，子孫僮僕尚不惜出所有招集賓客，矧富有四海，而區區計及於此』？遂如所請以上，立命舉行」。

〔註139〕朱保烔、謝沛霖《明清進士題名碑錄索引》，頁2750。

得有一敘重甲同年機會。

第四節　讀書立品

一、臣　綱

翰林各官密邇禁廷，備顧問，掌撰作記注之職，雖不似其他六部、九卿、堂司各官之負責經辦實際國計民生與軍國重事，然身在其位，仍須兢兢業業勤愼供職，此處概以「臣綱」括之。

臣綱首重勤職。世祖曾於順治十年（1653）五月庚午駕幸內院，見翰林各官業已下直，詢其由，大學士范文程等奏曰「今日端午，是以下直較早」。世祖乃顧謂群臣曰：

> 承藉天休，猥圖安樂，人情盡然。但欲希晏逸，必先習勤勞，必國家大定，其樂方永。若止圖安樂，嗜欲莫遏，先計身家而後國，是其樂亦蹔耳。即如朕躬所行，兢兢業業，期於盡善，故每樂聞諸臣之言，但今之人多有能言而不能行者，其故何也？今日爲之，明日易之，弗克持久，是以不能行耳。夫人孰無過，知過而改，即爲善。士儻自掩飾，謬以爲是，過乃滋長，咎斯甚矣。

世祖自認如若果能與諸臣共勤政務，裨益民生，則天必眷之；若所行不善，弗自省改，則天必降之以殃，何能邀天之眷佑？若天不加眷佑，而委宿命於天，卻不知天之所譴者，乃以己行之不善，豈有所行爲善而受天譴者？又引古代君王爲例，如商湯爲盛德之主，猶且檢身不及，改過不吝；前明之正德帝耽志嬉遊，怙過不悛，徒責善於臣工，以此揆之君王修己治人之道，烏乎其可？縱使臣工盡皆爲善，而君不改過遷善，則又何由向化？因此又諭：

> 自今以往，始自朕躬，有過即改，卿等亦各宜黽勉，朕有過舉，勤爲啓沃，朕將殫力修省焉。〔註 140〕

對於內院翰林下直過早，絲毫未見責備之意，反深自憬悟爲君應過不憚改、虛心受諫，欲以一己之正，提醒諸臣盡忠謀國，用意深遠，臣下之有良知者能不慚忒愧煞而戮力從公者乎？

翰林職務特殊，供職者有其資格之限制，除依照典制選拔之外，亦有其

〔註 140〕《清實錄》冊三，《世祖實錄》，卷七十五，順治十年五月庚午，頁 589。《大清十朝聖訓》世祖章皇帝，卷一，論治道，順治十年五月庚午，頁 1b。

內在要求。順治十年（1653）首次翰詹大考，世祖首揭任其職者：

> 所以諮求典故，撰擬文章。充是選者，清華寵異，過於常員。然必
> 品行端方，文章卓越，方爲稱職。〔註141〕

於此應將「品行端方，文章卓越」視爲翰林稱職與否之重要條件。唯品行端方，立心純正，始能侍講讀於君前，引經據典，緝熙聖學。大考則是考校翰詹文藝之器，疏陋劣等者，必遭降黜。

讀書乃翰林本務，若徒以國家名器自滿，不知韜晦向學，非但無以上對君王，亦且遲速自毀前程。前明成祖永樂年間，庶吉士教習甚嚴，曾有庶吉士曾子啓等二十八人不能背誦〈捕蛇者說〉，詔皆戍邊，復寬貸之，令改拽大木，有大臣某代陳極苦之狀，始得釋歸〔註142〕。清代並無如此嚴苛，惟翰林讀書之要求仍不馬虎。聖祖時有詞臣某進表，其文有以「豈弟君子」屬之臣者，聖祖摘其謬誤，將罪之，其時韓菼爲學士，奏云：

> 屬之臣固誤，然古人斷章取義，亦間有君臣兩屬者，如《禮經》所
> 云『豈弟君子，求福不回，其舜、禹、文王、周公之謂與』是也。

該誤用文字之詞臣遂因此得釋〔註143〕。爲人臣者，不可不讀書，否則將如上例因誤用文字而入罪；又，爲詞臣者，更不可不通經，韓菼以片語而解其屬之危，即是最佳例證。

江南婁縣張照，康熙四十八年（1709）進士，由庶吉士授檢討。登第之時，年僅十八，傳臚後引見，以未奉欽點，乃仰奏曰「臣張照年幼，未嫻吏治，懇恩教習，願讀中秘書」，帶領官掖之不起，聖祖顧左右曰「小蠻童乃頗有膽」，遂笑而頷之。其後張照改庶常，累遷超擢，供奉內廷，洊躋一品，一生恩遇優渥，俱自此始，亦是其自知讀書所由致。〔註144〕

康熙二十五年（1686）七月吏部題翰林官請照舊例外轉，聖祖批評當時情形曰：

> 翰林官員內，或有不善書法者，或有不能撰講章者，或有不能句讀
> 通鑑者，甚有以飲酒宴會爲事、博奕爲戲者。以讀書立品，思副委
> 用，裨益國事者甚少。今若依部議道缺調用，恐依等登第之後，未

〔註141〕《清實錄》冊三，《世祖實錄》，卷七十三，順治十年三月己巳，頁578。
〔註142〕王應奎《柳南隨筆續筆》，續筆，卷三，頁176。
〔註143〕王應奎《柳南隨筆續筆》，隨筆，卷四，頁78。
〔註144〕陳康祺《郎潛紀聞四筆》，卷七，小蠻童乃頗有膽，頁110。

> 經揚歷，驟任監司，則無才之人，反爲僥倖，何以創懲。應以學問
> 不及者，分別一二人降謫，庶眾皆知儆。〔註145〕

是已深惡詞臣學行有不能盡符其職者。類此之要求，此後仍時有所見，如康熙三十二年（1693）十二月，聖祖諭掌院學士傅繼祖曰：

> 翰林院衙門甚屬緊要，凡翰林官，每日作文寫字、誦習講究，是其
> 分內之事，各宜勤勉，以盡職掌。若有結交不肖，牽引妄行，遇學
> 差缺出，自爲奔競營求者，不時訪察題參。〔註146〕

不僅讀書乃分所應爲，平日在京亦不可任意走訪交結，免落奔競援引口實。又如康熙五十九年（1720）十二月，聖祖諭大學士等曰：

> 翰林官員雖多，能撰擬碑碣文章者，原不過數人，此內有人才不及、
> 不諳進退之禮者，亦有一無所知、飲酒遊戲者。伊等俱候派考試之
> 官，如此等人，豈堪備用。

因命會同吏部、翰林院，將此等人員查明參革。同時指示其中或有人雖平常、實有學問者，不必參革；或年老翰林現在修書處行走者，亦不必參革。又各部院衙門滿漢官員內，有才力不及並懶惰者，亦會同部院堂官查明參革。不多時，大學士等查明翰林及各部院官員人才不及者，計有少詹事龔鐸等十八人，均奏准革退。〔註147〕

庶吉士在館讀書，理應潛心向學，不務俗套，未來可期大用，康熙二十三年（1684）二月，聖祖諭掌院學士牛鈕、孫在豐曰：

> 翰林院乃儲養人才之地，教習庶常當以品行文章爲事，一切交際禮
> 文，皆宜杜絕。近聞有饋送重禮者，庶常等俱甚寒苦，自翰墨外，
> 不應別有所取。〔註148〕

庶吉士在館讀書，期滿散館，並據散館試之優劣等第分別留館任職或改仕他途，則庶常館實不啻具備庶常背景官員之訓練養成所。讀書期間，正應奮發振作、勵品清操，如不能自守，則未來何堪大任？故聖祖甚爲重視庶吉士之教養考成，康熙二十四年（1685）五月，乙丑科殿試畢，聖祖御保和殿面諭

〔註145〕《清實錄》冊五，《聖祖實錄》，卷一二七，康熙二十五年七月庚戌，頁355。

〔註146〕《清實錄》冊五，《聖祖實錄》，卷一六一，康熙三十二年十二月癸酉，頁765。

〔註147〕《清實錄》冊六，《聖祖實錄》，卷二九〇，康熙五十九年十二月己酉，頁823。

〔註148〕《清實錄》冊五，《聖祖實錄》，卷一一四，康熙二十三年二月己亥，頁178。

新選庶吉士張希良等曰：

> 士子讀書稽古，原其窮理致用，平居砥礪廉隅，敦修品行，皆爲異
> 日服官蒞政之本。迨一登仕路，志在功名，未免專意求進，干營奔
> 競，喪其懷來，往往有之。爾多士從田間來，甫通仕籍，務宜率其
> 素履，不改初心。凡授內外職任，其各加黽勉，清操自矢，恬靜寡
> 營，循分盡職，潔己愛民，以副朕造就人才至意。〔註149〕

是其先已肯定庶常散館、服官蒞政，皆爲未來棟樑。然在此之前，必須砥礪
品行，厚其學養，不可不謂期望之深厚。

翰林官學問固然重要，然其人是否居心純誠、忠勤篤厚，則毋寧是帝王所
最重視者。徐元粲，浙江海寧人，順治十二年（1655）乙未科進士，廷試之時
爲文敏捷，世祖見其起草而奇之，即召對便殿選庶常。故事，習清書者例以少
年中選，當元粲以次上前引見之時，世祖問其年歲，對以「臣年五十二」，世祖
諭曰「不欺，翰林居清要，須用不欺之臣」，遂改徐元粲爲庶吉士〔註150〕。又
如孫致彌，江蘇嘉定人，康熙二十七年（1688）進士，由庶吉士授編修，累遷
至侍讀學士而卒。爲諸生時嘗致書耿精忠，勸其恪守臣節，勿效吳三桂之狂噬，
語極忠愛。耿精忠籍沒後，檢得官吏交通書一篋，進呈御覽，聖祖見有孫致彌
前信，嘉悅之餘，乃召詣闕廷，以二品頂戴充朝鮮采風使，既而奉節還朝，仍
辭不留京就職，乃猶謙謙引退，循分讀書，仍以秋賦春闈爲進身之階。其泥金
淡墨、介節虛懷之品，當非薰心科目之庸碌眾生所能闚測。〔註151〕

又如工部侍郎李鳳翥，江西建昌人，康熙三十六年（1697）丁丑科翰林，
曾於雍正七年（1729）五月奏賀瑞芝本內，自稱「蓬蓽陋儒」；另於賀慶雲本
內，又稱「擲地才疏，敢含毫而賦五色」。既以儒者自居，則陳奏本章自應加
意慎重，不當作此遊戲之詞；若未曾作賦，則所奏盡屬虛文，若實曾作賦，
便當進呈御覽，故得世宗斥諭：

> 若自知不能，卻強作浮詞，湊成謙語，臣於君父之前，豈儒者之道

〔註149〕《清實錄》冊五，《聖祖實錄》，卷一二一，康熙二十四年五月庚申，頁270。
　　　　《大清十朝聖訓》聖祖仁皇帝，卷四十四，飭臣工，康熙二十四年五月庚申
　　　　朔，頁2b。
〔註150〕朱汝珍《詞林輯略》，卷一，順治十二年乙未科，頁8～9。
　　　　李桓《國朝耆獻類徵初編》，卷一一五，詞臣一，徐元粲，頁39a。
　　　　李調元《淡墨錄》，卷二，翰林須用不欺之臣，頁6b。
〔註151〕王鍾翰點校《清史列傳》冊十八，卷七十一，孫致彌，頁5843。
　　　　陳康祺《郎潛紀聞四筆》，卷四，泥金淡墨榮於二品頂戴，頁55～56。

乎。李鳳翥受朕深恩，由翰林擢至工部侍郎，似此輕慢疏忽，尚得
謂之儒者乎。〔註152〕

自重而不輕佻，亦是臣子所應然。以儒者仕進，膺國家名器之寄，即便事君，
仍應有其風骨，乃得儒臣之體。

在君王之側侍講讀須有儒臣之體，而入上書房侍講讀，身負教育皇子皇
孫大任，今日之師保，可能即爲明日之宰輔，故而被寄予之期望與要求更爲
嚴格。乾隆五十五年（1790）十月，高宗披閱臣工所進萬壽歌頌，內有上書
房行走侍講吳壽昌《恭紀九如詩》一冊，上下句用韻分協，體制新穎，詩句
藻麗。高宗認爲其辭章雖屬可觀，但不免有騁博見才之意，因而思忖：

上書房翰林入教皇子皇孫等讀書，惟須立品端純，藉資輔導，原不
同應舉求名者，僅在文藝辭章之末。況皇子及皇孫年長者學業已成，
其年幼之皇孫、皇曾孫、元孫等，甫經就傅，不過章句誦讀之功，
尚屬易於啓迪，選擇師傅祇以品行爲先，與其徒藉辭藻見長，華而
不實，轉不若樸誠循謹之人，尚可資其坐鎮。〔註153〕

言教不如身教，是以向書房行走者，須用樸誠循謹之人，除經論文章以外，
仍寄望爲師保者有以其個人醇厚氣質感染之。

翰林官文字之任綦重，其間微小之處，亦有須謹愼處。無錫嵇璜，雍正
八年（1730）進士，由庶吉士授編修。乾隆元年（1736）由左諭德充陝西鄉
試正考官，並命南書房行走。嘗於進呈文字中，有引御製詩用字未經改寫，
乃坐是而出南書房，自後每掌文衡，及進部院疏奏，遇廟諱御名，皆倍矢敬
畏，即尋常點化之細，偶有舛訛，亦不少假貸。〔註154〕

翰林各官由科目晉身，經選拔課讀而任之，職位近禁，密邇中樞，謹守
「群而不黨」綱常乃爲立身之要件。清代士子，書香門第、詩禮傳家者所在
多有，一門之中翰林輩出者亦不罕見，如桐城張氏一門，六代十二人，盡皆
翰林，至張廷玉掌軍機時，業已歷事三朝，遭逢極盛，子姓宗族及姻黨姚氏，
占仕籍者至數十人，時爲之語曰「桐城張姚兩姓，占卻半部縉紳」。乾隆六年
（1741）十二月，左都御史劉統勳即上書當時張氏登仕版者，有張廷璐等十

〔註152〕徐錫麟、錢泳《熙朝新語》，卷八，頁15b～16a。
〔註153〕《大清十朝聖訓》高宗純皇帝，卷五，聖德，乾隆五十五年十月己巳，頁
7a。
〔註154〕陳康祺《郎潛紀聞初筆二筆三筆》，初筆，卷七，嵇文恭公謹小愼微，頁
144。

九人，姚氏與張氏爲世姻，仕宦者亦達十人：

> 雖二姓本係桐城巨族，得官之由，或科目薦舉，襲廕議敍，日增月
> 益，以至於今，未便遽議裁汰。惟稍抑其陞遷之路，使之戒滿引嫌，
> 即所以保全而造就之也。請自今三年內，除特旨陞用外，概停陞轉。

高宗對待其奏，認爲乃國家之祥瑞，使「朕心轉以爲喜」，因張廷玉若果聲勢赫
奕，擅作威福，則劉統勳必不敢如此陳奏，今既有此奏，則知張廷玉並無聲勢
可以箝制僚寀。且大臣辦公責任綦重，眾所觀瞻，原不能免人之指摘，見人直
陳己過，惟當深加警惕，即所謂「有則改之，無則加勉」。大學士張廷玉親族人
眾，因而登仕版者亦多，此固家運使然，然其親族子弟等，或有衿肆之念，爲
上司者或有瞻顧之情，則非張廷玉所能料及，故諭將劉統勳摺發出，俾眾知之，
有所警惕。〔註155〕

　　師生關係自古所重，惟在科舉時代以場屋一試而定此名分，從此終身不改，
甚而彼此援引黨護，則爲歷來帝王所厭。乾隆五年（1740）四月，新授太常寺
卿陶正靖（雍正八年，1730，庚戌科進士，由庶吉士授編修，改御史）謝恩時，
高宗以現在雨澤愆期，令陳用人行政缺失，正靖乃奏對「並無闕失，惟有處分
魏廷珍一事，不無屈抑」。高宗自思魏廷珍歷來居官，一味因循推諉，不過師友
同年援引標榜，博取虛譽，有負國恩，當其自請罷歸時，已降旨革職；廷珍既
已離任，與國計民生並無關係，而陶正靖獨舉此一事爲言，豈得謂之直陳無隱？
又，魏廷珍、任蘭枝乃是康熙五十二年（1713）癸巳恩科同年翰林，疑陶正靖
必爲伊等門生，乃召問任蘭枝，陶正靖果係任蘭枝門生（任蘭枝爲雍正八年庚
戌科會試副考官），高宗初斷定明係任蘭枝將魏廷珍屈抑之處告知陶正靖，故有
謝恩時所奏之語，而任蘭枝稱並未向陶正靖言及，故必是陶正靖私心揣合任蘭
枝之意，互相袒護。因此事有關師生年誼、比周朋黨之漸，特令任蘭枝代擬旨，
申斥陶正靖，並使眾人知所儆戒。此事至此本應告一段落，但任蘭枝擬旨卻將
其與陶正靖師生關係，作爲高宗問陶正靖而知之，與事實不符，又得高宗斥責
其居心詐僞，避重就輕，而先前所疑者，皆確中情事矣。其師生互黨，彼此袒
護，實理所不容，乃將任蘭枝革職留任，陶正靖則降五級調用。〔註156〕

〔註155〕王鍾翰點校《清史列傳》冊五，卷十八，劉統勳，頁1384。
　　　　陳康祺《郎潛紀聞初筆二筆三筆》，二筆，卷二，桐城張氏簪纓之盛，頁
　　　　352。
〔註156〕錢儀吉《碑傳集》冊五，卷五十六，科道下之中，全祖望〈太常晚聞陶公神
　　　　道碑銘〉，頁1609。

又如乾隆十四年（1749）十二月，大學士張廷玉致仕將歸，以前朝世宗曾遺命配享太廟，乃面請高宗一詞以爲券，高宗特頒諭旨准其身後得配享太廟，並賜詩以安其心。次日，張廷玉具摺謝恩，遣子張若澄代奏，高宗以其未曾親奏謝恩，傳旨令明白回奏。又次日，張廷玉昧爽入朝，高宗責以：

> 張廷玉立朝數十年，身居極品，受三朝厚恩，而當此桑榆晚景，輾轉圖維，惟知自便，未得歸則求歸自逸，既得歸則求配享叨榮。及兩願俱遂，則又視若固有，意謂朕言既出，自無反汗，已足滿其宿願，而此後更無可覬之恩，亦無復加之罪，遂可恝然置君臣大義於不問爾……昨朕命寫諭旨時，惟大學士傅恆及汪由敦二人承旨，而汪由敦免冠叩首，奏稱『張廷玉蒙聖恩，曲加體恤，終始衿全。若明發諭旨，則張廷玉罪將無可逭』，此已見師生捨身相爲之私情。及觀張廷玉今日之早來，則其行顯然……張廷玉今日之來，且來較向日獨早，謂非先得信息，其將誰欺……軍機重地，乃顧師生而不顧公義，身爲大臣，豈應出此？〔註157〕

高宗懷疑汪由敦以師生舊情，於傳旨之先，便告知張廷玉有關回奏之事。緣汪由敦爲雍正二年（1724）進士，由庶常授編修，而張廷玉即是該年會試副主考之一〔註158〕，是以二人確有師生關係。張廷玉於次日昧爽入闕，確實使高宗懷疑汪由敦有以私情洩漏之事。此事結果，汪由敦革去協辦大學士事務，留尚書任內贖罪；張廷玉則削去伯爵，以大學士原銜休致，仍遵先皇遺命，身後准配享太廟〔註159〕。由陶正靖與任蘭枝、汪由敦與張廷玉二事可知，翰林重師生、同年等科分輩分，然君父之前，私情當有所捐棄，一以君國爲上，謹守臣節，此亦是君主時代之重要特徵。

二、氣 類

翰林之清貴，在於科考勝場。進士登第，已是祖上有德，朝考選爲庶常，自較尋常進士要爲優長，散館試合格得以留館任翰林，更是菁英上選。又以其位在禁近，備顧問，侍講讀，是以翰林本身具有一種自我群體意識，乃是

王鍾翰點校《清史列傳》冊五，卷十九，任蘭枝，頁1448。
〔註157〕王鍾翰點校《清史列傳》冊四，卷十四，張廷玉，頁1026。
〔註158〕法式善等撰《清秘述聞三種》，卷五，雍正二年甲辰科會試考官，頁135。
〔註159〕王鍾翰點校《清史列傳》冊五，卷十九，汪由敦，頁1460；冊四，卷十四，張廷玉，頁1026。

一種身分表徵，亦是國家名器，不可自甘下流，更不可隨世浮沉、趨迎諂獻，此謂氣類。

　　京師官場，各類人等皆有，其外在氣質之表現，依衙門職務而與人不同印象。如目翰林爲橐駝，乃譏其臃腫而步緩；視科道爲老鴉，以其發聲不祥也。亦有以富貴貧賤比之六部，吏曰貴、戶曰富、禮曰貧、兵曰武、刑曰威、工曰賤〔註160〕，皆差可比擬。另有諺曰「翰林院文章，太醫院藥方，光祿寺茶湯，鑾儀衛轎槓」，又有「吏科官，戶科飯，兵科紙，工科炭，刑科皁隷禮科看」〔註161〕，均各舉其職守，乃有是語。亦有批評各衙門官員群體印象者，如認爲京師有三種人不易浹洽，宜敬而遠之：

　　　　一曰翰林院，敝貂一著，目中無人，是謂自視太高。二曰都察院，
　　　　風聞言事，假公濟私，是謂出言太易。三曰刑部，秋審處司員滿口
　　　　例案，剌剌不休，是謂自信太高。〔註162〕

謂翰林目中無人，雖未必然，但自視甚高則可理解，因翰林歷經科舉之千錘百鍊，學問文章當然引以自豪，況且帝王崇儒，宜其自許之、自高之。

　　康熙鴻博之初開，乃以議修《明史》始，授官優渥，遂有「野翰林」之目。康熙鴻博主司者爲寶坻杜立德文端、高陽李霨文勤、益都馮溥文毅及崑山葉方藹文敏四人，有以詩諷之者曰：

　　　　自古文章推李杜，而今李杜實堪嗤，葉公懵懂遭龍嚇，馮婦癡騃被
　　　　虎欺。宿構零軒璇玉賦，失拈落韻省耕詩，^{按，試題爲「璇璣玉衡賦」、「省耕詩」。}若教修史
　　　　眞羞死，勝國君臣也皺眉。〔註163〕

此詩迨爲當時制科翰林所作，以鄙薄鴻博野翰林而牽連於主試四人。而鴻博之詆甲科，亦不遑多讓，江蘇長洲尤侗，於聖祖康熙己未舉博學鴻詞科，以貢生推官試爲二等，授職翰林院檢討，分修《明史》，嘗於詩文中寓其胸中之志云「漢以策制科，而班馬揚雄不遇；唐以詩取士，而李杜浩然見遺」，又曾題鍾馗像云「進士也，鬼也；鬼也，進士也，一而已矣」〔註164〕。以筆墨爲

〔註160〕阮葵生《茶餘客話》，卷三，頁26。
〔註161〕陳康祺《郎潛紀聞初筆二筆三筆》，初筆，卷六，京師諺，頁130～131。
〔註162〕陳慶龍《夢蕉亭雜記》（北京：北京古籍出版社點校本，1985年），卷一，頁
　　　　5。
〔註163〕陳康祺《郎潛紀聞初筆二筆三筆》，二筆，卷三，鴻博主事之被嘲，頁366。
〔註164〕劉廷璣《在園雜志》（台北：文海出版社據清刻本影印，1969年），卷二，頁
　　　　5a～5b。

報復之具，若水火之不能相下。與尤侗並舉鴻博者有江南吳江潘耒、浙江秀水朱彝尊與江南無錫嚴繩孫三人，同起布衣，號稱「江浙三布衣」。會添置日講起居注官，三人奉命同入直。其時館閣應奉文字，若非出於三人之手，則掌院輒不謂然，於是同列以資格自高者莫不忌之。而潘耒復精敏敢言，同列每有質疑，即援據經史百子，縱橫應答，無少遜避，故忌之者視朱、嚴為尤甚。後甄別議起，遂遭故坐浮躁降調，在翰林僅五載〔註165〕。凡此皆是翰林自高自詡，過分重視科甲資格之負面影響。

官場之中，翰林自成一格，有其特殊性格，雖有些許資格自高之嫌，然論其節操，其讀儒家之書、行聖賢之道，則另有令人欽服且無負身為儒生官僚者。

平日論輩分、道師生，同為翰苑出身者，皆分外親切，無論京中、外省，彼此照應乃義理所當然。此外，凡科目出身之進士，無論選為翰林或分部學習、歸班銓選，皆須敬慎勤職、虛己從公，宦途順遂與否，當然與個人之努力息息相關，依附權貴以為進階者雖不能曰必無，然翰林各官以其出身、地位之特殊，於研究資料之中，較易發覺有自清門戶、不趨炎附勢，甚而自干低迴，不受招徠者。如熊賜履，湖北孝感人，順治十五年（1658）進士，由庶吉士授檢討。康熙六年（1667）遷弘文院侍讀，遇聖祖屢詔臣工直陳政事得失，其時內大臣鰲拜輔政自專，賜履乃應詔上疏，有「內臣者外臣之表也」語，又言「急功喜事，但知趨目前尺寸之利，以便其私圖」，鰲拜聞而惡之曰「是劾我也」。七年（1668）賜履已遷為秘書院侍讀學士，再度上疏言：

> 朝政積習未除，國計隱憂可慮。皇上聰明天亶，天下之人靡不翹踵拭目，仰觀德化之成，而設施措置，猶未足厭服斯人之望。年來災異頻仍，飢荒疊見，正宵旰憂勤、撤懸減膳之日。乞時御便殿，接見儒臣，講論政治，行之以誠，持之以敬，庶幾轉咎徵為休徵。

其時聖祖雖已親政，但鰲拜權勢仍盛，疏入，鰲拜傳旨詰問「積習隱憂」及「未厭人望」實事，賜履言即「制治未亂，保邦未危」之意，乃欲至尊憂勤惕勵也。鰲拜復傳旨嚴飭以不能實在指陳，妄行冒奏，以沽虛名，下部議處，降二級調用，幸賴聖祖力持而寬免之。未幾，聖祖以鰲拜結黨專擅，弗思悛

〔註165〕陳康祺《郎潛紀聞四筆》，卷六，江浙三布衣，頁93。
　　　　錢儀吉《碑傳集》冊四，卷四十五，翰詹上之下，沈彤〈徵仕郎翰林院檢討潘先生耒行狀〉，頁1258。

改，命逮治問罪，於是康親王傑書即列其攬權欺罔諸罪狀，讞詞中便有「鰲拜銜賜履劾己，意圖傾害」一款。〔註166〕

又如江陰楊名時，康熙三十年（1691）進士，由庶吉士授檢討。在詞館中，蕭然如窮諸生。順天學政員缺，聖祖問直隸巡撫李光地誰人可勝此任，遂舉薦楊名時。名時官檢討，例不開列學政，聖祖問其操守，李光地奏以「操守可方張鵬翮、趙申喬，而學問過之」，乃就任。以檢討任直隸學臣，均前後所未聞者。後遷侍講，丁艱服滿，自河工還朝，尚未補官即有旨令主陝西鄉試，此亦出特恩。後任直隸巡道，有翰林某曰「過保定，聞鄉語傖音，呼先生爲包公再世」，聖祖亦曾謂大臣曰「楊名時實好官，不徒清官也」〔註167〕。雍正間，以雲貴總督兼署雲南巡撫，於奏牘中言存誠主敬之學，世宗手批答之云「吾君臣萬里談道，不亦樂乎」〔註168〕。楊名時磊然清操，前後二主之重用，當非偶然。

翰林按例遷轉，但論資俸，以才品得官，不必相求當路，亦是儒者風骨。茲舉數例：廣東始興林明倫，乾隆十四年（1749）進士，由庶吉士授編修，在翰苑時遇保舉御史，有同官以「行舉御史，不可不謁掌院」邀之，明倫毅然曰「御史以求而得，尚何以自樹立耶」，乃峻謝不往。〔註169〕

高宗時和珅當權，亟欲結納翰林以自重，眾翰林則多有不顧一屑者，如蔣士銓，江西鉛山人，乾隆二十二年（1757）進士，由庶吉士授編修，是時高宗崇尚文學，文人宿儒咸獲登進士，士銓官京師八年，以剛介爲和珅所抑，獨無所遇，乃乞假告歸養母。〔註170〕

又如褚廷璋，江南長洲人，乾隆二十八年（1763）進士，由庶吉士授編

〔註166〕王鍾翰點校《清史列傳》冊二，卷六，鰲拜，頁 352；卷七，熊賜履，頁 503。

錢儀吉《碑傳集》冊一，卷十一，康熙朝宰輔上，孔繼涵〈經筵講官太子太保東閣大學士兼吏部尚書熊文端公賜履年譜〉，頁 252；彭紹升〈故東閣大學士吏部尚書熊文端公事略〉，頁 262。

〔註167〕錢儀吉《碑傳集》冊三，卷二十四，雍正朝部院大臣中，徐用錫〈楊凝齋先生名時傳〉，頁 788。

〔註168〕陳康祺《郎潛紀聞初筆二筆三筆》，二筆，卷九，楊文定之操守，頁 487。

〔註169〕王鍾翰點校《清史列傳》冊十九，卷七十五，林明倫，頁 6207。

錢儀吉《碑傳集》冊九，卷一○三，乾隆朝守令上之上，朱珪〈衢州府知府林君明倫墓誌銘〉，頁 2918。

〔註170〕王鍾翰點校《清史列傳》冊十八，卷七十二，蔣士銓，頁 5905。

朱克敬《儒林瑣記》（長沙：嶽麓書社點校本，1983 年），卷二，頁 32。

修，官至侍讀學士。曾以大學士和珅並非科目出身，堅決不以先輩之禮待之。後緣事降爲主事，乃乞歸回籍，且終其身不再干謁銓選，自云「此膝不爲權貴屈也」。〔註171〕

再如錢棨，江蘇長洲人，三元及第，乾隆四十六年（1781）授修撰，在上書房行走時，堅拒和珅之羅致，是以雖然詩文楷法並精，亦屢司文柄，卻始終無由進階，待和珅敗後，內直諸臣黨於和珅者，皆被連染，獨錢棨悠然事外，仁宗亦嘉其介直，連擢至內閣學士。〔註172〕

孫星衍，江蘇陽湖人，乾隆五十二年（1787）一甲二名進士，授編修。命充《三通》館校理，五十四年（1789）散館，改刑部主事。肄業庶常館時，京中各官以和珅當權，多有奔驅其門者，星衍獨不往來，和珅於是銜之。其時常州諸老輩在京者，均相戒不與和珅往來。北京呼常州人爲戇物，翰林孫星衍、洪亮吉爲其間領袖。孫星衍點傳臚，留京在館肄業，無一日不罵和珅，嘗爲人題和尚袈裟畫，有「包盡乾坤賴此衣」句，有好事者獻此詩以媚和珅，和珅乃鑾儀衛包衣旗出身，認定此詩有刺己之意，遂恨之入骨。後星衍於散館試題「厲志賦」用《史記》「蚃蚃如畏」語，和珅指爲別字，乃抑置二等，當改官六部。故事，一甲進士改部，或可奏請留館；而編修改官，例可得員外郎。前此已有康熙六十年（1721）一甲二名進士編修吳文煥散館改刑部員外郎成案，大學士和珅示意來見即可改官，星衍不肯，且謂「吾寧得上所改官，不受人惠也」，又曰「主事終擢員外，何汲汲求人爲」，仍就主事之職，當時人盡知孫星衍散館遭抑乃和珅所爲。洪亮吉與孫星衍並稱「孫洪」，江蘇陽湖人，乾隆五十五年（1790）一甲二名進士，授職編修。在上書房行走時，和珅慕之甚傾，求一見不可得，析一字亦不可得。和珅曾託成親王轉求亮吉爲書聯句，亮吉實不能拒，翌日書就，呈成親王，但見左軸左方有小字直書題款曰「賜進士出身翰林院上書房行走等等官銜洪亮吉，敬奉成親王（抬寫）命，書賜大學士等等官銜和珅」，成親王以何可交付和珅問之，亮吉答以「奉命刻畫，臣能爲者，此耳」，其後和珅每向成親王索取亮吉所書聯句，成親王亦祇能游詞緩之而已。〔註173〕

〔註171〕王鍾翰點校《清史列傳》冊十八，卷七十二，褚廷璋，頁5914。
〔註172〕王鍾翰點校《清史列傳》冊七，卷二十八，錢棨，頁2189。
　　　　陳康祺《郎潛紀聞四筆》，卷十，三元及第錢棨，頁170。
〔註173〕王鍾翰點校《清史列傳》冊十八，卷六十九，孫星衍，頁5553；洪亮吉，頁5558。

　　翰林在朝，當然並非絕無逢迎權貴者，唯此等人受同僚輕蔑訕笑乃為必然。高宗朝，某探花諂事豪貴，先使其妻拜金壇相國于敏中如夫人為義母，于死，會稽尚書梁國治秉樞柄，又令其妻拜梁為義父，饋以珊瑚朝珠，蹤跡曖密，紀昀乃作詩譏之：

　　　　昔曾相府拜乾孃，今日乾爺又姓梁。赫奕門楣新吏部，淒涼池館舊
　　　　中堂。君如有意應憐妾，奴豈無顏只為郎。百八牟尼親手捧，探花
　　　　猶帶乳花香。

可謂極盡戲謔能事。其時相傳冬月嚴寒，尚書梁國治早朝，探花妻輒先取朝珠溫於胸中，親為懸掛。自來諂臣媚妾，悅人唯恐不工，其事亦有甚於此者，然閨房隱密，又豈外人所知，「乳香」之說自是時人輕鄙至極之謠喙。迨仁宗嘉慶四年（1799）安徽巡撫朱珪內召抵京，該探花復匍匐其門，腆顏求進，其時又有疊前韻者云「人前為說朱師傅，馬後跟隨戴侍郎」，謂為「三姓門生」〔註174〕。座師門生雖由考試而來，事屬偶然，但名分既定，終身無改，某探花之媚行被稱為三姓門生，在當時直不啻欺師滅祖之悖行，為人所不齒。

　　又如宣宗朝某翰林，夙出濰縣陳官俊門下，官俊喪偶，翰林為文祭之，有「喪我師母，如喪我妣」之句，翰林妻又曾拜許乃普為義父，有詆之者乃輯成語作聯，揭諸門外曰「昔歲入陳，寢苫枕塊。召茲來許，抱衾與裯」〔註175〕，意為今日為昔年師母舉哀服喪，我等旁觀之人則以他日為義父送終蓋棺為期許。實則乃是責其無良、不知羞恥、專事逢迎之惡毒語。二翰林之媚行，百年之後，猶有餘臭。

　　和珅當權最尚奢華，翰苑部曹亦有衣褂袍褶仿內廷裁剪，以美麗自喜者。諸城劉墉乃故為敝衣惡服，徜徉班聯之中，自曰「吾自視衣冠體貌，無一相宜者，乃能備位政府，不致隕越者何也？寄語郎署諸公亦可以醒豁矣！」〔註176〕一時之間，人爭服其言。當時奔走和珅之門，壯年出任疆圻者，以畢

　　　　錢儀吉《碑傳集》冊七，卷八十七，嘉慶朝監司，阮元〈山東梁道孫星衍君
　　　　傳〉，頁 2514。
　　　　陳康祺《郎潛紀聞初筆二筆三筆》，初筆，卷二，孫淵如洪稚存氣節，頁
　　　　40。
　　　　劉禺生《世載堂雜憶》，和珅當國時之戀翰林，頁 23～25。
〔註174〕昭槤《嘯亭雜錄》，卷四，三姓門生，頁 110～111。
〔註175〕陳康祺《郎潛紀聞初筆二筆三筆》，二筆，卷一，士大夫之諂媚，頁 333。
〔註176〕昭槤《嘯亭雜錄》，續錄，卷二，劉文清語，頁 423。

沅、阮元最為得意。初和珅任大軍機，畢沅為領班小軍機，與和接近，最受器重。畢沅於和珅事敗之前已死，和珅家產抄沒，畢沅家亦列單查抄，仁宗且曰「使畢沅若在，當使其身首異處」。當和珅氣焰薰天時，最重翰林，苟有翰林來，無不整衣出迎，而翰林則多相戒不履和門。某日，和珅生辰，派人四出運動翰林登門拜壽，眾翰林則竟日大會於北京松筠菴（前明楊繼盛祠），宣言「翰林中有一人不到者，其人即向和門拜壽」。當日阮元與會，過午，有花旦李某來尋，謂在某處唱戲，必來捧場，乃強偕阮元同去，其實乃往和門拜壽。阮元名刺未入，而和珅已公服下堂出迎，執阮元手曰「翰林來拜壽者，君是第一人，況是狀元」。其後大考翰詹，阮元先得題目，即是和珅所密告。先因西洋獻眼鏡，高宗試戴，老光並不甚合，謂為「不過如此」，和珅侍左右，知大考詩題為「眼鏡」，得「他」字韻，以不甚合皇上用為最重要。故阮元試帖首聯即云「四目何須此，重瞳不用他」，得一等第一，由編修超遷少詹事〔註177〕。此事在當時，人盡皆知，阮元雖得超擢，但名聲已朽，他人亦不再以清貴副之。

翰林自有進身之階，以儒術佐治，以道德為倡，以節操相尚，以文章自高，是以有其集體之官場性格。故順天大興朱筠（乾隆十九年（1754）進士，由庶吉士授編修）在京即曾大言「翰林以讀書立品為職，不能趨謁勢要」〔註178〕，其言實已深刻指出身為翰林，最緊要者，乃在於己身之清操勵品，以道德文章為天下倡，乃為不負儒學文臣之名。

三、史　職

翰林官在史職，史官必須有度有識，不偏不隘，舉大端而略細行，鑒心曲而懲偽飾。史臣之體，據事直書，功罪自見。且史之為萬世公器，實不容私心之去取抑揚。

順天大興張烈，原為康熙九年（1670）進士，授內閣中書，十八年（1679）舉博學鴻詞科，列一等三名，改翰林院編修，與修《明史》。在史館時，作《史法質疑》一書，通論史體；分纂前明孝、武兩朝及劉健、李東陽等傳，當時人推其有太史公司馬遷筆意。又修《明史典訓》及《四書講義》諸書，均編

〔註177〕劉禺生《世載堂雜憶》，和珅當國時之戀翰林，頁23～25。
〔註178〕錢儀吉《碑傳集》冊四，卷四十九，翰詹下之上，孫星衍〈朱先生筠行狀〉，
　　　　頁1380。

輯精當，甚受推崇。〔註179〕

浙江秀水朱彝尊，康熙十八年（1679）以布衣舉博學鴻詞科，除翰林院檢討，纂修《明史》。在史館，凡七上總裁書，論定史法，如凡例、訪遺書、辯偽書，又如作史者不可先存門戶之見，致以同異分邪正、賢不肖〔註180〕。世皆以其言為有識。

江蘇吳江潘耒，與朱彝尊同以布衣舉鴻博，與修《明史》，即作〈修史議〉以上，略謂修纂《明史》，前無所因，較之古代本《東觀》以作《後漢》，改《舊書》以作《新唐》者，其難不啻百倍，故宜「搜採博而考證精，職任分而義例一，秉筆直而持論平，歲月寬而卷帙簡」。總裁善其說，令撰〈食貨志〉兼他紀傳，自洪武以下五朝之稿，皆所訂定。〔註181〕

再如浙江錢塘姚之駰，康熙六十年（1721）進士，改庶吉士，官至御史。生平博雅好古，尤長於史學，嘗蒐集《後漢書》之不傳於後世者八家，凡《東觀漢記》八卷、謝承《後漢書》四卷、薛瑩《後漢書》一卷、張璠《後漢記》一卷、華嶠《後漢書》一卷、謝沈《後漢書》一卷、袁山松《後漢書》一卷、司馬彪《續漢書志》四卷，總二十一卷，董為一書，名曰《後漢書補逸》。尤嘗摘取元、明諸書，分門雜載，輯為《元明事類鈔》四十卷，搜羅甚博，足補志傳未備之處。〔註182〕

安徽休寧戴震，乾隆三十八年（1773）以舉人充《四庫全書》館纂修，四十年（1775）特准與會試中式者同赴殿試，賜同進士出身，改庶吉士。戴震以文學受知，出入著作之庭，館中有奇文疑義，輒就咨訪。又勤修其職，晨夕披檢，無間寒暑，經進圖籍，論次精審，所校《大戴禮記》、《水經注》尤為精覈。另於《永樂大典》內得《九章》、《五曹算經》等古籌算書，皆王錫闡、梅文鼎所未見，將之正偽補脫以進，均得旨刊行，且得高宗御製詩冠於書首。〔註183〕

再舉浙江餘姚邵晉涵為例，乾隆三十六年（1771）進士，歸班銓選。會開《四庫全書》館，特召晉涵與歷城周永年、休寧戴震等入館編纂，改翰林院庶吉士，逾年授編修。晉涵善讀書，四部七錄，靡不綜研，嘗謂《爾雅》

〔註179〕王鍾翰點校《清史列傳》冊十七，卷六十六，張烈，頁5290。
〔註180〕王鍾翰點校《清史列傳》冊十八，卷七十一，朱彝尊，頁5776。
〔註181〕王鍾翰點校《清史列傳》冊十八，卷七十一，潘耒，頁5787。
〔註182〕王鍾翰點校《清史列傳》冊十八，卷七十，姚之駰，頁5756。
〔註183〕王鍾翰點校《清史列傳》冊十七，卷六十八，戴震，頁5513。

爲六藝之津梁，以邢昺之《疏》淺陋不稱，乃自爲《正義》二十卷，以郭璞爲宗，而兼採舍人樊、劉、李、孫諸家，凡郭璞之未詳者，則擇他書附之。自是承學之士，多捨邢而從邵。又長於史，以其生長浙東，習聞劉宗周、黃宗羲之緒，故論說明季之事，往往出於正史之外。在書館時，見《永樂大典》採薛居正《舊五代史》，乃薈萃編次，得十之八九，復採《冊府元龜》、《太平御覽》諸書，以補其缺；並參考《通鑑長編》諸史及宋人說部碑碣，辨證條繫，悉符《舊唐書》一百五十卷之舊，書成進呈御覽，館臣請准仿劉昫《舊唐書》之例，列於二十三史，刊布學宮，由是薛《史》與歐陽《史》乃得並傳。〔註184〕

史筆首貴紀實，純然之隱惡揚善或曲筆貶抑，均所不取。翰林院編修楊瑄所撰內大臣都統公舅舅佟國綱祭文，引用悖謬，且歷來撰進祭文，每於旗下官員，多隱藏不美之言，於漢員則多鋪張粉飾，引起聖祖極度不滿，康熙二十九年（1690）十月諭傳禮部尚書兼翰林院掌院學士張英及楊瑄，以從前姚文然、魏象樞、葉方藹祭文，與佟國綱祭文較看，尋准部議編修楊瑄革職發奉天入旗當差，張英則以看閱未能詳審改正，革去禮部尚書仍管翰林院詹事府事。〔註185〕

福格《聽雨叢談》記清代中葉撰大臣列傳者，俱係翰林，而翰林中又多江浙人，往往秉筆多存黨異。大率重漢人而輕滿人，重文臣而輕武臣，重翰林而輕他途，重近省而輕邊省，其積習相沿，雖賢者亦不免。所撰作之文，同一滿人，則分文武；同一邊省，則分出身；同一江浙，則分中外。甚至飾終之典、撰擬綸音者，彼此亦存軒輊，滿人、邊人、武人不過四五行，翰林、臺閣則必歷敘官階，詳其恩遇，連篇累牘，洋洋千言。撰擬列傳，於愛之者，則刪其譴責，著其褒嘉；惡之者，則略其褒嘉，詳其譴責。凡略褒詞者，不敘全文，而曰褒之；略其貶詞者，亦不敘全文，僅曰責之或切責之而已〔註186〕。是則嘉道以降，詞臣史筆已不如國初剛正，實乃翰林自詡過高，世道使然也。

〔註184〕王鍾翰點校《清史列傳》冊十七，卷六十八，邵晉涵，頁5526。
錢儀吉《碑傳集》冊四，卷五十，翰詹下之中，王昶〈翰林院侍講學士充國史館提調官邵君晉涵墓表〉，頁1413。
〔註185〕《清實錄》冊五，《聖祖實錄》，卷一四九，康熙二十九年十月辛巳，頁648。
王鍾翰點校《清史列傳》冊三，卷九，張英，頁631。
〔註186〕福格《聽雨叢談》，卷七，古史淺陋，頁154～156。

　　御前侍講讀亦是史職之一，須有眞才實學，期能緝熙聖學，使君王存儒心、行儒術，能惓惓養民、經邦濟世。

　　世祖曾命詞臣繙譯《玉匣記》、《元帝化書》，檢討唐夢賚即上言不宜崇此非聖之書，妄費筆墨，且有玷聖學，復陳孔孟之道，以不在六經之科者，不當並進，請移此以及聖賢經世大訓，以佐平明之治。〔註187〕

　　曹本榮，湖北黃岡人，順治六年（1649）進士，由庶吉士改授祕書院編修。爲侍講時，復兼侍讀，日侍世祖講幄，辨論經義，奉敕與傅以漸共撰《易經通注》九卷，鎔鑄眾說，詞簡理明，爲說經之圭臬〔註188〕。對於世祖習《易》，自有莫大幫助。

　　王熙爲司經局洗馬，召入南苑，命譯《勸善書》及《大學衍義》。一日，世祖猝至直幄，閱所譯之書，稱善久之。順治十三年（1656）始擇日講官，王熙原未列名，以譯書而特蒙擢用。復御試清書第一，特賜御服貂裘；十月，世祖御景山臻祿閣，召日講官五人進講，王熙講《尚書》〈堯典〉稱旨，命每日進講，又奉諭嗣後不必立講，講官賜座乃自王熙始。十八年（1661）世祖不豫，命王熙入養心殿撰擬遺詔，又同內閣共擬世祖尊諡與聖祖即位年號，再爲輔政大臣撰誓文〔註189〕。初，王熙長直南苑，駕出必從，每扈從必蒙世祖勞問；又每日進講，啓迪實多。及至世祖大漸，又以朝夕左右之儒臣手定詔草，度其胸中韜略必能決大策、定大議，然其事一語不傳子弟，亦窺其識見度量有古大臣之所難，而非如孔子夏之不言溫室樹而已。

　　湖北孝感熊賜履於康熙九年（1670）四月陞國史院學士，某日奉召入寫大字，乃書「敬天法祖，知人安民」八字進呈，聖祖顧左右侍臣曰「書法亦如其人，顧不自炫耳」，隨命賜履講《大學》、《中庸》兩首節，講畢，聖祖曰「眞講官也」，賜宴而出。翌日，即將熊賜履改除翰林院掌院學士兼禮部侍郎。三十八年（1699）春二月，賜履以吏部尚書入侍皇子講讀，以己所著《學統》、《閑道錄箚記》進講，獲「正學宿德」之褒；五月，因大暑輟講，皇子從上

〔註187〕王鍾翰點校《清史列傳》冊十八，卷七十，唐夢賚，頁5716。
　　　　錢儀吉《碑傳集》冊四，卷四十三，翰詹上之上，高珩〈唐太史夢賚生壙誌〉，頁1193。
〔註188〕王鍾翰點校《清史列傳》冊十七，卷六十六，曹本榮，頁5287。
　　　　錢儀吉《碑傳集》冊四，卷四十三，翰詹上之上，計東〈中憲大夫內國史院侍讀學士曹公本榮行狀〉，頁1187。
〔註189〕錢儀吉《碑傳集》冊一，卷十二，康熙朝宰輔中，韓菼〈予告光祿大夫少傅兼太子太傅保和殿大學士兼禮部尚書加六級諡文靖王公熙行狀〉，頁275。

意特賜宋刻《朱文公年譜》一部，且傳令旨云「以先生專講正學，開導有益，特賜此書」。〔註190〕

　　徐元文於康熙十四年（1675），由內閣學士兼禮部侍郎改翰林院掌院學士兼禮部侍郎，充日講起居注官，進講弘德殿，皆敷陳愷切，唯以質直自將，無浮詞曲說，聖祖每稱之。某日，聖祖以《四書》屢經講讀，文義俱已熟曉，而《通鑑》備載前代得失，深有裨於治道，應與《四書》相參進講，命元文摘取撰擬講章。徐元文手定講章體例：

> 從（朱熹）《通鑑綱目》中詳加決擇，其事之關切君德、深裨治理者，
> 摘而錄之；講義體裁，難與《四書》諸經同例，每條之後，採取先
> 儒之論，參以臆斷之詞，演繹宏綱，發揮大義。

乃退而屬諸詞臣分撰講章，皆手自裁定，務舉其要而暢其旨，詳審當務之急以立言，未嘗不說之詳而反之約。〔註191〕

　　熊賜履與徐元文先後在聖祖講筵，熊賜履非堯舜之道不陳，非《四書》、《五經》及宋儒之言不言，以仰贊聖德，精熟於大本大源之地。徐元文則承聖祖嚮意史學，進而開廣發明，即事以窮理，由道以敷治。二人表裏精麤，全體大用，實所以通貫如一，先後相成。

　　又如尚書湯斌（河南睢州人，順治九年（1652）進士，由庶吉士授國史院檢討）任左庶子兼日講官時，每次進講，均先一日肅齋，潛思經義，務積誠以動上，嘗曰「君心正則天下治，如天樞之運眾星。為講官須於此處著力」〔註192〕。是講官所擔負者，實不僅止於帝王個人學問之精熟，亦須認真考慮君心乃由讀書而正，天下治亂又繫乎君心之正邪，故應誠謹進講，導帝向善，方不負儒者兼善天下之志。

　　尚書房為皇子讀書所在，乃教道諭德之地，亦是國本之所繫。侍皇子講讀者，宜慎選德行敦厚、器識宏達之儒，使有所觀法薰陶，養其德性。

　　耿介，河南登封人，順治九年（1652）進士，由庶吉士授內秘書院檢討。康熙二十五年（1686）湯斌以耿介賦質剛方、踐履篤實，潛心經學、學有淵

〔註190〕錢儀吉《碑傳集》冊一，卷十一，康熙朝宰輔上，孔繼涵〈經筵講官太子太保東閣大學士兼吏部尚書熊文端公賜履年譜〉，頁252。
〔註191〕錢儀吉《碑傳集》冊一，卷十二，康熙朝宰輔中，韓菼〈資政大夫文華殿大學士戶部尚書掌翰林院事徐公元文行狀〉，頁300。
〔註192〕錢儀吉《碑傳集》冊二，卷十六，康熙朝部院大臣上之上，彭紹升〈故中憲大夫工部尚書湯文正公事狀〉，頁458。

源而疏薦於聖祖，乃召爲侍講學士，旋陞詹事府少詹事，特命輔導皇太子。聖祖曾命耿介書字，介書「孔門言仁言孝，蓋仁孝一理，仁者孝之本體，孝者仁之發用。不言仁無以見孝之廣大，不言孝無以見仁之切實」以進，聖祖悅，復書賜「存誠」二大字〔註193〕。聖祖以「存誠」二字呼應耿介仁孝之論，亦以勉勵其課讀皇太子應存胸中之矜懷。

倪承寬，浙江仁和人，乾隆十九年（1754）一甲三名進士，授編修。由翰林侍皇子講讀二十餘年，期間嘗洊歷容臺，總稽糧儲，迴翔卿寺，然始終以文學邀結上主之知。〔註194〕

又如順天大興朱珪，乾隆十三年（1748）進士，由庶吉士授編修。嘗以侍講學士在尚書房行走四年，侍皇子顒琰講讀，後奉命提學福建，臨行之際，上五箴於藩邸，曰「養心、敬身、勤業、虛己、致誠」。後顒琰嗣位爲仁宗，年號嘉慶。朱珪於嘉慶十一年（1806）十二月卒於大學士任，仁宗親臨哭奠，回宮不待內閣擬諡，即特旨賜諡「文正」，復降制曰：

> 猶憶伊官翰林時，皇考簡爲朕師傅。爾時朕於經書，已皆竟業，而史鑑事蹟，均資講貫。其所陳說，無非唐虞三代之言，不特非法弗道，即稍涉時趨之論，亦從不出諸口，啓沃良多。揆諸諡法，實足以當正字而無愧。毋庸內閣擬請，著即賜諡文正。〔註195〕

朱珪以儒臣侍皇子講讀，卒後仁宗特賜「文正」之諡，即是獎其啓迪資沃之勞。以朱珪之例視之，已充分見得儒學文臣之最高功業正在於此，決不有負於史職之任。

四、經 世

翰林平日讀書養性，以備國家之用，滿洲正藍旗阿克敦（康熙四十八年（1709）進士，由庶吉士授編修）掌翰林院時，務在愛養人才，便常規戒史官不得騖奔走、矜才藻，必以立品礪行、究心經濟爲先。〔註196〕

〔註193〕王鍾翰點校《清史列傳》冊十七，卷六十六，耿介，頁5278。
〔註194〕錢儀吉《碑傳集》冊四，卷四十二，內閣九卿下，邵晉涵〈誥授光祿大夫太常寺卿倪公承寬墓誌銘〉，頁1165。
〔註195〕王鍾翰點校《清史列傳》冊七，卷二十八，朱珪，頁2118。
　　　　錢儀吉《碑傳集》冊三，卷三十八，嘉慶朝宰輔，阮元〈太傅體仁閣大學士大興朱文正公珪神道碑〉，頁1076。
〔註196〕錢儀吉《碑傳集》冊三，卷二十六，乾隆朝宰輔上，王昶〈太子太保協辦大學士刑部尚書文勤公阿克敦行狀〉，頁857。

　　詞臣讀書立身，不僅止於位備文學之任、感應導引君德之脩成而已，亦多有先憂後樂、對於經邦濟世有獨到識見或親身履踐者。無論內升京官或外轉他省，以翰林出身而於中外職任若宰輔、部院、九卿、科道、曹司、督撫、河臣、監司、守令等，建有功勳勞蹟者實多，具體可見前文「仕途」一章所引諸例，此不贅述。以下則酌引數例，以見館中詞臣經世之念。

　　湖廣漢陽李昌祚，順治九年（1652）進士，由庶吉士授檢討，官至大理寺卿。初入館院，聞楚省歲祲，即約同鄉京官聯名具題，請救荒放賑，得旨豁免田租之半，使楚人得有喘息之機。其事昌祚不欲居功，事後將題奏草稿削靳盡燬，人亦少有知者。〔註197〕

　　順治十六年（1659）有庶吉士王于玉，（江南宜興人，順治十五年（1658）進士，改庶吉士）就東南戰守事宜上疏，請飭督撫速造戰艦、精練水師，俾早滅南明殘餘。〔註198〕

　　崑山徐元文，順治十六年（1659）一甲一名進士，授修撰。在翰林無事，益自刻厲學問，並不專務辭章，而窮本探原，曉暢故實，折衷裁劑，度其不悖於古而宜於今者，俟時而措，悠悠如也。康熙八年（1669）主試陝西，所錄者多單寒苦志力學之士，秦人言「士子鼓舞讀書，自此榜始」。九年（1670）任祭酒，嘗疏言國家養士莫大於太學，略曰：

> 自古人才盛衰，視學校興替，古先哲王於冑子之外，妙簡賢俊以入辟雍。周制，鄉論秀士升之司徒，司徒論其秀者而升之學。自漢唐以來，太學子弟皆由遴選，以故橋門之間人才輩出，或顯經術，或崇理學，要皆敦厲實行，衿尚氣節，非其時人獨賢也，取之精而養之厚，有以致之也。自故明景泰時入馬、入粟之途開，閭巷小夫皆隸名冑監，蘭艾錯雜，程課不行；而以資進者，亦自以所至之有限，安於卑陋，不思振拔，士風之敝，實由於此。

得旨下部議，並著為例〔註199〕。後此任祭酒者乃多見激發壯麗之人，清代上舍名俊輻湊，亦由此來。

〔註197〕錢儀吉《碑傳集》冊四，卷四十，內閣九卿上，熊賜履〈大理寺卿李公昌祚神道碑〉，頁 1107。

〔註198〕琴川居士編輯《皇清奏議》，卷十二，王于玉〈敬陳東南戰守便宜疏〉，頁 8a～14a。

〔註199〕錢儀吉《碑傳集》冊一，卷十二，康熙朝宰輔中，韓菼〈資政大夫文華殿大學士戶部尚書掌翰林院事徐公元文行狀〉，頁 300。

又，世祖朝檢討唐夢賚以疏抗御史張煊優恤之事，忤旨罷職。歸里後，發憤著書，垂三十年，所為籌餉、積穀、銅砂、改漕諸法，均訏謨碩算，洵為經濟有用之書，然未得所用，天下惜之。〔註200〕

康熙六年（1667）五月，內弘文院侍讀熊賜履，應詔直陳政事得失，謂時敝之重且大者有四：「政事極其紛更，而國體因之日傷也」、「職業極其墮窳，而士氣因之日靡也」、「學校極其廢弛，而文教因之日衰也」、「風俗極其僭濫，而禮制因之日壞也」。斷斷萬言，反覆說理，將革新政本之切要根本繫於君王一身，「蓋皇躬者，萬幾所受裁，萬化所從出也」。復引孟子「天下之本在國，國之本在家，家之本在身」與董仲舒「正心以正朝廷，正朝廷以正百官，正百官以正萬民，正萬民以正四方」二語懇請甫行親政之聖祖善擇左右、講讀無輟，輔養聖躬、薰陶德性，方能上承二王三帝相傳之心法，措斯世於唐、虞、三代之盛，則吏治自清、民生自遂。此疏言詞懇切，用心至深，不失儒臣之體。疏上，輔臣鼇拜以為刺己而惡之，請聖祖逮治賜履妄言之罪，聖祖弗許，且曰「彼自陳國家事，何預汝等耶」〔註201〕，乃得保全。

康熙之初，湖廣有朱方旦其人，自號二眉道人，創《中說補》、《中質秘書》，自詡前知，能斷休咎，中外士民往往為所煽惑。此事本屬言官之責，而侍讀學士王鴻緒（江南婁縣人，康熙十二年（1673）一甲二名進士，授編修）以其邪說誣民、志存閑闢，乃具疏劾其「誣罔君上、悖逆聖道、搖惑民心」三大罪，於是朱方旦服誅，黨羽皆坐罪有差。〔註202〕

雍正元年（1723）檢討孫嘉淦（山西興縣人，康熙五十二年（1713）進士，由庶吉士授檢討）應詔直言極諫，上封事三，曰「親骨肉，停捐納，罷西兵」。世宗以其言戇，召掌院切責之，既已，又顧謂大學士朱軾曰「汝意云何」？朱軾奏對「其言誠戇，臣服其膽」，世宗乃大笑曰「朕亦不能不服其膽」，立命孫嘉淦入內召對，即授國子司業〔註203〕。可知孫嘉淦上書所言，確有切

〔註200〕《清實錄》冊三，《世祖實錄》，卷六十三，順治九年三月癸巳，頁 496。
　　　　陳康祺《郎潛紀聞四筆》，卷四，唐夢賚發憤著書，頁 61。
〔註201〕錢儀吉《碑傳集》冊一，卷十一，康熙朝宰輔上，彭紹升〈故東閣大學士吏部尚書熊文端公事狀〉，頁 262。
〔註202〕王鍾翰點校《清史列傳》冊三，卷十，王鴻緒，頁 688。
　　　　錢儀吉《碑傳集》冊二，卷二十一，康熙朝部院大臣下之下，張伯行〈皇清誥授光祿大夫經筵講官戶部尚書加七級王公鴻緒墓誌銘〉，頁 705。
〔註203〕昭槤《嘯亭雜錄》，卷七，孫文定公，頁 188～190。
　　　　陳康祺《郎潛紀聞初筆二筆三筆》，二筆，卷四，孫文定上封事之有膽，頁

中時事而爲世宗所忌者，然仍暢言無諱，雖有戇莽之嫌，其忠直則爲世宗所激賞。

江南桐城張廷瑑，張英第六子，雍正元年（1723）進士，由庶吉士授編修，充日講起居注官，歷左贊善及翰林院侍讀學士等官，累遷補官內閣學士兼禮部侍郎。在翰林時，以民間賭博之風，雖經朝廷屢申嚴切之禁，仍莫挽頹風，認爲子弟之不率，其責在於父兄，因父子兄弟比室而居，若於其間肆爲不善，豈得若罔聞知，乃條奏子弟涉賭而父兄故爲容隱者，「即以秘匿作姦相連坐，比於竊盜同居之例。使父兄能舉報其子弟之罪，應免其連坐，而子弟之罪，亦寬減其半」，如推行既廣，則父兄無所瞻顧，而不才之子弟亦無所容其間，且開自新之路〔註 204〕。雖是書生論事，然用心可嘉，世宗亦韙其言而允行之。

雍正十二年（1734）五月十六日有侍講學士錢陳群（浙江嘉興人，康熙六十年（1721）進士，由庶吉士授編修）奏請嚴加關防州縣仵作，以杜絕弊端、止息爭訟。緣各州縣仵作向來俱係散居在外，遇有人命相驗等事，州縣官始行傳喚，跟隨前往。而未經報官之前，兩造必先尋覓仵作、營求照應：在屍親則囑其捏報多傷，思污衊以增重罪名；在兇犯則囑其減報傷痕，冀隱瞞以倖逃法網。仵作擇肥而食，受賄營私，往往以重報輕、捏無作有，以致兩造不服審斷，每致經年累月，疊控不休，拖累無辜，屍遭蒸檢。錢陳群揆厥所由，乃因仵作向無關防，使兩造皆得私相見面，任意出入而賄囑公行，是以奏請仿照各省督撫兩司書吏封鎖署中輪班更換之例，亦令各州縣仵作在署關防，每季輪替一名，遇有相驗人命等事務，便令關防在署之仵作跟隨前往，如此則兩造既不得預爲囑託，仵作亦無從曲意徇私，檢驗悉秉至公，而案件亦得易於速結〔註 205〕。所奏確是民生相關，且繫乎風俗之淳美者。

高宗乾隆二年（1737）八月初一有侍讀學士吳應枚（浙江歸安人，雍正二年（1724）進士，由庶吉士授編修）前因奉命往山東曲阜、曹州兩地祭告，

386。推測世宗所以不懌孫嘉淦所上封事，迨與皇家兄弟相殘及用兵西北、糜耗餉項有關。

〔註 204〕錢儀吉《碑傳集》冊三，卷三十一，乾隆朝部院大臣上之下，劉大櫆〈內閣學士前工部左侍郎張公墓誌銘〉，頁 988。

〔註 205〕中國第一歷史檔案館編《雍正朝漢文硃批奏摺彙編》（上海：江蘇古籍出版社，1989～1991 年）冊二十六，〈翰林院侍講學士錢陳群奏陳請嚴關防州縣之仵作以杜弊端摺〉雍正十二年五月十六日，頁 338。

返京途經地勢低漥之東昌府屬數州縣，或因積潦匯注，或因運河汎溢，村舍田禾多有被水淹損者。現雖連日晴霽水退，並已補種莊麥，然爲綢繆之計，慎防市面糧價騰漲，乃奏請將被災各州縣之秋季額徵漕米改徵穀石，並即截留各本州縣，秤還各倉，以補平糶、賑濟出空之數，「以東省現在之輸將，補東省將來之接濟，官既無買補之煩，市自鮮騰踊之價」〔註206〕。其法不失簡便可行，自是平日對於糶糴徵輸有所了解，否則無以如此設想。

福建安溪官獻瑤，乾隆四年（1739）進士，在庶常即充《三禮》館纂修官，散館授編修。治經以治身教人，欲以經求道。說經乃斟酌眾家而擇其粹，尤邃於《禮》。在史館時，進《周官講義》，論遂人治溝洫，稻人稼下地，因推明水田旱田之法，以爲溝洫修而水旱有備，西北地利未嘗不勝東南。又舉太宰九職，以明生財之道，略言「今自大江以西、五嶺以南，山則皆童，林則如赭。而長淮以南、大河以北，大藪大澤，第爲積水之區。又燕、冀、齊、魯，地宜種植，然所謂千樹棗、千樹栗者，不數見也。如是而物安得不匱？民安得不困」？乃請明立禁條，焚山林、竭澤川、漉陂池、盜取橫侵者，皆有懲罰。有犯禁者，官爲申理，得實嚴懲；官於所轄內著有成效者，優予上考，不稱者罰。書上，高宗嘉其言，特命閣臣改撰諭旨，頒行天下。〔註207〕

聖祖於康熙三十三年（1694）五月至四十七年（1708）之間，除常直之員以外，另命翰詹詞臣與國子監司業每日數員輪入南書房侍直，並試以文藝，其間亦有試以時事庶政者。如四十一年（1702）十一月初七日，侍直南書房者十人，命試「蠲甘肅四十二年錢糧上諭」，檢討潘宗洛（江南宜興人，康熙二十七年（1688）進士，由庶吉士授檢討）名列第一〔註208〕。是則免收甘肅逋賦迨爲考慮中事，是以命南書房輪值翰林先行試擬蠲免上諭，一則試其文采見識，一則可逐擇其優者發布。究其實，陝甘俱於康熙四十二年十一月豁免逋賦。於考試中，亦能求得翰詹詞臣之有鴻謨嘉猷者。

翰詹大考亦是檢驗詞臣經邦理事才識之最佳途徑。大考並不定期舉行，

〔註206〕張偉仁主編《中央研究院歷史語言研究所現存清代內閣大庫原藏明清檔案》
　　　　冊七十五，翰林院侍讀學士吳應枚奏請山東被水州縣額徵漕米改徵穀石，乾
　　　　隆二年八月一日，頁 B42355、A75～6。
〔註207〕王鍾翰點校《清史列傳》冊十七，卷六十七，官獻瑤，頁 5383。
〔註208〕錢儀吉《碑傳集》冊六，卷六十八，康熙朝督撫下之下，儲大文〈中丞潘公
　　　　宗洛傳〉，頁 1935。

考後且據以有所陞降，如列名末等，則官位尚且不保。然唯其如此，方能於無形中使翰詹諸臣不時自我鞭策，潛心向學，不致怠惰荒廢。清代前四朝翰詹大考，數見以經邦濟世爲題，考校諸翰詹詞臣識見，此則非單純儒家經典所能駕馭自如者。故翰林仍須於歷代興衰、國家典制、食貨民生、軍政邊防、藩服外交……等有所涉獵，且須有一定深入程度之見解。

順治十年（1653）四月，世祖首次大考翰詹，疏題「請立常平倉疏」〔註209〕，以常平倉之當置，考見翰詹諸臣對於國家養民與防範旱澇應有何用心與措置。如未能熟稔歷代設倉沿革，又不明瞭當代水陸交通運道、現時丁口戶數及各地土宜農稼等情，實恐無法作答。此乃翰詹遷轉他官，或改部，或臨民，均須即刻面對之各種實際問題，故而翰林除讀書外，仍須對其他各種國計民生之事有所研究，備供日後之用。是故此次大考後，世祖即揭露其如此考試之用心：

> 國家官人，內外互用。在內者習知綱紀法度，則內可外。在外者諳
> 練土俗民情，則外亦可內。內外揚歷，方見眞才。〔註210〕

此「眞才」即是翰林沈潛歷練、不汲營奔競，與干於低迴、務飽啖實學之所欲致者。

再如世祖朝第二次翰詹大考於順治十二年（1655）九月初四舉行，試題中有表一道，題爲「上親征朝鮮大捷國王率其臣民歸降群臣賀表」〔註211〕。雖是賀表，只須歌功頌德一番，但如不知親征朝鮮者乃太宗皇太極，時爲崇德二年（1637），又不知與朝鮮前後關係及戰事經過，答來亦是空洞無物，不著要領。是則無論本朝、前代之史，亦是翰林應所嫻熟者。

聖祖朝翰詹大考，較偏重經史論道，如康熙二十四年（1685）正月有「經史賦」、「班馬異同辨」，三十三年（1694）閏五月有「理學有眞僞論」，五十四年（1715）正月有「明四目達四聰論」〔註212〕。此當與聖祖醉心經史有關，然亦能考驗翰林眞才實學。

〔註209〕《清實錄》冊三，《世祖實錄》，卷七十四，順治十年四月丁酉，頁581。
〔註210〕《清實錄》冊三，《世祖實錄》，卷七十四，順治十年四月庚子，頁581。
　　　　朱珪等纂《皇朝詞林典故》，卷二十九，恩遇，考試，順治十年四月，頁 2b～3b。
　　　　談遷《北遊錄》，紀聞下，試定詞臣，頁370～371。
〔註211〕談遷《北遊錄》，紀聞下，御試詞臣，頁403～407。
〔註212〕俱見朱珪等纂《皇朝詞林典故》，卷二十九，恩遇，考試，頁 5b～8b。

　　高宗朝翰詹大考題則可充分見出詞臣不惟經史是務，即當代國事亦須有所見地，例如乾隆二年（1737）五月有「爲君難爲臣不易論」，乃論述君職臣綱者；八年（1743）四月有「禮以養人爲本論」，已非單純以禮說教，乃重在人有所養、養其立心立足。另，十三年（1748）五月有「時務疏」，二十三年（1758）三月有「河防得失疏」，二十八年（1763）五月有「畿輔水利疏」，三十三年（1768）四月有「新疆屯田疏」，五十六年（1791）二月有疏題「擬劉向請封甘延壽陳湯疏並陳今日同不同」〔註213〕。凡此皆與當時國政有關。以實際政治措施爲翰詹大考之題，實已說明詞臣終有離館之日，未來均有臨民理事、規策國政之機。若徒知經論，不知廣泛涉獵、關注經濟，於軍國庶政渾然不解，則又如何上對國家愛養厚恩。

　　翰詹大考之題，切於世事時局之最著者，厥爲仁宗嘉慶三年（1798）有「擬征邪教疏」。其時高宗仍以太上皇訓政，而川陝楚三省教匪方興未艾。直上書房編修洪亮吉（江蘇陽湖人，乾隆五十五年，1790，一甲二名進士，授編修）於答卷中指陳規畫，慷慨千餘言，無所忌諱，然閱卷官卻嫌其切直，黜置三等〔註214〕。其時翰林院乃由權臣和珅兼掌院事，日以攏絡翰林爲事，亮吉不屑爲伍，亦欲早爲自異計，乃力陳中外積弊，發權奸之惡，無奈當道粉飾太平、譖愬天聽，卒無用武之地。其文屢經傳鈔，中外爭睹，均服洪亮吉所言之切，擘畫之遠。

〔註213〕俱見朱珪等纂《皇朝詞林典故》，卷二十九，恩遇，考試，頁 9a～30a。
〔註214〕王鍾翰點校《清史列傳》冊十八，卷六十九，洪亮吉，頁 5558。
　　　　錢儀吉《碑傳集》冊四，卷五十一，翰詹下之下，謝階樹〈洪稚存先生傳〉，
　　　　頁 1450；惲敬〈前翰林院編修洪君遺事述〉，頁 1452。

第七章　名　位

第一節　及第榮顯

　　依照科舉程序，每一層級均有名次之別，一般習俗則有各種名號，用為尊榮之稱，如優、拔貢生朝考第一，謂之「朝元」；鄉試副榜第一謂之「副元」，第六謂之「榜元」，此乃因填榜時居第一之故。又，鄉會試中式，名居最末者謂之「鎖元」。順天鄉試中式前數名者，復有「南元」之稱，此乃謂其居南皿字號第一之故。又江南鄉試第十九名謂之「官元」，此因官字號中式者恆以十九名處之之故。而科舉之制最重掄元，各省鄉試舉人，第一名曰「解元」；各省舉人進京會試，取中者為貢士，貢士第一名曰「會元」；所有貢士參加殿試，分三甲名次，一甲三人曰「狀元」、「榜眼」、「探花」，二甲第一名曰「傳臚」；新進士參加朝考，選優者改為庶吉士，朝考第一亦稱「朝元」。此外，庶常散館考試第一，謂之「館元」。〔註1〕

　　翰林為清要之官，唯科舉制度最上層菁英乃克任之。考清代科舉之制，各省舉人於丑、辰、未、戌之年匯集京師參與禮部會試，得中者是為貢士。所有貢士再經保和殿覆試，又稱殿試、廷試，以對策試之，不再淘汰，一律取中為進士，其榜分為三甲：一甲三人，賜「進士及第」；二甲若干人，賜「進士出身」；三甲若干人，「賜同進士出身」。得中進士者，躍升龍庭，光耀門楣，深受鄉里尊崇，自有其社會地位。然「進士」僅是步入官場之資格，並

〔註 1〕劉聲木《萇楚齋隨筆續筆三筆四筆五筆》，續筆，卷七，科舉時各元名，頁 395～396。

非官銜,所有進士,除一甲三人榜下授職翰林院修撰、編修之外,其餘二、三甲進士則另須參加朝考以定各人起家授職。朝考優者,選若干人改為翰林院庶吉士,並同三鼎甲一齊入館讀書,俟三年散館再行授職;其餘者或以主事、中書、知縣選用,或分六部學習,或到吏部候補銓選。至此,除一甲三人與庶吉士外,其他進士均已正式脫離讀書考試之場屋生涯,並開始其仕途經歷。

清制,一甲三人與庶吉士均須入庶常館讀書,肄業三年,期滿,除一甲三人先已榜下授職外,所有庶吉士根據散館考試等第,優者留館,二甲出身者授為編修、三甲出身者授為檢討。次者或改官給事中、御史、主事、中書、推官、知縣、教職,或歸原班候銓。無論就翰林備顧問、侍講讀、密邇禁廷之職掌與地位,或就通過科舉考試層層關卡之考驗而言,翰林流品已構成官場之特殊集團,有其自我認同之集體意識,亦是考試制度中最上層人物,乃菁英中之菁英。國家典制與社會風氣對待此類人物,亦自有其特殊眼光,期待企望,歆羨嚮慕,無不專注之。

聖祖康熙六年(1667)丁未科一甲一名進士繆彤,江南吳縣人,榜下授翰林院修撰,官至侍講〔註2〕。嘗撰《臚傳紀事》一卷,記其傳臚前後數日所有儀典,具體可見清代賦予新榜狀元之榮譽。以下據繆彤所著書,逐日略述該科會、殿兩試及傳臚程序,乃至到館讀書等儀節與酬應歷程:〔註3〕

二月初九,會試第一場,繆彤坐淡字號,至初十日卯刻,出貢院。

十二日,會試第二場,繆彤坐珠字號。

二十六日,會試榜發,繆彤中第三十六名貢士。

三月二十日,殿試。有禮部儀制司員外俞有章唱名,名數單者從左掖門入,雙者從右掖門入。繆彤名在會試第三十六,當從右。由貞度門至太和殿(按,保和殿殿試為後來所定,此時仍在太和殿)前,行三拜九叩頭禮。內院官置黃棹于丹陛,即抬下丹墀。禮部散題紙,諸進士跪受,又行三叩頭禮,然後就坐。讀卷官十四員:大學士巴泰、李霨,學士明珠、劉秉權、劉芳躅、田逢吉,吏部左侍郎馮溥、

〔註2〕 李元度《國朝先正事略》冊下,卷三十八,馬章民先生事略,附繆彤,頁1057。

李桓《國朝耆獻類徵初編》,卷一一六,詞臣二,繆彤。

〔註3〕 繆彤《臚傳紀事》,頁1a~7a。

右侍郎王清，都察院左都御史王熙，禮部左侍郎黃機，戶部左侍郎嚴正矩，禮部右侍郎曹申吉，兵部左侍郎劉鴻儒，刑部左侍郎馬紹曾。殿試之後，所有貢士不再淘汰，惟以殿試優劣分三甲等第。

二十一日，所有貢士到禮部領三枝九葉帽頂，夜宿鴻臚寺。

二十二日，五鼓入禁城，至午門祗候傳臚。典禮由聖祖在太和殿親自主持，諸貢士跪丹墀下，三唱傳臚。該年丁未科一甲一名繆彤，二名張玉裁，三名董訥。三甲進士唱名畢，行三跪九叩首禮，狀元隨禮部堂上官，捧黃榜從御道出，跪，至龍亭內，鼓樂迎至東長安門張掛。順天府尹李天裕、府丞高爾位，隨用儀從將一甲三人迎至府衙飲宴，先望闕叩頭，府尹、府丞率僚屬對立，行四拜禮，然後就坐。狀元正席，榜眼、探花左右坐，俱南向，並用教坊樂，表徹席望闕謝恩之意。宴畢，府尹親送回寓。

二十四日，一甲三人同向前科狀元拜求謝恩表款式。此為舊例，由前科狀元代作，乃所以尊前輩並知其體式也。

二十五日，禮部恩榮宴。讀卷官自滿漢大學士以下，收卷官、掌卷官自翰林科部以下，監試御史及巡緝供給各官，俱與宴。聖祖並遣內大臣佟國舅陪宴。狀元一席，榜眼、探花一席，諸進士四人一席。用滿洲桌，以銀盤盛貯果品、食物四十餘品。御賜酒，三鼎甲用金碗，隨其量，盡醉無算。諸進士賜宮花一枝，另小絹牌一面（狀元用銀牌），上有恩榮宴三字。

四月初二，於午門外，賜狀元袍帽、水晶金頂涼帽一頂、鑲菾石青朝衣一件、玳瑁銀帶一條、馬皮靴一雙，另荷包、牙筒、刀子俱全。榜眼探花以下俱折鈔五兩。賜畢，狀元率諸進士行三跪九叩首禮。

初六，狀元著賜袍入朝，親捧謝恩表跪丹墀下謝恩。表用匣裝，匣用黃綾包裹，其外再裹以銷金龍袱。

初七，國子監釋褐。鴻臚寺官引狀元至先師神位前，行釋菜禮，奠三爵及四配伏位。次引榜眼、探花至十哲神位前，東西分，奠爵伏位。引二甲第一名奠東廡，三甲第一名奠西廡。禮畢至彝倫堂拜大司成（即國子監祭酒）。

二十日，吏部引見。

二十二日，奉旨一甲三人分別授職翰林院修撰、編修。

二十四日，吏部宣旨。

二十五日，入朝謝恩。

二十八日，一甲三人至翰林院到任。先謁孔廟，次謁土地祠（韓愈為土地神）。謁畢，至內院報到任日期，由典籍移咨吏部開俸。是日，選庶吉士。

二十九日，奉旨帥顏保、范承謨教習庶吉士。

三十日，到教習老師處投帖。

五月初五，大會同館同年於金魚池。

十五日，到內院請進（庶常）館日期。

十九日，早，同館諸人齊赴翰林院，投教習老師請啟，以次投中堂、各前輩啟。

二十六日，進（翰林院）衙門，午時，候教習老師大到任。三鼎甲與諸庶常迎老師於二門外打躬，老師進後堂，諸同年拱立聖廟前，候老師同行二跪六叩頭。次至土地祠，同老師行一跪三叩頭禮。入川堂，兩位老師交拜，即坐川堂。鼎甲、庶常左右分班，向老師行二跪六叩頭禮，老師受一答一。兩班同館交拜，行二跪六叩頭禮。老師升公座簽押，同館諸人俱簽押，畢，出至大堂。候老師退後堂，請庶常號書。出，老師退火房，是為修吉堂，請鼎甲號書，此所以優遇鼎甲也。設席後堂，請老師上座，席散歸寓，放假三日，然後進館讀書。

另，宣宗道光六年（1826）丙戌科一甲三名帥方蔚亦撰有《詞垣日記》一卷，記其會試至傳臚、釋褐、到館諸歷程〔註4〕，與繆彤所記互有詳略，亦可見典制之前後呼應與傳沿，如殿試日平明，諸貢士公服由昭德、貞度二門入保和殿，單名者由昭德門入中左門，雙名者由貞度門入中右門，禮部官唱名散卷。太和殿傳臚日，鑾儀尉陳鹵簿于太和殿前、陳五輅于午門外東西嚮，樂部和聲署設中和韶樂于太和殿南檐下、設丹陛太樂于太和門內北嚮，皆如儀。內閣學士奉黃榜詣乾清門鈐用皇帝之寶，張榜於東長安門外。順天府備繖蓋儀

〔註 4〕帥方蔚《詞垣日記》。

從，和聲署作樂前導，將三鼎甲送入順天府領宴，宴畢，一甲三人揖別上馬，順天府堂官揖送，備徹蓋儀從，鼓樂以次送鼎甲三人歸第。狀元歸寓後，大學士以下由鼎甲起家者齊集狀元第，非鼎甲不與，新科狀元向前輩鼎甲行四拜禮，前輩皆答拜，禮畢乃就席飲宴。禮部恩榮宴有精膳司官視席、儀制司官爲諸進士簪花、和聲署升歌奏樂、光祿寺官行酒供饌。會試、覆試、殿試皆禮部掌之，保和殿朝考則由翰林院掌之。朝考謂之考庶常，鼎甲姓名例不入榜。詣國子監釋褐畢，祭酒舉爵揖授鼎甲，鼎甲揖受而飲，隨諸進士簪花披彩、鼓樂送出國子監。新科庶吉士齊赴翰林院行大拜前輩儀，大學士雖不由翰林起家，新鼎甲及庶吉士仍均執弟子之禮，請見時用白全簡；自尚書以下，凡由庶吉士授職編、檢起家者，新庶吉士大拜時仍投刺如常儀，其餘庶常散館改他官之前輩則不行此禮。

就清廷對待新科進士之禮遇言之，可得以下數項印象：

（一）殿試後之傳臚大典，由皇帝親御太和殿主持。新進士於殿試後召見，宣旨唱名，傳呼而入，謂之傳臚，亦曰臚唱。按，太和殿爲清代重大典禮舉行之所，每逢萬壽、大婚、登極、凱旋、元旦等，皇帝始陞殿主持，此外，唯傳臚大典，乃有皇帝御殿，其餘皆無。足見新科進士分三甲傳臚，並由皇帝親自主持，乃是國之重典。

（二）據欽定「御殿傳臚儀」，臚唱畢，禮部尚書捧黃榜，降自中階，禮部官承以雲盤，十人前引，張黃蓋，一甲三人跟隨在後，自太和門中門出，其餘諸進士則分由左側昭德門、右側貞度門出〔註5〕。此即繆彤所云「隨禮部堂上官，捧黃榜從御道出」。按，殿前中階與御道唯皇帝可以行走，而今禮部尚書捧黃榜自中階而下，又特許新科三鼎甲由御道出禁城，足見其禮之莊重與推重科名之意。

（三）傳臚之後，三鼎甲隨由順天府尹以儀從迎至衙署飲宴。蓋以京師轄屬順天，新科進士俱是天子門生，三鼎甲又是當今聖上欽點，順天府尹身爲一方之長，自應盡地主之誼，亦寓敬重之意。故事，一甲三人傳臚歸第，俱由順天府尹以儀仗鼓吹送歸，並以大板大書狀元、榜眼、探花，分牓其門，均引爲京師盛事。〔註6〕

〔註5〕　慶桂等編纂《國朝宮史續編》卷三十五，典禮二十九，勤政五，御殿傳臚儀，頁287～292。
〔註6〕　錢儀吉《碑傳集》冊三，卷二十八，乾隆朝宰輔下，章學誠〈梁文定公年譜

（四）恩榮宴（即瓊林宴）唯新科進士獨享，特派大臣陪席，復賜酒盡醉無算，皆表國家以考試得人，萬中選一，正是未來棟樑，千金難逢，當然值得慶賀，即使酒醉失儀，亦無須計較。

（五）新科進士得皇帝種種優遇，宴後理當謝恩。謝恩表應由新科狀元擬撰，然其人初出茅廬，全然不知規矩，因此必須向前科狀元請益，或有所指點，或將從前奏過之表略作修改，或逕全文照抄前人之表。向前科狀元請益，當然備有謝儀，應是所有新科進士湊數交付。

（六）到國子監行釋褐禮，實即祭孔。新科進士皆自幼肄習儒家經典，國家科舉之制亦以儒家經典爲考試內容，今既得登龍門，確應對孔子有所禮敬，亦表謝意。另，亦是藉祭孔機會，釋去平民賤者之服，改衣公服，故曰「釋褐」。〔註7〕

（七）繆彤所記，有一遺漏之處，即國子監鐫立「題名碑」。每科新進士揭榜，俱由禮部題請工部，給建碑銀一百兩，交國子監依甲第將各人姓名鐫刻石碑之上，即立於國子監內。立碑之時，全榜進士前來行禮，以謝皇帝敕命立碑留名之恩，且有令天下貢於成均之士子「觀覽此碑，知讀書之可以榮名，益勵其自修上達之志爾」〔註8〕之意。所有新榜進士所須參與之官家典禮，至此始告一段落。

另據欽定「御殿傳臚儀」，尚有其他值得注意之處：

（一）必設鹵簿大駕，以昭鄭重。

（二）尋常儀節只設中和韶樂，唯國之重典乃設丹陛大樂，而傳臚大典亦設丹陛大樂，實爲等級之最高者。

（三）王、公及滿漢大學士以下文武各官，均朝服，或侍班，或序立。是即滿朝文武，包括難得參與漢官儀節之滿洲王、公，均見證文進士之傳臚，足見其制之崇隆。

書後〉，頁937。

〔註7〕 釋褐禮之具體儀注，可見文慶等纂修《欽定國子監志》（北京：北京古籍出版社點校本，2000年），卷二十九，禮志五，釋褐，頁430。

陳康祺《郎潛紀聞初筆二筆三筆》，初筆，卷三，新進士赴國子監釋奠禮，頁52。有「每科臚唱後，新進士齊赴國子監，釋奠禮竣，大司成置酒堂東偏，各獻酬三爵。以堂中爲御駕臨幸地，故避就東偏也」語。

〔註8〕 文慶等纂修《欽定國子監志》，卷六十二，金石志十，進士題名碑，雍正二年諭，頁1105。

（四）傳臚之制，丹陛大樂作後，諸貢士由序班官分引就位，跪聽宣制「某年月日，策試天下貢士。第一甲賜進士及第，第二甲賜進士出身，第三甲賜同進士出身」。宣畢，傳臚官唱第一甲第一名某，以次接傳至丹墀下，序班官將被唱名者引出班次，就御道左，跪；第二名就御道右稍次，跪；第三名就御道左又次，跪。皆臚傳三唱。次唱第二甲某等若干名、第三甲某等若干名，並不引出班。樂作，諸進士聽贊，行三跪九叩首禮。所有「貢士」至此時始一變而為進士，取得正式之「出身」。另，傳臚後，諸進士赴禮部恩榮宴，堂之西北高懸飛龍畫軸，設香案謝恩，取龍虎得士之義。畫軸之設，乃始於乾隆元年（1736）丙辰科。〔註9〕

　　就授職任官而言，清代文官之派任，亦無逾於三鼎甲之莊重。一般官員任命有上旨傳諭，各官赴宮闕謝恩後，至各指定衙門就職視事；唯傳臚大典中，各貢士皆成為進士，三鼎甲且據以分別授為翰林，並且由君上親臨主持、文武百官盡皆在場，又設鹵簿大駕、丹陛大樂，在在顯示國家藉傳臚大典拔舉人才之重視。受職者乃因此而自勵自警，期無負君父重望，如清末光緒二十年（1894）甲午恩科狀元張謇即自言「伏考國家授官之禮，無逾於一甲三人者，小臣德薄能淺，據非所任，其何以副忠孝之求乎？，內省悚然，不敢不勉也」。〔註10〕

　　會、狀連元，即會試、殿試皆第一者，在清代並不少見。如江南長洲韓菼，康熙十二年（1673）癸丑科，會試、殿試皆第一，授修撰〔註11〕。江南長洲彭定求，康熙十五年（1676）丙辰科會試第一，殿試畢，讀卷大臣將其卷置第三，進呈後，聖祖問會元卷何以列第三，大臣奏言「書法不及前二卷」，聖祖曰「會元策末數行，有勸勉朕躬意，往時周、程、張、朱豈俱工書者」？遂親擢第一，授修撰〔註12〕。江南長洲陸肯堂，康熙二十四年（1685）乙丑科會、狀連元。該科會試由聖祖親自命題，試畢，主考閱卷，錄前列十卷進呈，聖祖親拔肯堂卷第一，並御批曰「首場格局醇正，二場工穩，三場議論

〔註9〕　陳康祺《郎潛紀聞初筆二筆三筆》，初筆，卷六，飛龍畫軸，頁127。

〔註10〕　張謇《柳西草堂日記》（台北：文海出版社據原本影印，1986年），光緒二十年四月二十五日條下。

〔註11〕　王鍾翰點校《清史列傳》冊三，卷九，韓菼，頁655。

〔註12〕　錢儀吉《碑傳集》冊四，卷四十四，翰詹上之中，羅有高〈奉政大夫翰林院侍講贈光祿大夫吏部右侍郎加一級彭公定求行狀〉，頁1238。

好」。及殿試，遂擢狀頭，大魁天下〔註13〕。江蘇寶應王式丹，康熙四十二年（1703）癸未科會、狀連元，登第時年已六十，都人踴躍歡呼，快若景星鳳凰之先見〔註14〕。江南長洲彭啓豐，彭定求之孫，雍正五年（1727）丁未科會、狀連元。長洲彭氏自彭定求以篤行大儒顯名，至康熙中，蘇州（長洲爲蘇州府屬）之彭遂稱譽天下。彭啓豐繼其祖得中連元，朝野均歆羨夸榮〔註15〕。江南儀徵陳倓，雍正十一年（1733）癸丑科兩榜皆第一。會試時，乃以《易經》冠南宮，「司文衡者稱其文雅健醇茂，爲本朝名元」〔註16〕。乾隆七年（1742）壬戌科，有浙江仁和金甡兩榜連元〔註17〕。乾隆二十二年（1757）丁丑科，有浙江嘉善蔡以臺會、狀連元〔註18〕。乾隆四十五年（1780）庚子恩科，有浙江秀水汪如洋會、狀連元。〔註19〕

科名之中，最受尊敬榮顯者，莫過於「三元及第」，即解元、會元、狀元集於一身。前明二百七十餘年，三元及第者僅有商輅一人，而清代則有二人，一爲長洲錢棨，一爲臨桂陳繼昌。錢棨，江蘇長洲人，乾隆四十四年（1779）鄉試中式第一名舉人，四十六年（1781）中式第一名進士，殿試一甲一名，授職修撰。臚唱日，高宗有御製詩曰：

> 龍虎傳臚唱，太和曉日暾。國朝經百載，春榜得三元。
>
> 文運風雲壯，清時禮樂蕃。載咨申四義，敷奏近千言。
>
> 詎止求端楷，所期進讜論。王曾如可繼，違弼我心存。〔註20〕

解其詩義，傳臚日值戊辰，辰爲龍，故曰「龍虎」；「百載」乃謂開國近一百四十年，會狀連元及鄉試、殿試兩元者並不乏人，而三元及第者尙未及見，今錢

〔註13〕 王鍾翰點校《清史列傳》冊十八，卷七十，陸肯堂，頁5768。
錢儀吉《碑傳集》冊四，卷四十六，翰詹中之上，張伯行〈翰林侍讀陸公肯堂墓表〉，頁1284。

〔註14〕 錢儀吉《碑傳集》冊四，卷四十七，翰詹中之中，鄭方坤〈王修撰式丹小傳〉，頁1319。

〔註15〕 錢儀吉《碑傳集》冊三，卷三十五，乾隆朝部院大臣下之上，王芑孫〈兵部尚書彭公啓豐神道碑銘〉，頁1041。

〔註16〕 閔爾昌《碑傳集補》，卷八，翰詹一，馬樸臣〈陳殿撰愛川先生傳〉，頁18a。

〔註17〕 錢儀吉《碑傳集》冊三，卷三十五，乾隆朝部院大臣下之上，朱珪〈禮部左侍郎金公甡墓誌銘〉，頁1038。

〔註18〕 朱汝珍《詞林輯略》，卷四，乾隆二十二年丁丑科，頁23a。

〔註19〕 趙爾巽等撰《清史稿》冊四十四，卷四八五，列傳二七二，文苑二，汪如洋，頁13385。

〔註20〕 王鍾翰點校《清史列傳》冊七，卷二十八，錢棨，頁2189。

榮得中三元，乃賦詩紀盛；「四義」指殿試策士以「愛民勤政」、「吏治民風」、「學術眞僞」、「弼教協中」四條爲題；廷試對策，讀卷官例於佳卷中取書寫端楷者擬置前列，錢棨之卷原列第四，因其條對較之其他諸卷更爲詳切，乃特拔第一，既而拆開彌封，方知爲會元錢棨，是知殿試對策仍須有眞才實學，並非書寫字體端楷即可倖邀青睞，故曰「詎止求端楷，所期進讜論」〔註21〕。三元首例，不特科名之盛，亦瞻文運之隆。至仁宗嘉慶二十五年（1820）庚辰科，又有廣西臨桂陳繼昌亦是三元及第，繼昌爲大學士陳宏謀曾孫，先於嘉慶二十四年（1819）得中鄕試第一，次年會、殿兩榜亦皆第一。引見日，仁宗大喜，褒賜文綺，亦御製詩以紀其盛，有「大清百八載，景運兩三元」句。〔註22〕

　　得中進士第固爲榮耀，須選爲庶常，任職翰林，方爲士子讀書應試之最嚮慕渴盼者。山東德州田雯，康熙三年（1664）進士，授中書，累遷工部郞中，官至戶部左侍郞。其弟田需於康熙十八年（1679）中式改庶常，曾寄詩其兄曰「此事亦尋常，於我獨無分」，頗有爲兄長抱屈之意。先是，田雯就任中書，入署視事，遭同年進士翰林某侮弄，乃歎云「北門草制，始自乾符，內翰宣麻，號稱供奉。笑彼紛紛乳臭，標勝氣于眉稜，亦且讒讒喋言，誇清班于頰舌」。後舉博學鴻詞黜落，自題溫飛卿詩後，有「八又吟手亦徒然」、「空讀南華第二篇」語，可見田雯自有未入詞林之憾，證諸其弟田需贈詩，更加顯明。又其後，田雯巡撫江寧，自題《漢書》〈陸賈傳〉云「坑焚滲漏笑強秦，劉氏功憑馬上臣，掾史武夫兩行隊，中間迂腐一詞人」〔註23〕，是則歷經年所，入館無望，轉而有所變態，借讀史之自題，暗寓對於詞館之不屑指顧。由田雯之例，適可反證選庶常、入詞林，乃是士子最爲重視者。

　　士子參加科舉，歷來有「十年寒窗無人問，一舉成名天下知」之諺，道盡科名之受重視，並有極大誘惑力。究其實際，清代科舉之制，士子自少年

〔註21〕慶桂等編纂《國朝宮史續編》，卷三十五，典禮二十九，勤政五，御殿傳臚儀，聖製御殿傳臚六韻（辛丑），頁287〜292。

〔註22〕趙爾巽等撰《清史稿》冊三十五，卷三〇七，列傳九十四，陳宏謀，附曾孫繼昌，頁10564。
　　　　李元度《國朝先正事略》冊上，卷十六，陳文恭公事略，附曾孫繼昌，頁462。
　　　　昭槤《嘯亭雜錄》，續錄，卷四，三元，頁475。
　　　　吳振棫《養吉齋叢錄》，卷三，頁303。

〔註23〕趙爾巽等撰《清史稿》冊四十四，卷四八四，列傳二七一，文苑一，田雯，頁13330。
　　　　阮葵生《茶餘客話》，卷一，頁5。

發蒙爲始，以十年時間登科甲、選庶常者，實少之又少。昭槤《嘯亭雜錄》
以二十之齡爲率，二十以下登科者爲早達，備舉前四朝之青年進士僅二十三
人，其中選庶常者十七人：〔註 24〕

> 順治四年（1647）丁亥科，王熙，順天宛平人，年二十。
>
> 順治十五年（1658）戊戌科，陳廷敬，山西澤州人，年二十。
>
> 康熙十二年（1673）癸丑科，徐元夢，滿洲正黃旗，年十八。
>
> 康熙十八年（1679）己未科，李孚青，河南永城人，年十六。
>
> 康熙三十年（1691）辛未科，黃叔琳，順天大興人，年二十。
>
> 康熙三十九年（1700）庚辰科，史貽直，江南溧陽人，年十九。
>
> 康熙五十一年（1712）壬辰科，舒大成，順天大興人，年十八。
>
> 康熙六十年（1721）辛丑科，勵宗萬，直隸靜海人，年十七。
>
> 雍正八年（1730）庚戌科，嵇璜，江南無錫人，年二十。
>
> 乾隆二年（1737）丁巳恩科，德保，滿洲正白旗，年十九。
>
> 乾隆十年（1745）乙丑科，夢麟，蒙古正白旗，年十八。
>
> 乾隆十三年（1748）戊辰科，朱珪，順天大興人，年十八。
>
> 乾隆十七年（1752）壬申恩科，熊恩紱，廣西永康人，年二十。
>
> 乾隆二十六年（1761）辛巳恩科，秦承恩，江南江寧人，年二十。
>
> 乾隆四十九年（1784）甲辰科，蔣攸銛，漢軍鑲藍旗，年十九。
>
> 乾隆四十九年（1784）甲辰科，文寧，滿洲正紅旗，年十八。
>
> 乾隆五十二年（1787）丁未科，何元烺，山西靈石人，年十九。

一百五十年間，二十歲以下入詞館者僅十七人，其早慧特達，爲人所艷羨。
科名榮顯，既是士子飛黃騰達之階，又爲社會所景仰、家庭所激勵，是故眾
士子迴桓場屋，屢敗屢戰，及至風霜鶴髮，猶尚鼓勇再試者仍大有人在。高
宗乾隆十七年（1752）開始有恩賞會試年老舉人爲翰林之舉。該年壬申科，
爲太后六旬萬壽恩科，高宗以：

> 今年舉行萬壽恩科禮部會試，士子雲集，其中有年臻老耋、尚與觀
>
> 光者，雖未經入縠，而龐眉鶴髮，偕試禮闈，亦場屋中人瑞也。

乃諭所有落第年老舉人八十以上之徐文靖等四人俱賞給翰林院檢討銜，七十
以上之張簡等十人俱賞給國子監學正銜〔註 25〕，用賁殊恩，以光盛典。此後，

〔註 24〕昭槤《嘯亭雜錄》，卷九，青年科目，頁 288～289。

〔註 25〕《大清十朝聖訓》高宗純皇帝，卷二四七，禮者年一，乾隆十七年九月乙亥，

高宗朝屢次賞給年老落第舉人翰林院檢討銜與國子監學正銜，如：〔註26〕

　　乾隆二十六年（1761）辛巳，太后七旬萬壽恩科。八十以上者七名，
　　七十以上者十八名。

　　乾隆三十六年（1771）辛卯，太后八旬萬壽恩科。百歲者一名，八
　　十以上者十八名，七十以上者十六名。

　　乾隆四十五年（1780）庚子，高宗七旬萬壽恩科。八十以上者五名，
　　七十以上者二十五名。

　　乾隆五十四年（1789）己酉常科。九十以上者四名，八十以上者三
　　十一名，七十以上者五名。

　　乾隆五十五年（1790）庚戌，高宗八旬萬壽恩科。九十以上者四名，
　　八十以上者七十三名，七十以上者二十四名。

　　乾隆五十八年（1793）癸卯常科。七十至八十歲者六十七名。

雖是高宗主動，實亦洞悉士子登第之想望，亦更激起社會對於科名榮顯之嚮慕。

第二節　門第貫望

　　古有世族，係兩漢經學之家衍爲累世公卿，經魏晉九品官人之法，品評
高下，遂有門第之別，亦成爲壟斷仕途工具。隋唐以後行科舉，一以考試爲
斷，平民亦可藉讀書考試泭陞樞府，打破世族等第變相貴族之把持。然詩書
傳家仍可能產生數世科名或一門數傑，此在明清尤爲顯赫，本節所謂「門第」，
即指此而言，然以題旨相關，此處僅述清代翰林部分。清代累世翰林之家並
不鮮見，以下分別敘述。

一、六世翰林

　　清代累世翰林最盛者，厥爲桐城張氏。張氏六世翰林十二人，其出身、
歷官及親疏如下：

　　頁 2b。

〔註26〕分見《大清十朝聖訓》高宗純皇帝，卷二四七，禮者年一，乾隆二十六年四
　　　　月乙酉，頁 3a；卷二四七，禮者年一，乾隆三十六年四月庚辰，頁 5b〜6a；
　　　　卷二四八，禮者年二，乾隆四十五年五月癸未，頁 2a；卷二四九，禮者年三，
　　　　乾隆五十四年四月癸巳，頁 4b；卷二五〇，禮者年四，乾隆五十五年四月戊
　　　　辰，頁 1a；卷二五〇，禮者年四，乾隆五十八年四月壬申，頁 4b。

張　英　康熙六年（1667）進士，改庶吉士，授編修，官至文華殿
　　　　大學士，卒諡文端。

張廷瓚　英長子，康熙十八年（1679）進士，改庶吉士，自編修累
　　　　官少詹事，先張英卒。

張廷玉　英次子，康熙三十九年（1700）進士，由庶吉士授檢討，
　　　　官至保和殿大學士，卒諡文和。

張廷璐　英四子，康熙五十七年（1718）一甲二名進士，授編修，
　　　　官至禮部右侍郎。

張廷瑑　英六子，雍正元年（1723）進士，由庶吉士授編修，官至
　　　　內閣學士。

張若潭　英長孫，乾隆元年（1736）進士，改庶吉士，授檢討。

張若靄　英孫，廷玉長子，雍正十一年（1733）進士，未散館特授
　　　　編修，官至內閣學士。

張若澄　英孫，廷玉次子，乾隆十年（1745）進士，由庶吉士授編
　　　　修，官至內閣學士。

張若需　英孫，廷璐子，乾隆二年（1736）進士，由庶吉士授編修，
　　　　官至翰林院侍講。

張曾敞　英曾孫，若需子，乾隆十六年（1751）進士，由庶吉士授
　　　　檢討，官至少詹事。

張元宰　英玄孫，嘉慶七年（1802）進士，由庶吉士授編修。

張聰賢　英來孫，嘉慶十年（1805）進士，改庶吉士，散館改知縣，
　　　　官至廳同知。〔註27〕

張氏一門，自祖父至曾玄十二人，先後列侍從、躋鼎貴，玉堂譜裏，世系蟬
聯，其門閥之清貴，可謂空前絕後。張廷玉掌軍機時，子姓宗族及姻黨姚氏，
占仕籍者至數十人，時為之語曰「張姚兩姓，占卻半部縉紳」〔註28〕。自張

〔註27〕王鍾翰點校《清史列傳》冊三，卷九，張英，頁631；冊四，卷十四，張廷玉，
　　　　附弟廷璐、廷瑑，子若靄，頁1026。
　　　　趙爾巽等撰《清史稿》冊三十三，卷二六七，列傳五十四，張英，附子廷瓚、
　　　　廷璐、廷瑑，頁9965。
　　　　李元度《國朝先正事略》冊上，卷七，張文端公事略，附子廷瓚、廷璐、廷
　　　　瑑，頁190。
〔註28〕陳康祺《郎潛紀聞初筆二筆三筆》，二筆，卷二，桐城張氏簪纓之盛，頁
　　　　352。

英始,父子大拜,四世講官,受寵尤爲深厚。其中張若靄殿試糊名卷原爲進呈第五本,字畫端楷,策內有「公忠體國」一條,頗得古大臣之風,甚受世宗激賞,拔置一甲第三,諸臣亦稱允當。及拆號乃知係大學士張廷玉之子若靄,帝特遣內侍往諭張廷玉,使知實係出自至公,並非以大臣之子而有意甄拔。其時廷玉正在直廬辦事,驚懼失措,免冠叩首,懇辭數四,內侍轉奏得旨不允,復奏請面見啓事,仍免冠叩首請辭,繼以泣下,世宗憐其悃忱,乃勉從所請,將張若靄改爲二甲一名,惟仍諭:

> 大臣子弟能知忠君愛國之心,異日必能爲國家抒誠宣力。大學士張英立朝數十年,清忠和厚,終始不渝。張廷玉朝夕在朕左右,勤勞翊贊,時時以堯、舜期朕,朕亦以皋、夔期之。張若靄稟承家教,兼之世德所鍾,故能若此。非獨家瑞,亦國之慶也。

待引見新進士,又將張若靄准照榜眼探花之例,一體授翰林院編修〔註29〕,實係有清科名之僅有。

二、五世翰林

桐城張氏六世翰林,代無間斷,而浙江德清徐氏與江南長洲宋氏,俱是五世翰林,雖稍遜一籌,然仍是榮顯一時。首爲德清徐氏:

徐　倬　康熙十二年（1673）進士,改庶吉士,授編修,官至翰林院侍讀,年老乞休。

徐元正　倬子,康熙二十四年（1685）進士,改庶吉士,授編修,官至工部尚書。

徐以升　倬曾孫,元正孫,雍正元年（1723）進士,改庶吉士,授編修,官至江西按察使。

徐開厚　倬玄孫,以生子,乾隆十年（1745）進士,改庶吉士,授編修,後降補知縣。

徐天柱　倬來孫,乾隆三十四年（1769）一甲二名進士,授編修。
　　　　〔註30〕

〔註29〕王鍾翰點校《清史列傳》冊四,卷十四,張廷玉,附弟廷璐、廷瓏,子若靄,頁1026。
　　　　梁章鉅《樞垣記略》,卷二十七,雜記一,頁330。
〔註30〕王鍾翰點校《清史列傳》冊十八,卷七十,徐倬,附子元正,頁5765。
　　　　朱汝珍《詞林輯略》,卷三,雍正元年癸卯科,頁1～3;卷四,乾隆十年乙丑

倬與元正父子並列國史館文苑傳中，祖孫六輩五人均有詩文多種傳世。

再為長洲宋氏：

宋德宜　順治十二年（1655）進士，改庶吉士，授編修，官至文華
　　　　殿大學士，卒諡文恪。

宋大業　德宜子，康熙二十四年（1685）進士，改庶吉士，授編修，
　　　　官至內閣學士。

宋　照　德宜孫，大業子，康熙五十七年（1718）進士，改庶吉士，
　　　　薦舉乾隆二年（1737）博學鴻詞，不售。

宋邦綏　德宜曾孫，照子，乾隆二年（1737）進士，改庶吉士，授
　　　　編修，官至戶部侍郎。

宋　銑　德宜玄孫，邦綏從子，乾隆二十五年（1760）進士，改庶
　　　　吉士，授編修，歷官湖南衡州知府，罷復編修。

宋　鎔　德宜玄孫，大業曾孫，進士出身。〔註31〕

宋德宜中進士、選庶吉士後，以本生母喪歸，持齊衰期年服，心喪三年而畢，
乃至京師。館中故事，庶吉士假滿，當補教習，然世祖特授為編修，命仍在
館讀書，至順治十八年（1679）始行散館。遷國子祭酒時，嚴立教條，剔除
積弊，嘗召姦猾吏金某至邸，笞之十百，六館師生人人敬憚。服官三十年，
不一問及生產，未仕時，有薄田數頃，然從未增益。飛達之後，仍索居其宅，
門巷蕭然，致里人均忘其位在樞要。性至孝友，母在之日，率自食粗糲，而
以甘毳為養；在都下聞弟喪，兼程奔還，為經理身後事，撫養孤女逾己出。
與兄德宸、弟德宏三人，早著聲譽，一時有「三宋」之目〔註32〕。德宜另子
駿業，康熙二十四年（1685）由副榜貢生授翰林院待詔、御書處行走，歷遷
主事、郎中、給事中，嘗以苗傜刁悍、地方持祿養癰、徇隱庸懦一事疏劾湖
廣總督郭琇、提督林本植、巡撫金璽、總兵雷如，俱得實，降革有差。後官
至左副都御史、兵部右侍郎。〔註33〕

科，頁 12～15；卷四，乾隆三十四年己丑科，頁 30～32。

〔註31〕王鍾翰點校《清史列傳》冊二，卷七，宋德宜，附子駿業，頁 479。
　　　　朱汝珍《詞林輯略》，卷二，康熙二十四年乙丑科，頁 12～13；卷二，康熙五
　　　　十七年戊戌科，頁 37～39；卷四，乾隆二十五年庚辰科，頁 24～26。
　　　　《滿漢名臣傳》冊二，宋邦綏列傳，頁 1965。

〔註32〕錢儀吉《碑傳集》冊一，卷十二，康熙朝宰輔中，徐乾學〈光祿大夫太子太
　　　　傅吏部尚書文華殿大學士加一級宋文恪公德宜行狀〉，頁 297。

〔註33〕王鍾翰點校《清史列傳》冊二，卷七，宋德宜，附子駿業，頁 479。

三、四世翰林

終清之世，一門四世翰林者，共十八家九十四人，前四朝中式者，順治進士一人，康熙進士二十人，雍正進士四人，乾隆進士二十七人。今舉直隸靜海勵氏、滿洲正白旗索綽絡氏與太湖趙氏三家爲例。首爲靜海勵氏：

勵杜訥　初以生員繕錄《世祖實錄》議敘授州同，命留南書房行走，食六品俸。康熙十九年（1680）優敘內廷講官等，授爲編修，官至刑部右侍郎，卒於任。

勵廷儀　杜訥子，康熙三十九年進士（1700）進士，由庶吉士授編修，官至吏部尚書，卒諡文恭。

勵宗萬　廷儀子，康熙六十年（1721）進士，由庶吉士授編修，歷官左副都御史，降官，復遷至光祿寺卿。

勵守謙　宗萬子，乾隆十年（1745）進士，由庶吉士授編修，歷官洗馬，復降編修。〔註34〕

家門赫赫，四世翰林，三代皆官司寇、少寇，衍爲直隸望族大姓。勵杜訥幼嗣於杜氏，故原姓杜，後欲歸宗而不知本姓，聖祖特賜姓勵，故雖爲高姓，然人丁並不爲多。〔註35〕

下爲滿洲正白旗索綽絡氏：

德　保　乾隆二年（1737）進士，改庶吉士，散館授檢討，官至禮部尚書，卒諡文莊。

英　和　德保子，乾隆五十八年（1793）進士，改庶吉士，散館授編修，官至軍機大臣、戶部尚書、協辦大學士，罷贈三品卿銜。

奎　照　德保孫，英和子，嘉慶十九年（1814）進士，改庶吉士，散館授編修，歷官禮部尚書、軍機大臣，緣事奪職，復起爲左都御史。

奎　耀　德保孫，英和子，嘉慶十六年（1811）進士，改庶吉士，散館授檢討，歷官通政使，罷復官至河南候補同知。

錫　祉　德保曾孫，英和孫，奎照子，道光十五年（1835）進士，

〔註34〕王鍾翰點校《清史列傳》冊三，卷九，勵杜訥，頁654；冊四，卷十三，勵廷儀，附子宗萬，頁911。

〔註35〕姚元之《竹葉亭雜記》，卷五，頁105。

改庶吉士，散館授編修，歷官侍講學士，後官長蘆鹽運
使。〔註36〕

四世五人先後繼美，爲滿洲科甲第一家。奎照點翰林之時，成親王贈匾「祖
孫父子兄弟翰林」〔註37〕，待錫祉中式，四世翰林，更傳嘉話。

末爲太湖趙氏：

趙文楷　嘉慶元年（1796）一甲一名進士，授修撰，官至雁平道署
　　　　按察使。

趙　畇　文楷子，道光二十一年（1841）進士，改庶吉士，散館授
　　　　編修，官至署按察使。

趙繼元　文楷孫，畇子，同治七年（1868）進士，改庶吉士，散館
　　　　改知縣，官至江蘇特用道。

趙曾重　文楷曾孫，畇孫，繼元子，光緒六年（1880）進士，改庶
　　　　吉士，散館授編修。〔註38〕

據云趙氏系出宋裔，世居太湖縣北鄉望天山村。趙文楷於仁宗嘉慶五年充冊
封琉球國王正使。趙畇次女蓮兒，于歸合肥李文忠鴻章爲繼配。趙繼元長女
喜官，于歸李鴻章從子李經羲爲元配〔註39〕。太湖趙氏以讀書崛起，四代詞
館，先後八十年，又有兩女爲一品夫人，可謂極盛。

　　另如溧陽史文靖貽直，其祖史鶴齡，父史夔，子史奕簪，亦是四代皆以
翰林起家。而史貽直於康熙庚辰聯捷成進士，年甫十九。其後在外督撫七省，
在內六官之司罔不爰歷，居相位垂二十年，復奉旨重赴瓊林之宴，薨年八十
有二〔註40〕，名位福壽，罕有其比。

〔註36〕王鍾翰點校《清史列傳》冊六，卷二十四，德保，頁1801。
　　　　趙爾巽等撰《清史稿》冊三十八，卷三六三，列傳一五〇，英和，附子奎照、
　　　　奎耀，孫錫祉，頁11409。

〔註37〕姚元之《竹葉亭雜記》，卷五，頁114。

〔註38〕朱汝珍《詞林輯略》，卷五，嘉慶元年丙辰科，頁1～2；卷六，道光二十一年
　　　　辛丑恩科，頁23～26；卷八，同治七年戊辰科，頁9～13；卷九，光緒六年
　　　　庚辰科，頁8～12。

〔註39〕劉聲木《萇楚齋隨筆續筆三筆四筆五筆》，四筆，卷九，太湖趙氏四世翰林，
　　　　頁870。
　　　　另，《清史稿》將趙文楷出使事繫於嘉慶四年，見趙爾巽《清史稿》冊四十八，
　　　　卷五二六，列傳三一三，屬國一，琉球，頁14622。

〔註40〕王鍾翰點校《清史列傳》冊四，卷十五，史貽直，頁1132。
　　　　錢儀吉《碑傳集》冊三，卷二十六，乾隆朝宰輔上，湯右曾〈太保文淵閣大

四、三世翰林

終清之世，三世翰林計有三十五家一百二十四人，前四朝中式者，順治進士三人，康熙進士二十二人，雍正進士十三人，乾隆進士四十三人。略舉以下數例，首爲錢塘徐氏：

徐　潮　康熙十二年（1673）進士，由庶吉士授檢討，官至吏部尚書，卒諡文敬。

徐　本　潮子，康熙五十七年（1718）進士，由庶吉士授編修，官至東閣大學士，卒諡文穆。

徐　杞　潮子，本弟，康熙五十一年（1712）進士，由庶吉士授編修，官至陝西巡撫，年老返京，補宗人府丞，休致卒。

徐以烜　潮孫，本子，雍正八年（1730）進士，由庶吉士授編修，歷官禮部侍郎，左遷太常寺卿。

徐景熹　潮孫，杞子，乾隆四年（1739）進士，由庶吉士授編修，官至福建鹽道。

徐　烺　潮孫，乾隆三十四年（1769）進士，會元，選庶吉士，散館改工部主事，官至直隸廣平知府。〔註41〕

父子兄弟祖孫三代俱出身翰苑，徐潮與徐本父子，一爲卿貳，一爲宰輔，朝廷得人，家聲亦美。徐本持躬端謹，才力優長，歷事三朝，多資翊贊。年老奉旨在籍食俸，歸里一載，高宗以御製詩賜之，詩云：

道義愜同好，衣冠崇老成。八年資襄贊，千里睽音聲。

宿疾今何似，秦醫胡不靈。每懷故老凋，錯落如晨星。

臨風瞻越雲，悃悃心靡寧。長夏宜林居，山水秀且青。

峰迎南北翠，月印三潭明。卿雖適江湖，豈不念朝廷。

努力加餐飯，慰予跂望情。跂望情何極，頻年共濟人。

爵祿非可私，義難阻歸輪。常謂二疏去，於道昧致身。

卿以謝病返，安忍責恝分。恝分亦已久，日歷棐春夏。

學士溧陽史文靖公貽直墓表〉，頁 850。

陸以湉《冷廬雜識》，卷五，史文靖公，頁 245。

〔註41〕王鍾翰點校《清史列傳》冊三，卷十一，徐潮，頁 790；冊四，卷十六，徐本，附弟杞，子以烜，頁 1160。

朱汝珍《詞林輯略》，卷四，乾隆四年己未科，頁 7～10；卷四，乾隆三十四年己丑科，頁 30～32。

乃知白駒速，寸晷不相假。看禾新雨後，把卷萬幾暇。

披薰對南風，心因到越下。所願眠食佳，早整歸朝駕。〔註42〕

思念之情溢於言表，可知君臣關係之融洽與徐本歷宦仕途貢獻之重。

次爲高郵王氏：

王安國　雍正二年（1724）一甲二名進士，授編修，官至吏部尚書，
　　　　卒諡文肅。

王念孫　安國子，乾隆四十年（1775）進士，選庶吉士，散館授工
　　　　部主事，官至永定河道。

王引之　安國孫，念孫子，嘉慶四年（1799）一甲三名進士，授編
　　　　修，官至工部尚書，卒諡文簡。〔註43〕

王氏祖孫三代有二人爲一甲進士，並爲卿貳，亦是榮顯之至。王氏一門本爲寒
素，王安國由巡撫入爲尚書，衣食器用仍不改於舊，晏居退食，矻矻如老諸生；
又搦禿管點竄丹黃，循行書籤，參伍鉤索，不雜世事，門館闃然〔註44〕。念孫
幼承家學，八歲即能屬文，十歲讀《十三經》畢，旁涉史鑑，有神童之目。仁
宗之初，川楚教匪猖獗，陳剿賊六事，並首劾大學士和珅，疏語援據經義，大
契聖心。又精熟水利，任河道十餘載，查工節帑，積弊一清，累得旨褒獎。又
精校讎、聲韻，嫻於經義，列儒林傳中〔註45〕。引之服官勤恪，編輯纂撰甚多，
其著者如奉穆宗面諭，令詳考更正《康熙字典》訛字，乃得校正二千五百八十
八條，另輯《考證》十二冊〔註46〕，對中國文字整理之貢獻絕大。

再爲江南武進劉氏：

劉　綸　乾隆元年（1736），由廩生舉博學鴻詞第一，授編修，官至
　　　　文淵閣大學士，卒諡文定。

劉躍雲　綸子，乾隆三十一年（1766）一甲三名進士，授編修，官
　　　　至兵部侍郎。

劉逢祿　綸孫，躍雲子，嘉慶十九年（1814）進士，由庶吉士授禮

〔註42〕王鍾翰點校《清史列傳》冊四，卷十六，徐本，頁1160。

〔註43〕王鍾翰點校《清史列傳》冊五，卷十七，王安國，頁1310；冊十七，卷六十
　　　　八，王念孫，頁5534；冊九，卷三十四，王引之，頁2672。

〔註44〕錢儀吉《碑傳集》冊三，卷二十九，乾隆朝部院大臣上之上，汪由敦〈光祿
　　　　大夫經筵講官吏部尚書諡文肅王公安國墓誌銘〉，頁957。

〔註45〕王鍾翰點校《清史列傳》冊十七，卷六十八，王念孫，頁5534。

〔註46〕王鍾翰點校《清史列傳》冊九，卷三十四，王引之，頁2672。

部主事。〔註47〕

劉氏以儒術傳家，劉綸品行端醇，學問博雅，久直禁廷，簡畀閣務。性至孝，親喪三年不御酒肉，氣度端凝，不見有喜慍色。出入殿門，進止有恆處。自工部侍郎歸，買宅數楹，後服官二十年，未嘗添益一椽半甓；衣履垢敝雖不改作，然朝必盛服，曰「不敢褻朝章也」。至其子躍雲之時，父子相繼服官於朝七十年，家無一畝之宮、半頃之田，可以想見其家法。躍雲殿試對策，高宗親置上第，拆卷而喜曰「此劉綸子，不意朕竟得之」！及視學江西，甚有清名。劉逢祿外祖莊存與，舅莊述祖，俱以經術名世，逢祿盡傳其學，為學務通大義，不專章句，由董生春秋闚六藝家法，由六藝求觀聖人之志，在禮部十二年，恆已經義決事，眾所欽服。

三世翰林固不鮮見，然數家三世翰林同入一科，則為罕有。高郵王引之於嘉慶四年（1799）己未中式，同科同年入翰林之秀水錢昌齡、汾陽曹汝淵亦是三世翰林。秀水錢氏：錢載，乾隆十七年（1752）壬申恩科翰林；載子錢世錫，乾隆四十三年（1778）戊戌科翰林；世錫子錢昌齡，嘉慶四年（1799）己未科翰林〔註48〕。汾陽曹氏：曹學閔，乾隆十九年（1754）甲戌科翰林；學閔子曹錫齡，乾隆四十年（1775）乙未科翰林；錫齡子曹汝淵，嘉慶四年（1799）己未科翰林〔註49〕。三家三世翰林，洵科第清門，衣冠盛事。

五、二代翰林

除去以上累代翰林不計，其餘一家二代之祖孫翰林、父子翰林、叔姪翰林亦所在多有。

清代祖孫翰林計三十九家八十人，前四朝中式者三十九人：順治進士五人，康熙進士十三人，雍正進士六人，乾隆進士十五人。其例如江南無錫鄒忠倚，順治九年（1652）一甲一名進士，授修撰，其詩及古文皆舂容靜細，官未幾而卒。忠倚孫鄒一桂，雍正五年（1727）進士，改庶吉士，散館授編

〔註47〕 王鍾翰點校《清史列傳》冊五，卷二十，劉綸，頁1538。
趙爾巽等撰《清史稿》冊三十五卷三〇二，列傳八十九，劉綸，附子躍雲，頁10461。
李元度《國朝先正事略》冊上，卷十七，劉文定公事略，附子躍雲，頁502。
〔註48〕 朱汝珍《詞林輯略》，卷四，乾隆十七年壬申恩科，頁19～21；卷四，乾隆四十三年戊戌科，頁37～38；卷五，嘉慶四年己未科，頁2～5。
〔註49〕 朱汝珍《詞林輯略》，卷四，乾隆十九年甲戌科，頁21～22；卷四，乾隆四十年乙未科，頁35～37；卷五，嘉慶四年己未科，頁2～5。

修，官至禮部侍郎調補內閣學士。為官數十年，挺挺直節，著於朝廷，致仕陛辭時，高宗曾以御製詩二首賜之。〔註50〕

又如江南長洲彭定求，康熙十五年（1677）一甲一名進士，授修撰，官至侍講。官國子司業時，乞假歸省，未至而父卒，抵家撫棺慟絕。守喪期間遇聖祖南巡，傳旨溫諭「汝學問好，品行好，家世好，不管閒事」，並問病痊否，又命就近在揚州書局與校《全唐詩》，特准許銷假後照現任官陞轉。定求在館兩年，事竣還家，亦未嘗銷假。孫彭啟豐，雍正五年（1727）一甲一名進士，授修撰，入直南書房，歷官兵部尚書，降補兵部侍郎。彭氏本出於江西之清江，自明洪武中始遷蘇州，為長洲縣人，經術世傳，定求父彭瓏專繹宋儒之書，定求從父幼習梁谿高氏之學，復師事湯斌，後讀《傳習錄》，於陽明良知之說，憬然深省，自是以陸王為宗。父子二人俱入儒林傳。啟豐有子彭紹升，乾隆三十四年（1769）進士，選知縣，不就。初讀儒先之書，喜陸、王之學，及與汪縉、羅有高、薛起鳳等交游，乃閱《大藏經》，究出世法，絕欲素食，禮佛不下樓者四十年，嘗與休寧戴震論辯死生之說，入文苑傳〔註51〕。彭啟豐之婿莊培因，乾隆十五年（1750）一甲一名進士，授修撰，官至內閣學士。培因之兄莊存與，乾隆十年（1745）一甲二名進士，授編修，官至禮部侍郎〔註52〕。祖孫翁婿乃至姻親兄弟，皆是翰林，光耀非凡。

父子翰林一百五十二家三百二十三人，前四朝中式者一百六十七人：順治進士十二人，康熙進士六十人，雍正進士十六人，乾隆進士七十九人。例如河

〔註50〕李元度《國朝先正事略》冊下，卷三十八，馬章民先生事略，附鄒忠倚，頁1056。

王鍾翰點校《清史列傳》冊五，卷二十，鄒一桂，頁1473。

錢儀吉《碑傳集》冊三，卷三十三，乾隆朝部院大臣中之中，彭啟豐〈資政大夫內閣學士加禮部尚書鄒公一桂行狀〉，頁1011。

〔註51〕王鍾翰點校《清史列傳》冊十七，卷六十六，彭定求，頁5306；冊五，卷十九，彭啟豐，頁1463；冊十八，卷七十二，彭紹升，頁5924。

錢儀吉《碑傳集》冊四，卷四十四，翰詹上之中，羅有高〈奉政大夫翰林院侍講光祿大夫吏部右侍郎加一級彭公定求行狀〉，頁1238；冊三，卷三十五，朝隆朝部院大臣下之上，王芑孫〈兵部尚書彭公啟豐神道碑銘〉，頁1041。

李元度《國朝先正事略》冊下，卷三十，彭南畇先生事略，附弟寧求、孫紹升，頁869。

〔註52〕陸以湉《冷廬雜識》，卷五，科名盛事，頁245。

趙爾巽《清史稿》冊三十五，卷三○五，列傳九十二，莊存與，附弟培因，頁10522。

南永城李天馥，順治十五年（1658）進士，改庶吉士，散館授檢討，官至武英殿大學士，卒諡文定。其子李孚青，聰穎早慧，康熙十八年（1679）以十六之齡中進士，改庶吉士，散館授編修。天馥屢充鄉、會考官，有以其父子翰林而借唐人「鶯掖鯉庭」獻詩曰「郎君館閣稱前輩，弟子門牆半列卿」。〔註 53〕

又如安徽青陽王懿修，乾隆三十一年（1766）進士，由庶吉士授編修，入直南書房，官至禮部尚書，卒諡文僖。其子王宗誠，乾隆五十五年（1790）一甲三名進士，授編修，官至署兵部尚書。懿修於嘉慶十二年（1807）充上書房總師傅，持躬端謹，制作雅正，甚受仁宗眷遇。十四年（1809）當懿修爲侍郎時，子宗誠已官學士，父子均扈蹕東巡，途中仁宗賜宴隨駕翰林，懿修、宗誠父子同席。《高宗實錄》修成，宗誠以纂修官賜宴禮部，懿修則適以尚書而爲主席。後懿修年老致仕，即命宗誠，繼父職入直上書房，且奎章珍器，賞賜重疊，仁宗亦嘉歎其兩世知遇，忠謹自將，故時發天音垂問。父子優遇，海內榮之，其蒙眷之厚，尤爲志乘所無。〔註 54〕

父子皆一甲進士而入翰苑者亦有多起，例如江蘇吳縣繆彤，康熙六年（1667）一甲一名進士，授修撰，官至侍講；其子繆日藻，康熙五十四年（1715）一甲二名進士，授編修，官至洗馬。又如江蘇溧陽任蘭枝，康熙五十二年（1713）癸巳恩科一甲二名進士，授編修，官至禮部尚書；其子任端書，乾隆二年（1737）丁巳恩科一甲三名進士，授編修。再如江蘇鎮洋汪廷璵，乾隆十三年（1748）一甲三名進士，授編修，官至工部左侍郎；其子汪學金，乾隆四十六年（1781）一甲三名進士，授編修，官至庶子。〔註 55〕

〔註 53〕 金埴《不下帶編》1，卷四，頁 8。
　　　　 王鍾翰點校《清史列傳》冊三，卷九，李天馥，頁 643。
　　　　 李元度《國朝先正事略》冊上，卷六，李文定公先生事略，頁 159。
〔註 54〕 東方學會編《滿漢大臣列傳》，卷七十，王懿修，頁 1a。
　　　　 李元度《國朝先正事略》冊上，卷二十，王文僖公事略，頁 601。
　　　　 趙爾巽《清史稿》冊三十七，卷三五一，列傳一三八，王懿修，附子宗誠，頁 11268。
　　　　 王鍾翰點校《清史列傳》冊十，卷三十七，王宗誠，頁 2877。
　　　　 繆荃孫編《續碑傳集》（上海：上海書店《清碑傳合集》據清宣統二年庚戌自序刊本影印，1988 年），卷十，道光朝部院大臣，梅曾亮〈光祿大夫兵部尚書王公墓誌銘〉，頁 1。
　　　　 陳康祺《郎潛紀聞初筆二筆三筆》，二筆，卷五，父子相繼入上書房，頁 410。
〔註 55〕 以上皆見朱彭壽《舊典備徵》，卷四，科名佳話，頁 88。

　　另，父子翰林皆大拜者亦所在多有，前文已見者如桐城張英、張廷玉，錢塘徐潮、徐本，此處再舉一例，山東諸城劉統勳，雍正二年（1724）進士，由庶吉士授編修，入直南書房，官至協辦大學士、東閣大學士，卒諡文正。其子劉墉，乾隆十六年（1751）進士，由庶吉士授編修，官至協辦大學士、體仁閣大學士，卒諡文清。仁宗曾評斷其父子「前任大學士劉統勳翊贊先朝，嘉猷茂著。伊子劉墉克承家世，清介持躬」。劉墉有姪劉鐶之，乾隆四十四年（1779）進士，由庶吉士授檢討，官至吏部尚書，卒諡文恭〔註56〕。一家之中，父子大拜，三代翰林，又俱得美諡，實是難得。

　　叔姪翰林三十二家七十人，前四朝中式者三十六人：順治進士二人，康熙進士十五人，雍正進士三人，乾隆進士十六人。前述劉墉、劉鐶之即屬叔姪翰林，另如浙江德清蔡啓僔，康熙九年（1670）一甲一名進士，授修撰，官至右春坊贊善。其姪蔡升元，康熙二十一（1682）年一甲一名進士，授修撰，官至禮部尚書。啓僔兩爲日講官，撰進講章皆精深合當，聖祖頒行之《四書解義》，出其手者發明爲多。升元任左都御史時，曾奏請自徒罪以下，凡取具之保，皆免其收禁，使之既不與重犯同受囹圄之苦，並可以免獄卒需索〔註57〕。叔姪二人相繼鼎魁天下，故升元作〈紀恩詩〉有「君恩獨被臣家渥，十二年中兩狀元」之句〔註58〕。至清季有常熟翁同龢，咸豐六年（1856）一甲一名進士，授修撰，官至戶部尚書協辦大學士，後罷斥卒於家，追諡文恭。其姪翁曾源，同治二年（1863）一甲一名進士，授修撰〔註59〕，亦是叔姪狀元。

六、兄弟翰林

　　兄弟翰林一百六十三家三百五十六人，前四朝中式者一百六十五人：順治進士十二人，康熙進士七十三人，雍正進士十九人，乾隆進士六十一人。

〔註56〕王鍾翰點校《清史列傳》冊五，卷十八，劉統勳，頁1384；冊七，卷二十六，劉墉，頁1986。

〔註57〕錢儀吉《碑傳集》冊四，卷四十四，翰詹上之中，韓菼〈右春坊右贊善兼翰林院檢討蔡公啓僔墓誌銘〉，頁1226。
　　　　李桓《國朝耆獻類徵初編》，卷一一六，詞臣二，蔡啓僔，頁34a；卷六十，卿貳二十，蔡升元，頁21a。
　　　　《滿漢名臣傳》冊二，蔡升元列傳，頁1651。

〔註58〕陳康祺《郎潛紀聞初筆二筆三筆》，初筆，卷十一，叔姪同科，頁240。

〔註59〕王鍾翰點校《清史列傳》冊十六，卷六十三，翁同龢，頁5049。
　　　　朱汝珍《詞林輯略》，卷八，同治二年癸亥恩科，頁3～5。

其著者如浙江海寧查氏：

　　查嗣韓　康熙二十七年（1688）一甲二名進士，授編修。

　　查嗣瑮　嗣韓弟，康熙三十九年（1700）進士，由庶吉士授編修，
　　　　　　官至侍講，以查嗣庭案謫遣關西，卒於戍所。

　　查嗣璉　嗣韓從弟，更名慎行，康熙四十二年（1703）特賜進士出
　　　　　　身，改庶吉士，散館授編修，後以查嗣庭案放歸而卒。

　　查嗣庭　嗣韓從弟，嗣瑮弟，康熙四十五年（1706）進士，由庶吉
　　　　　　士授編修，官至禮部侍郎，罷，以事置法。〔註60〕

查氏爲海寧望族，六世祖查秉彝爲前明嘉靖進士，官給事中，因疏劾嚴嵩父
子而廷杖謫邊。查慎行自幼並未肄習舉業，反肆力於經史百家，從宿儒黃宗
羲遊，康熙三十二年（1693）舉順天鄉試，越九年始赴公車；四十一年（1702）
遇聖祖東巡，以大學士陳廷敬、李光第、張玉書先後奏薦，召至行在賦詩，
命隨扈入都，直南書房，翌年又特賜進士。後遭弟嗣庭案株繫，闔門就逮，
罪且不測，世宗識其端謹，且曰「慎行詩每飯不忘君，杜甫流也」，特宥之，
放歸田里。浙人之稱詩者，首推朱彝尊，繼之則查慎行、湯右曾，黃宗羲將
其詩比之陸游，王士禎則謂「奇創之才慎行遜游，綿至之思游遜慎行」。嗣瑮
幼隨伯兄慎行學詩，生平遊跡遍天下，所至與賢豪長者往還，題詠無虛日，
官翰林時，文名與慎行相埒〔註61〕。查嗣庭原行走內庭，後授內閣學士，又
以蔡珽之薦，遷禮部侍郎。世宗雍正四年（1726）出典江西鄉試，以所出試
題悖逆獲罪，復於日記中檢得怨誹捏造處甚多，命革職拏問，交三法司嚴審。
後在監病故，戮屍梟示。此案累及其兄慎行、嗣瑮，嗣庭子或斬監候，或流
放三千里。〔註62〕

〔註60〕朱汝珍《詞林輯略》，卷二，康熙二十七年戊辰科，頁 13～15；卷二，康熙四
　　　　十五年丙戌科，頁 24～27。
　　　　王鍾翰點校《清史列傳》冊十八，卷七十一，查慎行，附弟嗣瑮，頁 5810。
　　　　李元度《國朝先正事略》冊下，卷四十，查初白先生事略，附族子查昇，弟
　　　　嗣瑮，頁 1091。
〔註61〕王鍾翰點校《清史列傳》冊十八，卷七十一，查慎行，附弟嗣瑮，頁 5810。
　　　　錢儀吉《碑傳集》冊四，卷四十七，翰詹中之中，沈廷芳〈翰林院編修查先
　　　　生慎行行狀〉，頁 1320；方苞〈翰林院編修查君墓誌銘〉，頁 1321；鄭方坤〈查
　　　　編修慎行小傳〉，頁 1322。
　　　　陳康祺《郎潛紀聞初筆二筆三筆》，二筆，卷九，海寧查氏兄弟，頁 499。
〔註62〕《清實錄》冊七，《世宗實錄》，卷四十八，雍正四年九月乙卯，頁 730；卷五
　　　　十七，雍正五年五月壬戌，頁 860。

又如江蘇南匯吳氏：

> 吳省欽 乾隆二十八年（1763）進士，由庶吉士授編修，官至左都
> 御史，革職卒。

> 吳省蘭 省欽弟，乾隆四十三年（1778）進士，由庶吉士授編修，
> 官至侍講學士。〔註63〕

兄弟二人均受和珅汲引，和珅敗後，省欽革職回籍；省蘭由禮部右侍郎降為編修，撤去學政之任，且命不必在南書房行走，嘉慶九年（1804）聖駕蒞翰林院，省蘭時官侍講學士，以年已就衰、才力不及，奉旨原品休致。

另如順天大興朱氏：

> 朱　筠 乾隆十九年（1754）進士，由庶常授編修，官至提督福建
> 學政。

> 朱　珪 筠弟，乾隆十三年（1748）進士，由庶常授編修，官至體
> 仁閣大學士，卒諡文正。〔註64〕

朱氏先祖世居浙江蕭山，至筠父朱文炳入順天籍。筠、珪二人均少年英異，俱擅文名，為鉅公所契賞。朱筠博聞鴻覽，以經學六書為倡，謂經學本於文字訓詁，嘗言翰林以立品讀書為職，不能趨謁權要。少時曾館於劉統勳家，及統勳大拜，朱筠除歲時修賀一至其門之外，絕不通謁，某日與統勳遇於朝，統勳呼曰「獨不念老夫耶」！朱筠正容對曰「今某服官，非公事不敢輒見貴人，懼人之議其後也」，統勳惟嘆息稱善不已〔註65〕。朱珪曾以侍講學士在上書房行走，侍皇子顒琰讀書，後提督福建學政，將行，上五箴於藩邸，曰養心、敬身、勤業、虛己、致誠，顒琰力行之，及登寶親政，仍常置座右。卒後報聞，仁宗震悼泣下，親臨祭奠三爵，哭不止，回宮不待內閣擬諡，特賜諡文正。復撰〈抒痛詩十二韻〉，命南書房翰林黃鉞於殯前焚之。〔註66〕

〔註63〕王鍾翰點校《清史列傳》冊七，卷二十八，吳省欽，附弟省蘭，頁2167。
李桓《國朝耆獻類徵初編》，卷九十七，卿貳五十七，吳省蘭，頁12b；吳省
欽，頁5a。

〔註64〕王鍾翰點校《清史列傳》冊十七，卷六十八，朱筠，頁5496；冊七，卷二十
八，朱珪，頁2118。

〔註65〕錢儀吉《碑傳集》冊四，卷四十九，翰詹下之上，孫星衍〈朱先生筠行狀〉，
頁1380；姚鼐〈朱竹君先生別傳〉，頁1382；章學誠〈朱先生墓誌銘〉；李威
〈從遊記〉，頁1383；汪中〈朱先生學政記〉，頁1392；王昶〈翰林院編修朱
君墓表〉，頁1395。

〔註66〕錢儀吉《碑傳集》冊三，卷三十八，嘉慶朝宰輔，阮元〈太傅體仁閣大學士

次論翰林貫望。京師會、殿兩考，每科固定有三鼎甲及選爲庶吉士者，與試者皆是全國各省舉人，是以登第各人貫望亦爲眾所矚目者。依據《清史稿》〈地理志〉之行省區劃，清代前四朝三鼎甲之貫望分布，可以統計如下表：[註67]

	世祖朝			聖祖朝			世宗朝			高宗朝			合計
	(1)	(2)	(3)	(1)	(2)	(3)	(1)	(2)	(3)	(1)	(2)	(3)	
直　隸		3	1		2		1	1			1	2	11
山　東	1			1		1					2		5
河　南				1	2								3
陝　西										1			1
江　南													
（江蘇）	5	3	4	16	7	11	3	2	2	12	8	12	85
（安徽）			1		4					3	1	3	12
浙　江	1		2	4	7	5	1	1	2	9	11	8	51
江　西										1	3	2	6
湖　廣													
（湖北）	1	1							1				3
（湖南）													
四　川	1												1
福　建					2			1			1		4
廣　東										1			1

大興朱文正公珪神道碑〉，頁 1076；陳壽祺代某〈光祿大夫經筵講官太子太傅體仁閣大學士管理工部兼翰林院掌院學士贈太傅大興朱文正公神道碑文〉，頁 1085。

[註67] 以下三鼎甲及庶吉士貫望統計，均採自以下各書：
朱汝珍《詞林輯略》，卷一～卷四。
朱保炯、謝沛霖《明清進士題名碑錄索引》。
房兆楹、杜聯喆《增校清朝進士題名碑錄附引得》（北京：哈佛燕京學社，1941 年）。
朱沛蓮《清代鼎甲錄》（台北：台灣中華書局，1983 年）。
鼎甲貫望表括號數字分別代表狀元、榜眼、探花。順治九年（1652）壬辰與順治十二年（1655）乙未兩科之滿洲榜爲另場考試，並未計入。

前四朝共六十一科，三鼎甲一百八十三人。各科狀元，以出於江南者最多，計三十九人，其中屬江蘇者三十六人，佔前四朝狀元之五成九零有餘。次爲浙江，計十五人，佔六十一科狀元之二成四五有餘。就三鼎甲總數視之，人數最多者仍爲江蘇八十五人，次者仍爲浙江五十一人。分別佔前四朝三鼎甲總數之四成六四有餘與二成七八有餘。

以下續計前四朝各科庶吉士之貫望：

	世祖朝	聖祖朝	世宗朝	高宗朝	合 計
滿 洲		46	21	54	121
蒙 古			2	8	10
漢 軍	4	23	4	18	49
直 隸	22	29	5	27	83
順 天	33	28	7	39	107
遼 東	2				2
（奉天）		1		6	7
山 東	35	49	15	64	163
山 西	16	38	7	38	99
河 南	19	38	6	37	100
陝 西	11	35	5	28	79
江 南	45	209	78	183	515
（江蘇）	39	181	63	129	412
（安徽）	5	28	15	54	102
湖 廣					
（湖北）	18	30	3	32	83
（湖南）	1	12	8	37	58
浙 江	33	126	47	122	328
江 西	10	44	13	60	127
福 建	11	34	13	48	106
廣 東	1	24	8	36	69
四 川	1	20	3	36	60
廣 西		14	5	31	50
貴 州		18	6	33	57
雲 南		18	4	33	55
甘 肅		6		2	8

清代前四朝共選庶吉士二千三百三十五人，獲選最多省份仍爲江蘇四百一十二人，佔總數之一成七六有餘；次爲浙江三百二十八人，佔總數之一成四零有餘。

由上二表可以清楚見得，江蘇、浙江二省士子之得中三鼎甲與獲選庶吉士確佔甚大比例，此應與該省自宋、明以降經濟發展、人文薈萃有關。另，北方各省如直隸、山東、河南亦獲選庶吉士甚多，當與地近北京，俱係明清兩代文化傳統長期積累所致。又，順天籍庶吉士亦多，應不難理解畿輔重地菁英雲集，本地士紳固有傳承，而各省寄籍士子亦多之故。又，在旗士子登第者眾，亦可知文化浸潤之深，以科名謀出身亦使在旗子弟心嚮往之。

第三節　寵眷恩遇

翰林勤恪供職，無敢怠慢，又侍講讀、備顧問，地位特殊，故諸帝優禮逾於常格，爲他官所不及。翰林之受寵眷優遇概可分爲優眷嘉獎、超擢議敘、賚予侍宴、身後贈卹等項，以下分別略舉數例以論述之。

一、優眷嘉獎

翰林勤愼供職，本爲分所應然，但以其近在君側，朝夕講讀，日久辛勞，諸帝常眷寵有加，眾翰林每有表現亦易得上主褒嘉。

世祖順治十年（1653），召見國史院檢討王熙於弘文院，命以清語奏對，大愜上意，隨擢國子監司業，並賜《洪武寶訓》、《三國志》等書。十三年（1656）王熙已任庶子，該年選日講官，世祖見王熙未獲列名，特旨擢爲講官。同年冬，世祖幸景山臻祿閣，召眾講官進講，王熙以講《堯典》稱旨，命其每日進講，又諭嗣後不必站立講書，遂侍坐，講官侍坐講書乃自此爲始。十四年（1657）又諭王熙遇聖駕外出即隨，勿須請旨；其時熙父王崇簡任國史院學士，世祖又陞王熙爲弘文院學士，並諭「父子同官，古今所少。以爾誠恪，特加此恩」。後學士三年考滿，加禮部尚書銜，其父亦已掌禮部，父子同部尚書，海內榮之，以爲國家異數〔註68〕。王氏盛事，爲前明至清初所未有者。

順治十一年（1654）特將秘書院侍講卓彝陞一級，此因世祖每蒞內院，

〔註68〕王鍾翰點校《清史列傳》冊二，卷八，王熙，頁512。
　　　　錢儀吉《碑傳集》冊一，卷十二，康熙朝宰輔中，韓菼〈予告光祿大夫少傅兼太子太傅保和殿大學士兼禮部尚書加六級諡文靖王公熙行狀〉，頁275。

皆見卓犖在院供職，爲嘉其勤愼，乃有是獎。〔註69〕

　　順治十六年（1659），世祖命新科狀元修撰徐元文撰《孚齋說》，又命隨
扈至僧忞蕉園方丈，問以釋氏之書，元文辭謝曰不習此道，世祖乃曰「此人
大有見解，狀元朕所親拔，此朕一門生也」，僧忞及左右隨侍皆稽首稱賀。徐
元文初入仕途即得天語褒獎，及世祖賓天，元文哭臨獨哀，每歲以國諱之日
齋居蔬食，慘戚終身。〔註70〕

　　聖祖時常駕出郊外，或幸南苑，均未嘗中輟日講，因此翰林官員亦每次
隨從，然翰林各官俱遠離家鄉，在京並無資產，遇扈從則不免艱苦。康熙十
二年（1673）七月，聖祖以翰林扈從苦狀，殊爲可念，乃命講官傅達禮傳諭
嗣後扈從講官在外所用帳房及一切應用什物，均酌定數目，即由內府給與
〔註71〕，從此免去扈從翰林之窘困。同年十月，編修張英、孫在豐扈從於南
苑，某夜大風雨，聖祖於行宮心繫兩翰林油幕未俱，恐有沾濕之苦，漏盡三
鼓仍令二人移於五店皇莊安宿〔註72〕。眷顧之情，實發自內心，亦爲前所未
有者。

　　康熙十六年（1677）九月，掌院學士喇沙里、陳廷敬與侍講學士張英同
奉諭以每日進講，啓導聖心，甚有裨益，現天氣漸寒，特賜貂皮各五十張、
表裡緞各二十匹，備製衣禦寒之用。十月復諭令侍講學士張英加食正四品俸
供奉內廷，內廷書寫之事令高士奇在內供奉，二人居住房屋即交內務府在西
華門撥給〔註73〕。諸帝體恤詞臣，不可不爲無微弗至，後此之翰林蒙賜居第
者屢見不鮮，如勵杜訥、朱彝尊、蔡升元、蔣廷錫、張廷玉、徐本、任啓運、
余棟、陳世倌、陳宏謀、雷鋐、劉統勳、劉綸、汪由敦、史貽直、于敏中、
裘曰修、王際華、梁國治、董誥、王杰、彭元瑞、孫士毅，朱珪等等〔註74〕，
實無法悉舉。

〔註69〕《清實錄》冊三，《世祖實錄》，卷八十，順治十一年正月戊午，頁633。
〔註70〕王鍾翰點校《清史列傳》冊三，卷九，徐元文，頁644。
　　　　錢儀吉《碑傳集》冊一，卷十二，康熙朝宰輔中，張玉書〈文華殿大學士戶
　　　　部尚書掌翰林院事徐公神道碑〉，頁316。
〔註71〕《清實錄》冊四，《聖祖實錄》，卷四十二，康熙十二年七月戊寅，頁566。
　　　　張廷玉等纂《詞林典故》，卷四，恩遇，皇朝，優眷，頁32a～32b。
〔註72〕張廷玉等纂《詞林典故》，卷四，恩遇，皇朝，優眷，頁32b～33a。
〔註73〕王鍾翰點校《清史列傳》冊三，卷九，張英，頁631；陳廷敬，頁638。
　　　　吳鼎雯《國朝翰詹源流編年》，卷一，頁32b。
　　　　王士禎《池北偶談》，卷二，談故二，賜居第，頁35。
〔註74〕朱珪等纂《皇朝詞林典故》，卷二十五，恩遇，優眷，頁4b～5a。

康熙十七年（1752）閏三月有五臺山土貢送到，聖祖特召賜食編輯修史詞臣掌院學士陳廷敬、侍講學士張英、侍讀王士禎、中書舍人高士奇，「使知名山風土也」〔註75〕。當是有意藉此擴大編纂諸臣見聞。

康熙二十五年（1686），講官陳元龍侍直於乾清宮，聖祖素知元龍善書楷字，因命寫大字一幅，令就御案作書。內侍濡毫伸紙，聖祖降座，立案前觀書，書畢，褒獎良久，又出御書〈闕里碑文〉賜觀。及退食之時，晝漏早已頻移數刻〔註76〕。五十三年（1714），檢討胡煦召對於乾清宮，晝《圖》講《易》，極爲稱旨，聖祖嘉爲「眞苦心讀書人也」，命直南書房，與大學士李光地分纂《周易折中》，次年又命胡煦於蒙養齋行走。〔註77〕

康熙二十八年（1689）正月聖祖南巡至濟南，登城閱視畢，回輦將下城，各從官皆控馬立於女牆邊，聖祖顧謂翰林講官陳元龍曰「爾書生，可即乘馬，隨朕而行，勿落後，擁擠可慮」，隨令中使扶掖陳元龍上馬〔註78〕。若非陳元龍學德俱優，否則不致如此寵眷。

聖祖對翰林生活及家眷之關懷，亦有多例。康熙三十九年（1700）七月，以翰林官及庶吉士內有極貧者，衣服乘騎皆不能備，令大學士等查出以便施恩，使有益供職。又丁憂告假回籍之翰林官與庶吉士，若有生計艱難、無力回京者，亦令該省督撫酌量資助，使能來京。掌院法良、韓菼遵旨查奏，乃依議准翰林官貧者，月給銀三兩，以資其生計。〔註79〕

四十三年（1704）南巡途中，有在籍中允蔡升元迎鑾，即召入御舟，天顏溫霽而問曰「爾同年皆爲大僚，爾何故久不來京」，升元以三代未葬爲對，聖祖乃傳旨「蔡升元在講筵甚久，家計甚貧，爾祖父葬事，約須多少，朕給爾所費」，蔡升元感激涕零，不知所對，隨傳旨賜銀六百兩，且令事竣速即來京，又賜御書臨黃庭經絹一幅。〔註80〕

〔註75〕 《康熙帝御製文集》（台北：台灣學生書局據國立台灣大學藏本影印，1966年），卷七，敕諭，康熙十七年閏三月二十一日諭掌院學士陳廷敬侍講學士張英侍讀王士禎中書舍人高士奇，頁11b～12a。

〔註76〕 王鍾翰點校《清史列傳》冊四，卷十四，陳元龍，頁1013。

〔註77〕 李元度《國朝先正事略》冊上，卷十五，胡文良公事略，頁437。

〔註78〕 張廷玉等纂《詞林典故》，卷四，恩遇，皇朝，優眷，頁37a。

〔註79〕 《清實錄》冊六，《聖祖實錄》，卷二○○，康熙三十九年七月乙未，頁34；七月乙巳，頁35。

〔註80〕 李桓《國朝耆獻類徵初編》，卷六十，卿貳二十，蔡升元，頁21a。
張廷玉等纂《詞林典故》，卷四，恩遇，皇朝，優眷，頁39b～40a。

　　同年有詹事陳元龍以親病乞歸，疏送通政司後仍赴苑中內直，聖祖命中使傳旨云「爾告歸之疏已達覽，閣票該部議奏，俟部中具覆，再下旨時，幾及一月。爾思親念切，且天氣漸熱，可即起身，不必等候」，復賜人葠二斤，傳旨云「可攜歸奉爾父也」。次年（康熙四十四年，1705）三月，陳元龍迎南巡聖駕，聖祖倚船窗慰問，並詢及元龍父病，四月又賜元龍父陳之闇內製砥石硯一方、御書金扇一柄；閏四月又賜陳之闇人葠二斤，並追賜陳元龍母陸氏「慈教貽庥」匾額，又傳旨陳元龍已有老親在家，可就此辭歸，不必遠送南巡聖駕〔註81〕。該年南巡，檢討張廷玉以內廷翰林扈蹕，其父張英在籍迎鑾，聖祖諭曰「汝父遠來，不久便歸，汝當隨侍左右，以盡家人之歡，不必頻入直也」，張廷玉乃作〈紀恩詩〉，有「聖人錫類無窮意，早識微臣愛日心」句。〔註82〕

　　雍正三年（1725），檢討董玘奏請歸養，部議應俟母終之後來京，世宗斥以部議用語不妥，「豈有當孝子之前而曰俟爾父母既沒而來京者哉，此豈人子所忍聞哉，但允其請足矣」。〔註83〕

　　雍正四年（1726）二月，大學士朱軾丁母憂，賜銀四千兩，並敕令馳驛回籍治喪，事畢仍來京。至九月，朱軾行將至京，世宗又遣學士何國宗、副都統永福迎勞賜食，復諭准素服三年〔註84〕。此是優禮大臣，推恩賢母，用頒異數，以示眷懷。

　　雍正七年（1729）有稽查咸安宮學務之諭德謝履忠，聞訃丁憂，學生等合詞保留，奏聞奉旨賞銀二百兩。〔註85〕

　　乾隆元年（1736）十月，高宗命入直內廷之原任侍講學士梁詩正仍照現任學士之例食俸〔註86〕。按，授職詔糈，國有恆經，以需次候補之員即邀支領，實爲逾格。後此之余棟、董邦達、汪永錫、沈初、彭冠、曹文埴、黃軒、褚廷璋等，皆以候補翰詹而蒙高宗恩予食俸。至仁宗嘉慶九年（1804），黃鉞以候補贊善亦得恩予食俸，且得一體考試試差，尤稱異數。〔註87〕

〔註81〕王鍾翰點校《清史列傳》冊四，卷十四，陳元龍，頁1013。
〔註82〕朱珪等纂《皇朝詞林典故》，卷二十五，恩遇，優眷，頁16a～16b。
〔註83〕李桓《國朝耆獻類徵初編》，卷一二二，詞臣八，董玘，頁12a。
〔註84〕王鍾翰點校《清史列傳》冊四，卷十四，朱軾，頁995。
〔註85〕朱珪等纂《皇朝詞林典故》，卷二十六，恩遇，嘉獎，頁7a。
〔註86〕《清實錄》冊九，《高宗實錄》，卷二十九，乾隆元年十月戊子，頁611。
〔註87〕朱珪等纂《皇朝詞林典故》，卷二十五，恩遇，優眷，頁22a～23a。

高宗於乾隆三年（1738）曾賞編修彭樹葵內用緞二匹、筆墨二種，其因為彭樹葵奏進經史講義，引用唐魏徵〈十思疏〉之語，以為人君之德在於慎思，復衍十思之義，為箴十首，其詞典雅，頗近古人箴規之意，與其他泛論經史者有所不同，實屬可嘉，是以特予賞賜。〔註88〕

乾隆四十七年（1782）《四庫全書》告成，館臣大理寺卿陸錫熊、編修吳省蘭以恭撰表文，受高宗褒美，並賜大緞、扇、筆等物，另侍郎紀昀以改定表文，亦受恩賜〔註89〕。五十年（1785），南書房行走侍郎彭元瑞撰皇極殿燈聯，高宗以乾清宮舊有燈聯本為前明詞林所製，元瑞之作遠優於舊聯，乃賜御用紅絨結頂冠、黑狐端罩、如意金瓶等物，並先後賜詩二章，以示獎勵。〔註90〕

江南長洲沈德潛於乾隆四年（1739）己未科入翰林，高宗知其績學晚遇，眷顧有加。至十一年（1746）沈德潛已任南書房行走、內閣學士，請假歸葬，得旨不必開缺，並親賜御製詩一章，以寵其行，又特賜依一品例，誥封三代。次年假滿赴闕，高宗以其先前請假時奏對還京日月，又賜詩，有「朋友重唯諾，況在君臣間」語。又，德潛入都之先，已受命入上書房行走，故高宗詩中又有「兒輩粗知書，善為道孔顏」之句〔註91〕。沈德潛以晚年受主上特達之知，眷顧有加，高宗御製詩成，時命賡和，而德潛進呈之作，亦每俯賜和章，並曾得御製序文弁其詩稿。高宗之以耆宿待之，實非尋常詞臣可及。

二、超擢議敘

凡例不應陞及其次應陞者，若蒙恩特簡，皆屬超擢。唯編檢之陞中允，雖在其次應陞，然若適值應陞之贊善無人，則可由編檢承乏其間，此非由特簡，不屬超陞。另，翰林夙稱載筆，凡編摩書籍，皆職分所宜然，但為俯示鼓勵，帝王恩綸乃恆有下沛。國家開館設局，歲有其事，纂修各官均月給廩餼，待書成則例邀議敘。

〔註88〕 錢儀吉《碑傳集》冊三，卷三十四，乾隆朝部院大臣中之下，蔡新〈光祿大夫總督倉場戶部右侍郎彭公樹葵墓誌銘〉，頁 1028。

〔註89〕 《清實錄》冊二十三，《高宗實錄》，卷一一六一，乾隆四十七年七月丙辰，頁 554。

〔註90〕 王鍾翰點校《清史列傳》冊七，卷二十六，彭元瑞，頁 1999。
　　　　李元度《國朝先正事略》冊上，卷十七，曹文恪公事略，附彭文勤公元瑞，頁 512。

〔註91〕 王鍾翰點校《清史列傳》冊五，卷十九，沈德潛，頁 1456。

　　舊例翰林官之陞轉乃論資俸兼論才品，但世祖認爲翰林之中若果有才品特出者，何必拘於舊例，復親見右中允管秘書院修撰事呂宮文章簡明、氣度嫻雅乃於順治十年（1653）五月諭吏部遇學士員缺即予推補，以示破格用人之意〔註 92〕。按，呂宮以特達之知，奉旨後即受秘書院學士，未幾又授吏部侍郎，是年冬再授弘文院大學士〔註 93〕。數月之間，由中允擢至綸扉，確是殊遇。又，內翰林弘文院修撰麻勒吉會、殿試皆第一（順治九年，1652，壬辰科滿洲榜），與庶吉士一同教習，有志向學，世祖觀其氣度老成，復兼通清漢文義，亦於同月諭吏部若遇有侍讀員缺，即行推補。遂授爲弘文院侍講學士。〔註 94〕

　　聖祖朝編修李光地之議敘乃由其誠惻盡忠而來。光地爲康熙九年（1670）進士，由庶吉士授編修，十二年乞假歸福建省親。在籍遇三藩亂起，堅拒耿精忠誘降，並差人密奏地方機宜，復爲平亂大軍指引道途、平險隘、治浮橋、饋食饗軍，先後得大將軍和碩康親王傑書與鎮東將軍喇哈達奏報請加議敘，乃授爲額外侍講學士，後又實授學士。〔註 95〕

　　講官勤恪供職，亦有優與議敘之例，如康熙十九年（1680）四月，聖祖以己躬於萬幾之暇仍留心經史，雖遜志時敏、夙夜匪懈，然所依賴者實爲日講起居注各官，良資講幄之功。各官皆學行優長，簡備顧問，講解明晰，奉職甚爲勤勞，所撰講義亦典確精詳，深俾治理。爲獎勵各官勞蹟，特諭予以優敘，吏部即遵旨從優議敘：

> 翰林院掌院學士葉方藹加禮部尚書銜。
>
> 詹事府詹事沈荃加禮部侍郎銜。
>
> 侍讀學士蔣弘道，侍講學士崔蔚林、嚴我斯，俱加詹事府詹事銜。
>
> 侍講董訥、王鴻緒，俱加侍讀學士銜。
>
> 侍讀學士張英授爲翰林院學士兼禮部侍郎。
>
> 內閣中書高士奇授爲翰林院侍講。
>
> 食原品州同俸杜訥授翰林院編修。
>
> 左春坊左庶子張玉書加詹事府詹事銜。

〔註 92〕《清實錄》冊三，《世祖實錄》，卷七十五，順治十年五月丙寅，頁 588。

〔註 93〕王鍾翰點校《清史列傳》冊二，卷五，呂宮，頁 319。

〔註 94〕《清實錄》冊三，《世祖實錄》，卷七十五，順治十年五月丁丑，頁 592。

　　　　王鍾翰點校《清史列傳》冊三，卷十，麻勒吉，頁 669。

〔註 95〕王鍾翰點校《清史列傳》冊三，卷十，李光地，頁 703。

翰林院學士庫勒納，詹事府詹事格爾古德，侍讀學士牛鈕、常書，

侍講學士朱馬泰，侍讀阿哈達等，俱於現任內各加一級。〔註96〕

康熙四十年（1701）有侍讀學士許汝霖被擢爲工部侍郎〔註97〕。清初之講、讀學士授爲吏、禮二部侍郎者甚多，緣康熙五十七年（1718）以前舊例，吏、禮二部侍郎專係詹事、少詹事、侍讀學士、侍講學士、祭酒等官應陞之缺，至工部侍郎則翰林例不開缺，許汝霖被簡入工部，可視爲曠典。

按例，翰林院編修、檢討擢陞侍講，滿員係內外班分用，例在應陞，漢員則在其次應陞。在籍檢討尤侗於康熙四十二年（1703）聖祖南巡時，以侍講銜加之〔註98〕，並非常格，亦屬超擢。

聖祖曾於康熙五十三年（1714）二月以翰林編檢庶常多有告假者，三分已去其二，因令照致仕知縣之例，不准補官〔註99〕。至雍正四年（1726），世宗恩詔將前項休致翰林俱准起復補用，吏部乃奏詢嗣後翰林告病休致之員，應仍令休致抑准其起用，得旨准其起用〔註100〕。至此，翰林告病之員得邀寬典，聖祖之禁始行解除。

庶吉士例以三年散館後授職，然歷來或有恩加不次，先予授職者；或有已逾散館之期，特免其補試，即予授職者。如世祖朝有宋德宜、崔蔚林，聖祖朝有沈宗敬、勵廷儀、汪灝、蔣廷錫、查愼行、梅瑴成，世宗朝有黃之雋、張廷珩、張泰基、蔣溥、張若靄等，此皆授爲編檢，尚非超陞。另如世宗於雍正九年（1731）四月命左都御史史貽直、侍郎杭奕祿、署內務府總管鄭禪寶率翰林院庶吉士、六部學習人員與國子監肄業之選拔貢生前往陝、甘二省開導訓諭，十年（1732）四月事竣回京，各庶常亦蒙恩奉旨議敘，得以免試散館，計有鹿邁祖、孫灝、朱鳳英、佟保、孫人龍等俱授編修，陳中、薛蘊、李賢經、色通額等俱授檢討〔註101〕。是不由纂修，亦邀殊恩。再如庶吉士董泰（滿洲鑲黃旗），原爲康熙四十二年（1703）癸未科進士，選庶吉士，散館除名，至高宗初年復召入詞館分教庶吉士清書，乾隆四年（1739）復授爲庶

〔註96〕　《清實錄》冊四，《聖祖實錄》，卷八十九，康熙十九年四月丁卯，頁1129；
　　　　　卷九十，五月壬辰，頁1134。
〔註97〕　王鍾翰點校《清史列傳》冊三，卷十二，許汝霖，頁860。
〔註98〕　王鍾翰點校《清史列傳》冊十八，卷七十一，尤侗，頁5782。
〔註99〕　《清實錄》冊六，《聖祖實錄》，卷二五八，康熙五十三年二月乙酉，頁549。
〔註100〕　《清實錄》冊七，《世宗實錄》，卷四十八，雍正四年九月壬子，頁729。
〔註101〕　《清實錄》冊八，《世宗實錄》，卷一〇五，雍正九年四月庚子，頁387。
　　　　　張廷玉等纂《詞林典故》，卷四，恩遇，皇朝，遷擢，頁52b～53a。

吉士，七年（1742）又恩准免散館，授職編修〔註102〕，亦是逾於常格。

庶吉士未散館即超擢他官之例，有康熙四十年（1701）擢庶吉士董新策（康熙三十九年（1700）庚辰科庶吉士）為甘肅寧夏道。按庶常外用例改知縣，董新策未經授職即任監司，與後此之徐景曾（雍正八年（1730）庚戌科庶吉士）、饒鳴鎬（雍正十一年（1733）癸丑科庶吉士）等擢為知府，均是破格〔註103〕。又如乾隆四年（1739）己未科一甲二名進士涂逢震，授職編修，未散館即陞中允〔註104〕，尤為異數。

翰林參與館局纂修書史，書成議敘，歷來以諸帝《實錄》最為優渥，甚至有總裁加宮傅之銜又賜鞍馬者。其餘纂修各官或加級食俸，或議與應陞，或加級紀錄，並宴賚有差。其他書局各館初開之時，均月給廩餼，書成亦議敘，其制大約為較核在館月日深淺，以為差等。〔註105〕

高宗乾隆四十七年（1782）《四庫全書》第一部告成，館中人員皆優予議敘，或儘先陞用，或免試散館，或候缺需時而得通融借補，或緣事罷斥而以效力開復，甚者有他途僚屬亦以校讎奮勉而改授詞垣〔註106〕。一時人才之盛，實古來館局所未有。

三、侍宴賚予

國家恩逮詞臣，往往逾格懋賞，有卿貳不敢仰希之異，每逢侍宴，賞必隨之，即平日隨侍左右，亦時有賚予。

康熙十二年（1673）六月，聖祖幸瀛臺，御迎風亭，賜諸王以下諸臣及翰林等官宴，傳諭：

> 諸臣日理政務，略無休暇，今值荷花盛開，夏景堪賞，朕特召諸王
> 貝勒等，及爾群臣同宴，以示君臣偕樂，其各盡歡，以副朕優渥至
> 意。〔註107〕

翰林各官品級，至高不過從四品，如講、讀學士，下至編、檢則僅及七品，以如此之細品微員得以與諸王大臣同獲上主賜宴，謂非寵眷逾恆而何？十八

〔註102〕張廷玉等纂《詞林典故》，卷四，恩遇，皇朝，遷擢，頁53a。

〔註103〕朱珪等纂《皇朝詞林典故》，卷二十六，恩遇，超擢，頁14a。

〔註104〕李桓《國朝耆獻類徵初編》，卷八十五，卿貳四十五，補錄，涂逢震，頁1a。

〔註105〕張廷玉等纂《詞林典故》，卷四，恩遇，皇朝，議敘，頁112b。
　　　　朱珪等纂《皇朝詞林典故》，卷二十六，恩遇，議敘，頁21b～22a。

〔註106〕所有議敘人員，可見陳垣《辦理四庫全書檔案》。

〔註107〕《清實錄》冊四，《聖祖實錄》，卷四十二，康熙十二年六月丁未，頁562。

年（1679）五月，聖祖幸西苑泛舟，眾詞臣侍宴〔註108〕。二十年（1681）七月，在瀛臺賜宴內閣、部院、翰詹、科道等官，並命侍讀學士張英與內大臣同為主席，以內閣及部院各衙門諸臣辦事勤勞，特召賜宴，將太液池中魚藕等物賜諸臣共食，又賜綵緞表裏。〔註109〕

凡翰林賜宴瀛臺，定在暑節，每趁早涼入西苑門，大柳星稀，高槐露下，宮牆綠岸間安步徐行，菰蒲四面，水禽啁哳，與江南水鄉無異。渡板橋，從內苑牆入小紅門，跨紅板長橋，迤邐達瀛臺門。賜宴則詔從板橋閘口北上，直西浮道通梁，於過船亭登舟汎太液池，芰荷十里，望如蕃錦，北望金色搖曳，則別一境地矣。〔註110〕

向來內殿筵宴，諸臣不與，而聖祖於康熙二十一年（1682）正月以海內乂安，又時當令序，特於乾清宮賜宴內閣、九卿及翰詹、日講官、科道等官九十三員，用示君臣一體，共樂昇平，以昭上下交泰之盛。又諭內殿嘉宴，諸臣可笑語無禁，有霑醉者，令內官扶掖而行。此日內廷筵宴之中，屢次傳諭皆由翰林張英、高士奇、張玉書行之〔註111〕，是翰林隨侍君側，即內廷筵宴亦未須臾離，且屢於席中受命傳諭，其受重視信任可知。

終聖祖朝，召群臣宴會不知凡幾，每宴群臣，必有翰林與宴，其中亦有獨厚翰林者。康熙二十三年（1684）元旦，群臣上表朝賀，照例筵宴，宴畢，聖祖復遣內侍攜肴果二席各於南書房翰林家賜之〔註112〕。二十四年（1685）六月，傳召均為翰林出身之掌院學士禮部尚書張英、戶部尚書陳廷敬、原任左都御史王鴻緒、學士顧藻、少詹事高士奇、太常寺少卿勵杜訥、都捕理事官胡會恩、侍讀學士張廷瓚、侍講學士史夔、庶子孫岳頒等，同至暢春園，先後賜食於松韻軒、淵鑑齋。宴畢，各官敬觀聖祖御書於佩文齋，均賜御筆書扇，並紅白千葉蓮各一瓶。二十五年（1686）七月，又召內廷翰林陳廷敬、張英、高士奇、勵杜訥等，賜食於西苑秋雲亭，並賜琺瑯鑪瓶、匙箸、香盒各一具。〔註113〕

康熙四十四年（1705），十二月二十七日，聖祖召兩殿三館翰林及修書人員至保和殿頒賞，眾翰林賜關東鹿、野雞、鯉魚等物，修書人員各賜野雞二、

〔註108〕張廷玉等纂《詞林典故》，卷四，恩遇，皇朝，侍宴，頁54b。
〔註109〕《清實錄》冊四，《聖祖實錄》，卷九十六，康熙二十年七月壬申，頁1219。
〔註110〕徐錫麟、錢泳《熙朝新語》，卷七，頁19a～20a。
〔註111〕《清實錄》冊五，《聖祖實錄》，卷一○○，康熙二十一年正月壬戌，頁2。
〔註112〕張廷玉等纂《詞林典故》，卷四，恩遇，皇朝，侍宴，頁60a。
〔註113〕朱珪等纂《皇朝詞林典故》，卷二十七，恩遇，侍宴，頁8b～10a。

鯉魚三。二十九日復召至隆宗門賜狐裘一襲,翌日,各官由隆宗門入乾清宮丹墀下謝恩並賀元旦,行三跪九叩首禮〔註114〕。此係禁近之地,即大僚亦不常至,翰林微員與修書草茅一旦登之,不啻身遊天上,亦見詞臣之殊遇。

世宗雍正四年(1726)正月,召大臣及內廷翰林賜宴於乾清宮,並賜聖祖《御批通鑑綱目》各一部與蟒緞、貂皮、荷包等物〔註115〕。是年重九(九月初九),世宗御乾清宮西暖閣,召皇子、諸王、大學士、九卿以下、翰詹、科道及武大臣之能詩者九十四員共賦柏梁體詩,世宗欽定八庚韻,硃書黃籤,諸臣各分一字,授几賜坐,筆墨燦陳,酒肴並列。宴畢,復賜糕餅瓜果等物有差〔註116〕。次年重九,世宗又御正大光明殿,賜諸王大臣宴及緞疋有差,並將去年重陽慶宴柏梁詩墨刻賜諸王大臣及翰詹官、直省督撫學臣各一冊。〔註117〕

高宗亦常賜宴大臣翰詹。乾隆四年(1739)正月,召集諸王、貝勒、貝子、大學士、九卿、翰詹、科道及督撫、學政在京者九十九員,於乾清宮賜宴賦詩,各頒錫箋、硯、筆、墨有差〔註118〕。十一年(1746)八月,以聖祖康熙二十年(1681)七月曾在瀛臺錫宴各官,並命內大臣傳諭慰勞,又賞賚有差,高宗乃自忖臨御以來,海宇乂安,今歲京師雨暘應候,百穀蕃昌,復念及現在宗藩瓜瓞,誼屬本支,大小臣工,亦均宣猷效力,乃欲效循往典,錫之宴饗,以昭君臣一體之意。命於瀛臺設宴,二十七日宴王公及近支宗親,二十八日宴大學士、九卿、京堂、翰詹、科道。且以載考古昔君臣有賞花釣魚、宴飲賦詩之事,命諸臣內或文學侍從,或翰墨素嫻者,著入宴賦詩,以效賡颺喜起之風。二十八日瀛臺之宴,先是已御筆欽定各官分別入宴涵元殿、崇雅殿,屆期賦觴聯句、雅樂助興,各官亦皆賞賜有差。〔註119〕

乾隆二十六年(1761)正月,紫光閣落成,召大學士與內廷翰林等茶宴並賦詩聯句〔註120〕。四十七年(1782)二月,《四庫全書》第一部告成,召總

〔註114〕顧嗣立《春樹閒鈔》(台北:文海出版社據乙亥叢編本影印,1967~1969年)卷上,頁 1b~2a。

〔註115〕《清實錄》冊七,《世宗實錄》,卷四十,雍正四年正月乙未,頁 585。

〔註116〕《清實錄》冊七,《世宗實錄》,卷四十八,雍正四年九月戊戌,頁 721。

〔註117〕《清實錄》冊七,《世宗實錄》,卷六十一,雍正五年九月壬戌,頁 930。

〔註118〕《清實錄》冊十,《高宗實錄》,卷八十四,乾隆四年正月己酉,頁 327。

〔註119〕《清實錄》冊十二,《高宗實錄》,卷二七三,乾隆十一年八月甲申,頁 563;八月辛卯,頁 571。

〔註120〕《清實錄》冊十七,《高宗實錄》,卷六二八,乾隆二十六年正月壬寅,頁 1。

裁、王大臣等九人及纂校翰林各官七十七人，賜宴於文淵閣，命皇子領諸臣班飲醼，宴畢賜諸臣如意雜佩文綺筆墨研牋石刻等物。〔註121〕

翰林除侍宴獲賜之外，平日所受賚予亦非他官所能企及。

康熙十二年（1673）十月，聖祖以講官每日進講，寒暑無間，著有勤勞，特賜講官紫貂、白金、文綺，受賜者有掌院學士熊賜履，侍讀學士楊正中、杜臻、陳廷敬，侍講孫在豐，編修葉方藹、史鶴齡、張英等八人。熊賜履等懇辭不敢受，聖祖乃云「所賜略示朕優眷儒臣之意，爾等其祇受無辭」。〔註122〕

清帝每喜賜字臣下，而翰林所得者常異於他官。如每歲嘉平（十二月）有賜字中外大臣及翰林之直兩書房者之例，大約概以大書「福」字爲多，其兼賜「福」、「壽」字者則爲異數，而召入親瞻御書，即時受賞者，尤爲異數。其制，嘉平朔日，聖駕謁禪福寺歸，御重華宮或建福宮，開筆書福字斗方大牋十幅，張貼宮廷，以迓新禧，並有賜福蒼生之意。翌日在乾清宮西暖閣，再書福字牋以賜群臣，其中內廷翰林及乾清門侍衛皆賜雙鉤福字，取御筆勒石之意〔註123〕。又，凡翰林入直南書房者，每年歲暮，例得御賜小果盒一個，得者多奉置於客廳正中，凡京朝官見之，無不知之。〔註124〕

聖祖賜字，茲再略舉數例。康熙十六年（1677）五月，賜講官陳廷敬、張英、葉方藹御筆楷書「清愼勤」三大字、草書「格物」二大字及趙孟頫「不自棄文」石刻。尋又賜張英「忠恕存誠」墨跡，賜詹事沈荃「龍飛鳳舞」、「忠恕」等墨跡大字〔註125〕。十九年（1680）六月，以御書卷軸各一賜學士庫勒納、葉方藹，詹事格爾古德、沈荃，侍讀學士牛鈕、常書、崔蔚林、蔣弘道，侍講學士張玉書、嚴我斯，侍講董訥、王鴻緒，並諭「爾等既爲文學侍從之

〔註121〕朱珪等纂《皇朝詞林典故》，卷二十七，恩遇，侍宴，頁19a～20a。

〔註122〕中國第一歷史檔案館整理《康熙起居注》冊一，康熙十二年十月十二日，頁128。
　　　　張廷玉等纂《詞林典故》，卷四，恩遇，皇朝，賚予，頁69b～70a。

〔註123〕陳康祺《郎潛紀聞初筆二筆三筆》，二筆，卷八，年終賜福，頁464～465。
　　　　周壽昌《思益堂日札》，五卷本，卷一，御賜福字，頁215。
　　　　桐西漫士《聽雨閒談》，頁15。

〔註124〕劉聲木《萇楚齋隨筆續筆三筆四筆五筆》，五筆，卷二，全慶御賜師竹堂小印，頁932。

〔註125〕張廷玉等纂《詞林典故》，卷四，恩遇，皇朝，賚予，頁70b。
　　　　王士禎《池北偶談》，卷三，談故三，賜御筆，頁59。

臣，即有成就德業之責，故因所請，輒以頒賜，朕意其悉之」。〔註126〕

康熙二十三年（1684）十月南巡途中，以吳中縉紳汪琬原係翰林，為人厚重，學問優通，且居鄉安靜，不預外事，特賜諭筆手卷一軸，著江寧巡撫湯斌遣人付予，且令不必來見，在家謝恩即可〔註127〕。三十八年（1699）駕至蘇州，在籍檢討尤侗進頌及詩，御書「鶴棲堂」三大字以賜。按，詞臣恩賜寶翰，皆以在朝者為多，先是惟汪琬以在籍獲頒御書，嗣是如浙江在籍少詹事邵遠平亦得賜「蓬觀」二字，均並稱殊典。〔註128〕

四十年（1701）四月，聖祖御便殿作書，召內直翰林賜觀，諭曰「爾等家中各有堂名，不妨自言，當書以賜」，詹事陳元龍乃跪奏「臣父年逾八十，擬請愛日堂三字」，聖祖即揮毫賜之。諭德查升擬請「澹遠」二字，餘如侍讀學士徐嘉炎，庶子孫岳頒，中允蔡升元，編修張希良、宋大業等，皆蒙賜堂額〔註129〕。前此頒賜隨侍諸臣堂顏，多隨其職任所在，以寓獎勵，茲復命自言所欲者，是尤見聖祖體眷群臣之意。

世宗亦優賚翰林，曾於雍正三年（1725）十月賜翰林詹事等官扁綾一百幅〔註130〕。六年（1728）九月，將聖祖御製《人臣儆心錄》賜予翰詹諸臣人各一部〔註131〕。十一年（1733），賜庶吉士新刊《上諭》人各一部，並賜內府所刊經史文集每種三部，存貯於教習庶常館〔註132〕。十三年（1735）四月，復頒聖祖《御製全集》予諸翰林人各一部。〔註133〕

高宗除賜宴翰林、流觴賦詩之外，其賚予詞臣亦甚優厚。乾隆元年（1736）六月，賞給翰林余棟內庫銀五百兩，作為余棟丁母憂舉喪之用〔註134〕。四年（1739）四月，賜翰詹諸臣世宗《御製文集》人各一部。是年五月，《明史》告成，賜本館纂修各官及武英殿翰林人各一部。五年（1740）十月，賜御製《樂善堂文集》、《日知薈說》予翰詹詞臣人各一部。六年（1741）正月，又

〔註126〕《清實錄》冊四，《聖祖實錄》，卷九十，康熙十九年六月甲申，頁1143。
　　　　王士禎《池北偶談》，卷二，談故二，御書，頁42～43。
〔註127〕《清實錄》冊五，《聖祖實錄》，卷一一七，康熙二十三年十月庚申，頁225。
〔註128〕張廷玉等纂《詞林典故》，卷四，恩遇，皇朝，賚予，頁76a～76b。
〔註129〕王鍾翰點校《清史列傳》冊四，卷十四，陳元龍，頁1013。
　　　　吳振棫《養吉齋叢錄》，卷三，頁299。
〔註130〕張廷玉等纂《詞林典故》，卷四，恩遇，皇朝，賚予，頁81a。
〔註131〕《清實錄》冊七，《世宗實錄》，卷七十三，雍正六年九月丙寅，頁1092。
〔註132〕朱珪等纂《皇朝詞林典故》，卷二十六，恩遇，賚予，頁18b～19a。
〔註133〕《清實錄》冊八，《世宗實錄》，卷一五四，雍正十三年四月乙巳，頁887。
〔註134〕《清實錄》冊九，《高宗實錄》，卷二十一，乾隆元年六月壬午，頁504。

賜欽定《四書文》各一部。九年（1744）四月，賜御製《盛京賦》各一部。十年（1745）正月，賜御製《圓明園四十景詩》各一部。三十七年，賜欽定《重刻淳化閣法帖》三部，分貯於翰林院、詹事府與教習庶常館。〔註135〕

四、身後贈卹

此言贈卹，乃指翰詹詞臣或以詞臣起家者卒後逾格贈卹，或品秩不應予謚而加謚，或當時未及予謚而追謚。其他照例贈卹者則不具論。

世祖朝修撰孫承恩，江南常熟人，順治十五年（1658）戊戌科一甲一名進士，授修撰，文工六朝，詩學溫、李，嘗從幸南海子，賜騎御馬，登第未幾而卒，世祖嗟惜之，特賜銀三百兩使其歸葬。〔註136〕

聖祖對講筵舊人，體念既深，贈卹常出自一心，不拘常例。如康熙十五年（1676）十一月，聖祖以故翰林院編修史鶴齡久侍講幄，素著勤勞，特賜祭一次〔註137〕。十七年（1678）十二月，掌院學士陳廷敬丁母憂，聖祖以滿漢大臣俱係一體，欲照滿大臣有喪，特遣大臣往賜茶酒之例，令大學士明珠、滿掌院喇沙里等攜茶酒往賜。尋部議，以廷敬母用詹事之封，例無卹典，聖祖則念陳廷敬侍從舊勞，仍用學士品級賜卹。〔註138〕

康熙十八年（1679）十一月，滿掌院喇沙里卒，遣侍衛齎銀三百兩往賜，仍傳諭慰問，復特贈禮部尚書，賜謚文敏〔註139〕。按定制，惟官至尚書、大學士乃得與謚，自是年喇沙里以講筵舊勞首得謚典，其後如掌院學士葉方藹賜謚文敏、詹事沈荃賜謚文恪，皆沿其例由上主特賜。而沈荃之卒，得旨賜金五百兩以治其喪，又與祭一壇，尤為優渥〔註140〕。其後又有編修何焯在籍卒，有司以聞，特贈侍講學士，亦為異數〔註141〕。二十一年（1682）九月，以翰林學士張英講筵供奉，敬慎勤勞，方告假回籍營葬其父張秉彝，聖祖念人子至情，忠孝一理，除准假南旋，復賜銀五百兩、表緞二十疋，既旌張

〔註135〕張廷玉等纂《詞林典故》，卷四，恩遇，皇朝，賚予，頁82a～83a。
　　　　　朱珪等纂《皇朝詞林典故》，卷二十六，恩遇，賚予，頁20a。
〔註136〕李桓《國朝耆獻類徵初編》，卷一一五，詞臣一，孫承恩，頁40a。
〔註137〕《清實錄》冊四，《聖祖實錄》，卷六十四，康熙十五年十一月丙申，頁823。
〔註138〕王鍾翰點校《清史列傳》冊三，卷九，陳廷敬，頁638。
〔註139〕張廷玉等纂《詞林典故》，卷四，恩遇，皇朝，贈卹，頁114a。
〔註140〕錢儀吉《碑傳集》冊二，卷十八，康熙朝部院大臣上之下，王熙〈通奉大夫日講官起居注詹事府詹事兼翰林院侍讀學士加禮部侍郎謚文恪沈公荃墓誌銘〉，頁568。
〔註141〕王鍾翰點校《清史列傳》冊十八，卷七十一，何焯，頁5816。

英侍講之勞，亦兼資墓田之用，又特命禮部照張英現在學士品級賜卹致祭〔註142〕。四十二年（1703）南書房行走刑部侍郎勵杜訥卒，賜卹如例，特給全葬。後二年，聖祖駐蹕靜海，思及勵杜訥在南書房效力二十餘年，爲人敬愼，積有勤勞，且無過譴，乃特予諡文恪，並諭書以賜其家；至世宗雍正元年（1723）追贈禮部尚書，八年（1730）入祀賢良祠，十三年（1735）九月高宗御極，又加贈太子太傅。〔註143〕

雍正十年（1732），南書房行走掌院學士尙書勵廷儀卒，世宗以幼年讀書時，嘗資其父勵杜訥講論，至今念之不忘，勵廷儀復勤愼供職，命散秩大臣往奠茶酒，賜祭葬，諡曰文恭〔註144〕。同年，內廷行走大學士蔣廷錫卒，世宗以其侍直內廷二十餘年，才識優長，特輟朝一日以誌哀，並飭內府爲營棺具，命散秩大臣率侍衛往奠茶酒，賜祭葬，諡文肅，至高宗乾隆元年（1736）復命入祀賢良祠。〔註145〕

雍正十三年（1735）南書房行走尙書吳襄卒，命散秩大臣率侍衛往奠茶酒，吳襄靈櫬歸籍，又飭沿途地方官弁護送，仍賜祭葬，諡文簡。〔註146〕

高宗初御極，以已故侍郎蔡世遠自雍正元年起久直內廷，勤勞謹愼，於經意文詞皆悉心講究，多有裨益，應加恩以示篤念舊勞，乃特贈禮部尙書，予祭葬，諡文勤，乾隆四年（1739）並入祀賢良祠〔註147〕。乾隆六年（1741）九月，尙書房行走尙書銜禮部侍郎徐元夢遘疾，高宗特遣太醫院診視，賜葠藥。十一月，疾劇而卒，命皇長子往奠茶酒，給銀二千兩治喪，加贈太傅，賜祭葬，諡文定，並入祀賢良祠。〔註148〕

乾隆十二年（1747），在籍尙書房行走大學士徐本卒，高宗以其持躬端謹，才力優長，歷事三朝，宣力中外，多著勞績，特旨晉贈少傅，命於浙江藩庫內撥給銀一千兩治喪，又命巡撫顧琮親往祭奠，用示恩禮老臣。又循例賜祭葬，諡文穆，復以其子徐應衡襲雲騎尉。二十二年（1757）高宗南巡，禮部以徐本未入賢良祠，不請遣祭，高宗諭徐本宣力多年，勤愼懋著，而巡幸所

〔註142〕王鍾翰點校《清史列傳》冊三，卷九，張英，頁631。
〔註143〕王鍾翰點校《清史列傳》冊三，卷九，勵杜訥，頁654。
〔註144〕王鍾翰點校《清史列傳》冊四，卷十三，勵廷儀，頁911。
〔註145〕王鍾翰點校《清史列傳》冊三，卷十一，蔣廷錫，頁785。
〔註146〕李桓《國朝耆獻類徵初編》，卷七十二，卿貳三十二，吳襄，頁4a。
〔註147〕王鍾翰點校《清史列傳》冊四，卷十四，蔡世遠，頁1002。
〔註148〕王鍾翰點校《清史列傳》冊四，卷十四，徐元夢，頁1009。

經郡縣，有名臣舊輔皆即致祭，此爲國家念舊酬功之典，禮部本當愼終辦理，實不應如此膠柱鼓瑟，即命徐本入浙省賢良祠，又於五十一年（1786）入京師賢良祠。〔註149〕

十七年（1752）二月，以已故禮部尙書韓菼生平種學績文，湛深經術，凡所撰制義皆清眞雅正，實開風氣之先，足爲藝林楷模，前卒之時未邀易名之典，今乃特予加恩追謚曰文毅〔註150〕。破例追謚之例又見於乾隆元年八月病故之原任禮部侍郎胡煦，乾隆五十九年（1794）高宗以其究心理學，所著《周易函書》亦入《四庫全書》〈經部〉，尙爲讀書之臣，從前因其官止侍郎，例不予謚，第念其曾在尙書房行走，現胡煦之子胡濟堂已陞至尙書，胡煦亦已追得尙書封典，乃加恩補行賜謚文良，以示眷念耆舊，獎勵儒臣之意。〔註151〕

乾隆二十八年（1763），內廷行走大學士梁詩正卒，高宗命皇五子前往奠醊，並加贈太保，入祀賢良祠，賞給內庫銀一千兩治喪，賜謚文莊。又以其子尙未到京，寓次乏人，著派內務府司官一員前往經理喪事。其靈櫬歸里，沿途二十里以內文武官弁，俱命赴舟次治奠，並遣人護送，俾得穩抵故里，以示優卹〔註152〕。三十七年（1772），原南書房行走侍郎錢維城卒，高宗以其學問素裕，又久直內廷，特賜祭葬，贈尙書銜，破格予謚文敏〔註153〕。三十八年（1773）十一月，原掌院學士大學士劉統勳卒，以其老成練達，品行端方，中外宣猷五十餘年，實爲國家得力大臣，且爲諸皇子總師傅，眷畀殷深，命加恩晉贈太傅，入祀賢良祠。高宗且親臨奠醊，並賞內庫銀二千兩以經理喪事，尋賜祭葬如例，又特賜謚文正。櫬歸，仍命沿途官弁在二十里內者，均至櫬前弔奠，並遣人護送，俾長途安穩遄行，示優眷故臣之意。〔註154〕

高宗晚年爲眷懷耆舊，崇禮師儒，有特將舊日師傅追贈之舉。乾隆六十年（1795）二月上丁，臨雍釋奠禮成，高宗念及臨御六十年以來，孜孜勤政，悉由典學。又回憶沖齡就傅之時，由福敏啓蒙授業，循循善誘，加增日課，得以多讀經書；蔡世遠教以古文作法宜學昌黎，是以從此問津肆力，學業益

〔註149〕王鍾翰點校《清史列傳》冊四，卷十六，徐本，頁1160。
〔註150〕王鍾翰點校《清史列傳》冊三，卷九，韓菼，頁655。
〔註151〕《滿漢名臣傳》冊三，胡煦列傳，頁2333。
〔註152〕王鍾翰點校《清史列傳》冊五，卷二十，梁詩正，頁1529。
〔註153〕王鍾翰點校《清史列傳》冊六，卷二十三，錢維城，頁1770。
〔註154〕王鍾翰點校《清史列傳》冊五，卷十八，劉統勳，頁1384。

進，至今所作古文無不理明氣盛。當年久侍講幄者，敷陳啓沃，實福敏、蔡世遠兩師傅之力爲多。高宗自思今年已登八旬有五，眷懷舊學，允宜將兩師傅致贈三公，故諭原任大學士太傅福敏晉贈太師，原贈尙書蔡世遠加贈太傅，均各賜祭一壇。〔註155〕

〔註155〕《清實錄》冊二十七，《高宗實錄》，卷一四七〇，乾隆六十年二月丁巳，頁
　　　　 630。

結　論

　　清代翰林院制度係承襲明代而來，翰林官職掌與明代亦大抵相同。論其
仕途發展，在明代非由翰詹起家，則無由入閣；清代雖無如此嚴密，然就前
四朝而言，滿漢殿閣大學士之出身詞林者，其比例實不可謂少，且有逐漸增
加之勢。考慮清代政權爲滿人所建，以漢人所擅長之科舉考試，經層層考驗
而得之翰林出身，其日後仕途遷轉，於清代政府結構中所佔地位，又不得不
承認翰林確有較大機會淬陞高位。即使並未擢至宰輔卿貳，其翰林身分仍能
深受尊崇敬重，直視爲讀書應考之最終目標。

　　翰林官來源，可分六種：

（一）每科會殿二試之後，榜下授職之一甲三人，一甲一名授修撰，一
　　　甲二、三名授編修。

（二）每科會、殿二試之後，新進士再經朝考，優者改庶吉士入庶常館
　　　讀書。三年散館，優者留館任職，原二甲進士授編修，原三甲進
　　　士授檢討。

（三）博學鴻詞科考試入選者，分別授爲侍讀、侍講、編修、檢討各官。

（四）滿翰林缺出，署內滿員不敷陞補時，以京中各衙門科甲出身之滿
　　　洲司員簡選陞用，是爲「外班翰林」，此爲常例。

（五）因特殊需要或個別勞蹟而將官學生、內閣中書、六部堂司、書局
　　　纂撰等員改授編檢館職者，人數不少，但仍屬特例。

（六）自高宗朝始，有將進京會試之年老舉人落第者，恩賞檢討銜，仍
　　　命其回籍，以志國家文運之盛者。

　　以上六途，爲清代前四朝可見者，待乾嘉以降，士風已以科目相尙，翰

林史職登進之途，已僅限科目出身者，幾無他途晉身者。〔註1〕

　　國家以儒家道術經典取士，而自幼飽讀儒家詩書之士子參與科考亦皆以儒術經論爲干進之階，是以儒生爲國家公務官職取進之唯一資格，經此文科考試而躍登龍門者，可謂爲「儒生官僚」無疑。

　　藉由科舉考試，開放民間士子參與國家政權，復因考試乃採逐級篩汰之法，得以於最高層級之會試名登金榜者，無論未來仕途發展爲國家股肱棟樑，或僅爲百里守令，皆代表國家政治菁英來自民間，科舉之制正爲士子進入政權機制之重要且唯一之通道與階梯。士子所憑藉進身者，唯有儒家經論學問，儒生官僚乃成爲古代官員特徵。以科舉功名與利祿榮顯爲手段，吸引大量民間士子投身其中，社會階層得以流動，文化發展得以生動活潑。

　　又，儒家三綱五常觀念深入人心，已爲普世遵守奉行之價值觀，以儒家道術爲選擇官員之具，即所以造就君臣有別、上下有序之政治倫理，忠君盡己、謀國利民乃鑄爲儒生官僚恪慎奉行之從政信條。亦可斷言國家以儒家學問爲具，專於民間選擇儒生官僚，此一選拔過程，不僅強化君王之統治，亦以民心之向化，而成爲一種社會穩定力量。

　　儒生官僚乃經層層篩選，自地方考試合格之秀才、舉人資格，又匯集京師再予嚴格剔釐，取中之進士已具備正式服官資格，已是古代科舉菁英；菁英之中又有極少部份再經簡選朝考而爲庶常，此是第四次篩選；經三年肄業，散館一試，優者留館爲翰林，此是第五次篩選。就層層節制篩選而論，得以留館任翰林者，允爲科舉菁英中之菁英，乃是才品文學獨步超邁、國家棟樑之所寄者。而翰詹官員除例行京察之外，又須接受不定期「大考」，試其詩賦策論文藝，若不時時精進，則恐有降黜革除之虞，又爲一種篩選型式，唯有讀書不輟，刻勵奮發者，得以留苑續爲詞臣，是故久任詞臣者與績優遷轉者，實不啻儒生官僚集團最頂尖之菁英份子，無怪乎深受社會尊敬、朝廷寄望與皇帝倚重。

　　論清代詞林之特點，實俱仕途遷轉之全面性、文學職掌之特殊性、身分地位之崇高性三項，以下請逐項論列，亦見此等儒生官僚之仕宦格局。

一、仕途遷轉之全面性

　　清代文官體制，以康熙九年（1670）復設內閣、翰林院爲始，在京衙門

〔註1〕 福格《聽雨叢談》，卷四，科目，頁77。

有內閣、六部、禮藩院、都察院、通政使司、大理寺、翰林院、詹事府、太常寺、太僕寺、光祿寺、鴻臚寺、國子監、欽天監、太醫院等，外官有總督、巡撫、學政、布政使、按察使、鹽運使、道員、知府、知州、知縣等。詞臣庶常遷轉，在京者，除翰詹衙門之外，曹司科道、內閣卿寺、宰輔部院等職，均有詞臣陞擢蹤跡。在外者，總督巡撫、運使河臣、藩臬兩司、提學守令，亦皆有翰林外轉任職，故翰林庶常之遷轉授職，無論在京、在外，實有其全面性。除前文所見外，茲再舉數例：

漢軍鑲黃旗靳輔，順治九年（1652）考授國史院編修，終官河道總督，卒諡文襄，其仕途經歷爲：〔註2〕

> 編修→內閣中書→兵部員外郎→兵部郎中→通政使司右通政→國史院學士→內閣學士→安徽巡撫→加兵部尚書銜→授河道總督，卒於官。

宦途經歷包括詞臣、部曹、九卿、閣學、督撫、河臣。

江南長洲宋德宜，順治十二年（1655）進士，由庶吉士授編修，終官大學士，卒諡文恪。其仕途經歷爲：〔註3〕

> 編修→國子監司業→侍讀→國子監祭酒→侍讀學士→內閣學士→戶部右侍郎→吏部右侍郎→吏部左侍郎→都察院左都御史→刑部尚書→兵部尚書→吏部尚書→文華殿大學士→卒於官。

其個人遷轉所歷皆爲京官，包括詞臣、太學、閣學、柏臺之長、六部卿貳、殿閣宰輔。

河南柘城李元振，康熙三年（1664）一甲二名進士，授職編修，終官侍郎。其仕途經歷爲：〔註4〕

> 編修→右春坊右贊善→左贊善→侍講→國子監祭酒→鴻臚寺少卿→光祿寺少卿→通政使司右參議→通政使司右通政→太僕寺卿→超擢都察院左副都御史→工部右侍郎→工部左侍郎→致仕，卒於家。

所歷亦皆京官，包括翰詹詞臣、九卿、言官、卿貳。

陝西部陽秦休，康熙五十一年（1712）進士，由庶吉士授編修，終官郎

〔註2〕 王鍾翰點校《清史列傳》冊二，卷八，靳輔，頁559。
〔註3〕 王鍾翰點校《清史列傳》冊二，卷七，宋德宜，頁479。
〔註4〕 錢儀吉《碑傳集》冊二，卷十八，康熙朝部院大臣上之下，湯右曾〈工部左侍郎柘城李公元振墓誌銘〉，頁601。

中，其仕途經歷爲：〔註5〕

> 檢討→特授吏部文選司郎中→浙江知府→廣西潯州知府→還朝，入
> 補戶部貴州司員外郎→戶部雲南司郎中→以事坐發北路臺站效力→
> 三年回京，得旨歸籍，卒於家。

所歷包含詞臣、守令、曹司。

廣西臨桂陳宏謀，雍正元年（1723）進士，由庶吉士授檢討，終官大學士，諡文恭。其仕途經歷爲：〔註6〕

> 檢討→揀授吏部郎中→浙江道御史，仍兼郎中行走→江南揚州府知
> 府，仍帶御史銜→遷江南驛鹽道→擢雲南布政使→以報捐案降二級
> 調用，補直隸天津道→遷江蘇按察使→擢甘肅巡撫→調江西巡撫→
> 調陝西巡撫→回江西巡撫任→調湖北巡撫→復調陝西巡撫→調河南
> 巡撫→調福建巡撫→再調陝西巡撫→回甘肅巡撫任→回陝西巡撫任
> →調江蘇巡撫→遷兩廣總督→以總督銜管江蘇巡撫事→以事革總督
> 銜，留巡撫任→遷吏部尚書→授東閣大學士→致仕回籍，卒於途。

其宦途經歷涵蓋詞臣、曹司、科道、守令、督撫、卿貳、宰輔。

廣東番禺莊有恭，乾隆四年（1739）一甲一名進士，授修撰，終官大學士。其仕途經歷爲：〔註7〕

> 修撰→累遷侍讀學士→光祿寺卿→特擢內閣學士→提督江蘇學政→
> 戶部侍郎→回江蘇學政任→江蘇巡撫→暫署兩江總督→署江南河道
> 總督事→以事革任，戴罪署理湖北巡撫→調浙江巡撫→回江蘇巡撫
> 任→擢刑部尚書，暫留巡撫任→協辦大學士，仍暫留巡撫任→又以
> 事革去協辦大學士→補授福建巡撫，卒於官。

其宦途經歷包括詞臣、九卿、閣學、提學、督撫、河臣、卿貳、宰輔。

由以上數例，及本文「仕途」章所見，詞臣、庶常仕途之遷轉經歷，除翰詹衙門外，無論京官、外官，俱有任職蹤跡。且以宰輔卿貳論之，翰林出身者日益增多，各大臣之內外遷轉歷練，亦均完整，實不可不謂翰詹詞臣於官場職位遷轉調補之格局有其全面性，並不能以翰詹詞臣職任文學而誤認其僅以讀書爲事，而誤解其爲不知經邦濟世之腐儒。

〔註5〕錢儀吉《碑傳集》冊八，卷一○一，雍正朝守令中，蔣恭棐〈戶部雲南司郎中秦君休墓誌銘〉，頁2840。

〔註6〕王鍾翰點校《清史列傳》冊五，卷十八，陳宏謀，頁1373。

〔註7〕王鍾翰點校《清史列傳》冊六，卷二十一，莊有恭，頁1592。

　　究其實際，翰詹詞臣出身而遷轉內外他官者，其歷宦各職亦皆奮勉勤慎，頗著勞績，並非書生治事，徒託空言。如監察御史王遵訓（河南西華人，順治十二年（1655）進士，由庶吉士改授御史）入柏臺後，首疏請定薄賦之法以垂太平、疏通用人之法以佐敬天、革提差、定禮制，敷陳愷切，天下賴之。在臺十餘年，章疏凡百十餘上，其大者如請嚴等威之辨以崇國體、請召朝覲各官陳奏地方利弊、請復恤刑以重民命、請定限招解題結以免枉陷無辜、請行鼓勵以收靖盜之實效，又請事先預防以備水旱。另又謂銓選關乎用人之大，遲延則滋長胥吏之奸，請定限以除積弊；又謂遊棍之條例宜嚴，請定例引律治罪，以便禁緝〔註8〕。所言皆上關國計，下繫民風。

　　又如刑部尚書王掞（江南太倉人，康熙九年（1670）進士，由庶吉士授編修）以刑部定讞並無漢字供狀，乃爭曰：

　　　　本朝官制兼設滿漢，欲其彼此參詳，以免偏任。今獄詞不錄漢語，
　　　　則其事之是非曲直，漢司官何由知之？勢必隨聲畫諾，非所以昭公
　　　　正也。請嗣後錄供，滿漢稿並具。

奏上，聖祖是之，遂令嗣後錄供，須兼具滿漢稿，並永爲定制。〔註9〕

　　山東巡撫李清時（福建安溪人，乾隆七年（1742）進士，由庶吉士授編修）嘗任太守、運河道、河東總河等職。初治郡即多美政，在嘉興時，尋得副河道一路，足供聖駕南巡之御舟行駛，拯民桑數十萬株，免拆架橋百餘道，保民居墳墓無數。出任運河道員之時，每乘舴艋小舟，出入荒陂叢澤、支流斷港之中，舟車不通之處，則徒步以往，二、三千里內，地勢、水道縈葛支錯之區，俱能聚米畫沙、瞭如指掌，凡所創建調劑，皆切中要害、貼合機宜。嘗自言「有水濟運，無水淹田，帑不虛糜，功歸實際」十六字，被視爲河工心傳之法。〔註10〕

　　再如直隸定興王太岳（乾隆七年（1742）進士，由庶吉士授檢討），累遷侍講、侍讀，補甘肅平慶道，調西安督糧道，擢湖南按察使、雲南按察使。擢雲南布政使，以審擬逃兵寬縱而落職，命在《四庫全書》館任總纂官，仍

〔註 8〕　錢儀吉《碑傳集》冊二，卷十八，康熙朝部院大臣上之下，李天馥〈少司農
　　　　王公遵訓墓誌銘〉，頁 586。
〔註 9〕　錢儀吉《碑傳集》冊一，卷十三，康熙朝宰輔下，錢大昕〈文淵閣大學士兼
　　　　禮部尚書王公掞傳〉，頁 340；袁枚〈文淵閣大學士太倉王公傳〉，頁 344。
〔註10〕　錢儀吉《碑傳集》冊六，卷七十一，乾隆朝督撫上之下，楊錫紱〈巡撫山東
　　　　李公清時墓誌銘〉，頁 2054。

授檢討，後擢國子監司業，卒於官。太岳以弱冠入詞林，海內交推其文學，然獨有志於經世之務，所至必爬梳剔抉，據今考古，若絲縷之有紀、網罟之有綱，咨民之疾苦而討論之。在平慶及西安皆有惠政於民，尤留心於水利，嘗著《涇渠志》三卷。在雲南，憫銅政之弊，病民而兼以病官，曾上書督撫，直指利害之所由，論當時銅政之難，在採辦者四、輸運者一。並陳謀補之道，必寬給價，然後廠眾集、開採廣。又言雲南山高脈厚，出產礦砂，誠使加以人力，穿峽成堂，則初闢之礦，入必不深，而工亦不費，兼之地僻林萃，炭亦易得。均切中時弊，補救釐剔，只惜未獲採行，其後銅政日衰，始取其說用之，然為時已晚，不能盡救膏肓。後世宦滇者，莫不誦習其書。〔註11〕

二、文學職掌之特殊性

清初內三院與內閣、翰林院更迭錯置，內三院職權實即包含內閣與翰林院。待內閣與翰林院分別確立而不再裁併，據考，二者職權並非完全無涉，其中亦有共同合作與共同行使者。

共同合作乃指同一事務，內閣與翰林院各依職掌，分別完成各自權責所事，使之合璧而成就。如奉神位於壇廟，內閣題清字神主，翰林院題漢字神主；又如內閣得旨批本，批本處由漢內閣學士批寫漢字，滿翰林中書批寫清字，此滿翰林中書即由翰林院開列請簡；再如朝考，由翰林院掌院學士奏請御試，大學士則出任讀卷官，考後由大學士與翰林院掌院學士共同引見。

所謂共同行使之職權，則指同一事務，內閣與翰林院皆得負責完成，若翰林院已受命行使其職，則內閣便不再指涉其中，反之亦然。如祭告祝辭文字，有內閣撰擬者，有翰林院撰擬者，由皇帝交付之。又如掌批本，本章發下後，應由漢內閣學士照欽定漢字籤用紅筆批於本面，若學士奉差在外，在閣人數過少而不敷批本，則由大學士開列翰林院講讀等官及由翰林出身之京堂上請簡用，俟原任內閣學士回任乃止，此即「暫攝批本」。〔註12〕

以上所言翰林院與內閣職掌之分潤，乃指衙門體制，然以詞臣受命所行者言之，則翰詹詞臣職掌另有其特殊性。

前曾引用之京師俗諺「翰林院文章，太醫院藥方，光祿寺茶湯，鑾儀衛

〔註11〕 王鍾翰點校《清史列傳》冊十八，卷七十二，王太岳，頁5887。
錢儀吉《碑傳集》冊七，卷八十六，乾隆朝監司下之下，王昶〈國子監司業前雲南布政使王公太岳行狀〉，頁2454。
〔註12〕 薩師炯《清代內閣制度》（重慶：商務印書館，1946年），頁71～72。

轎槓」〔註13〕，描述京官之職，甚爲傳神，皆爲各衙門之特性。詞臣職掌之特殊性，可以「侍講讀，備顧問」一語括之，尤以南書房翰林爲代表。

聖祖始設南書房，翰林供奉其中，並無定員，亦無品級限制，皆由皇帝特簡。無論原官何職，凡入直者，均帶俸行走，無須回衙門任事，此爲特殊者一。又入直行走者，皆經明行修、博學多聞之士，日侍御駕左右，或講求學問、討論政事，或承諭擬旨，所任之事有類帝王私人顧問，亦有侵奪內閣擬旨與宰輔贊襄之處，此爲特殊者二。現有傳世康熙十七年（1678）正月至康熙十九年（1680）十一月之《南書房記注》〔註14〕，逐日詳載南書房翰林侍聖祖講讀情狀。講讀之處爲懋勤殿，偶在乾清宮、瀛臺便殿、東便殿、南便殿。入侍者均爲張英、高士奇，每日不輟，多在辰時入直，至晚不過酉時。康熙十九年（1680）二月二十七日起，講讀《易經》，其前爲《尚書》，每日數節，大抵先由聖祖復誦前日所講之書，而後親講本日新章，並與翰林互研書義，申論心得。間亦讀古文、《通鑑綱目》。講讀之外，又常發抒爲君治國之論，如十七年（1678）五月十五日語：

> 朕觀古來帝王，如唐虞之都俞吁咈，唐太宗之聽言納諫，君臣上下如家人父子，情誼浹洽。故能陳善閉邪，各盡所懷，登于至治。明朝末世，君臣隔越，以致四方疾苦，生民利弊無由上聞。我太祖、太宗、世祖相傳以來，上下一心，滿漢文武皆爲一體，情誼常令周通，隱微無有間隔⋯⋯朕雖涼德，上慕前王之盛事，凜遵祖宗之家法，思與天下賢才共圖治理，常以家人父子之誼相待，臣僚罔不兢業，以前代爲明鑒也。

若非近侍之臣，將永無可能聽聞聖祖如此自曝心跡。又有藉南書房翰林以瞭解外情者，如京師於康熙十八年（1679）八月地震嚴重，民命屋宇多有損傷，聖祖即傳問諸翰林供奉「數日京城內外小民廬舍已各整理否」？張英乃以所

〔註13〕陳康祺《郎潛紀聞初筆二筆三筆》，初筆，卷六，京師諺，頁130。

〔註14〕康熙十七年《南書房記注》（北京：《歷史檔案》1995年三期，1995年8月）。

康熙十八年《南書房記注》（北京：《歷史檔案》1996年二期，1996年5月）。

康熙十九年《南書房記注（一）》（北京：《歷史檔案》1996年三期，1996年8月）。

康熙十九年《南書房記注（二）》（北京：《歷史檔案》1996年四期，1996年11月）。

康熙十九年《南書房記注（三）》（北京：《歷史檔案》1997年一期，1997年2月）。

見聞對奏：

> 通州一路各被災之地，人民壓死者甚眾，其有親故者，已各自掩
> 瘞；其行道之人，無親故識認者，尚填壓於街市城垣瓦礫之間，日
> 久腐壞，穢氣遠聞。道殣之人既為可憫，況今深秋，尚爾炎暑，天
> 道亢陽，誠恐穢氣薰蒸，人民露處者，不免沾染疾病之慮，存者、
> 歿者皆未得其所。伏乞皇上傳諭地方官速加掩埋，亦安恤災黎之一
> 端也。

聖祖聞奏，乃下諭照行，俾免病疫為害。

世宗始設軍機處，為內廷諮詢之所，南書房翰林已無與聞軍國重事機會，惟仍位在禁近，纂撰修史，仍未失詞臣本分。

翰林職掌之特殊，亦在為皇子講讀一職。清初原有太子，出閣講學原歸詹事府坊局官及由翰林充補之講官為之課讀。如河南睢州湯斌，順治九年（1652）進士，由庶吉士授檢討。康熙二十五年（1686）皇太子將出閣，湯斌時任江寧巡撫，有廷臣以「輔導太子之任，非湯斌不可」為言，聖祖亦以諭教太子，必簡和平謹恪之臣，統領宮僚，專資贊導，而昔日湯斌在講筵時，素行勤慎，本為稔知，及簡巡撫以來，又潔己率屬，實心任事，允宜拔擢大位，以風示有位，故特授湯斌為禮部尚書並管詹事府事，課讀太子。每晨直講，皇太子均賜坐，並以先生稱之。〔註15〕

康熙三十二年，（1693）首見尚書房講讀之名，乃為其他皇子課讀，其後廢儲密建，諸皇子之教育全由尚書房師傅負責。諸皇子未來均有可能繼登大寶，尚書房師傅便有作育儲君之責。倘若某皇子他日得以繼位，對往日課讀之尚書房師傅勢必尊而敬之，甚至委以軍國重任，即所謂「今日之師保，明日之宰輔」。

清代皇子讀書極為嚴切認真，高宗朝編修趙翼原以內閣中書入直軍機處時，嘗於五鼓早班之期，親見內府蘇喇於未明時分伴送皇子入隆宗門書房讀書，趙翼歎云「吾輩窮挫大專恃讀書為衣食者，尚不能早起，而天家金玉之體乃日日如是」。既入書房，作詩文，每日皆有程課，未刻畢事，繼有滿洲師傅教清書、習滿語及騎射等，至薄暮始休。趙翼云諸皇子自幼出閣啟蒙，每

〔註15〕 王鍾翰點校《清史列傳》冊二，卷八，湯斌，頁518。
　　　　錢儀吉《碑傳集》冊二，卷十六，康熙朝部院大臣上之上，徐乾學〈工部尚
　　　　書湯公神道碑〉，頁452。

日學習不輟：

> 然則文學安得不深？武事安得不嫻熟？宜乎皇子孫不惟詩、文、書、畫無一不擅其妙，而上下千古成敗理亂已了然於胸中。以之臨政，復何事不辦？〔註16〕

是知清廷極端重視皇子、皇孫教育，又慎選師傅，任重而道遠。湯斌為皇太子課講讀時，嘗有家書歷數太子學習情形：

> 皇太子自六歲學書，至今八載，未嘗間斷一日。字畫端楷，在歐、虞之間，每章俱經上硃筆圈點改正，後判日。每月一冊，每年一匣。今出閣之後，每早上親背書，背書罷，上御門聽政。皇太子即出，講書畢，仍至上前，問所講大義。其講即用上日講原本，不煩更作。

亦見聖祖教導之勤。又，高宗朝錢載充尚書房師傅，亦有家書：

> 諸位阿哥，每日皆走三四里，然後至書房讀書。下午讀完書，又走三四里，然後回家。若冬天有走六七里者，皇子皇孫大半如是。蓋一則習勞，一則聚在一處書房，心力易於定，而他務及外務均不得而使之近，此天家之善教也。〔註17〕

乾隆元年（1736）正月二十四日，皇子出閣講學，命大學士鄂爾泰、張廷玉、朱軾，左都御史福敏，侍郎徐元夢、邵基等六人為師傅。是日行開學禮，皇長子、皇次子到學，高宗命總管太監傳旨「皇子應行拜師之禮」，眾師傅固辭，遂改長揖。高宗又召皇子及眾師傅進見，面諭：

> 皇子年齒雖幼，然陶淑涵養之功，必自幼齡始，卿等可殫心教導之。倘不率教，卿等不妨過於嚴屬。從來設教之道，嚴有益而寬多損，將來皇子長成自知之也。

復顧為皇子曰「師傅之教，當聽受無違」〔註18〕。均見除師傅課讀之外，清廷祖宗家法對於皇子皇孫之讀書修業，亦有嚴格要求與規矩。

　　高宗晚年念念不忘昔日潛邸時之講讀師傅「三先生」：福敏、朱軾、蔡世遠。曾於乾隆四十四年（1779）作〈懷舊詩〉以紀之，稱福敏為「龍翰福先生」，稱朱軾為「可亭朱先生」，稱蔡世遠為「聞之蔡先生」。每人一詩，均有

〔註16〕趙翼《簷曝雜記》，卷一，皇子讀書，頁8。

〔註17〕湯斌及錢載家書，均見陳康祺《郎潛紀聞四筆》，卷十，聖祖教皇太子之勤，頁172。

〔註18〕張廷玉《張廷玉年譜（原名澄懷園主人自定年譜）》（北京：中華書局點校本，1992年），卷四，乾隆元年正月，頁59。

小序，記其略歷，詩中並自加注語〔註19〕。懷福敏詩云：

今古既殊宜，其教亦異施。古方教數年，今爲出閣時。^{出閣讀書，明季諸臣常爭之。我朝家法，皇子皇孫無不六歲就外傅讀書者。}憶半舞勺歲，^{六歲時也。}皇考掄賢師。即從師授經，詎惟習少儀。循循既善誘，嚴若秋霜披。背誦自幼敏，匪曰詡徇齊。日課每速畢，師留爲之辭。^{余幼時日所授書，每易成誦。課常早畢，先生即謂余曰，今日之課雖畢，曷不兼治明日之課。比及明日，復然。吾弟和親王資性稍鈍，日課恒落後，先生則曰，弟在書齋，兄豈可不留以待之，復令予加課，嗣其既畢同散。彼時孩氣，未嘗不以爲怨。今思之，則實有益於己。故余所讀之書倍多，實善誘之力也。}以此倍多讀，胥益平生資。誰知童時怨，翻引老日悲。不失赤子心，能無繾綣思。嗚呼於先生，吾得學之基。

懷朱軾詩云：

皇考選朝臣，授業我兄弟。四人胥宿儒，徐^{元夢}朱^軾及張^{廷玉}嵇^{曾筠}。設席懋勤殿，命行拜師禮。^{我朝成例，皇子初就學，見師傅，彼此皆長揖。皇考擇此四人爲余兄弟之師，命於懋勤殿行拜見之禮，示尊重也。}其三時去來，^{徐未久得罪去，張以書寫諭旨事繁，旬月中偶一至上書房，嵇則出爲河督。惟先生常至書齋，爲余兄弟講授。}可亭則恒矣。時已熟經文，每爲闡經旨。漢則稱賈董，宋惟宗五子。^{謂周程張朱。}恒云不在言，惟在行而已。如坐春風中，十三年迅耳。先生抱病深，命輿親往視。^{乾隆丙辰冬，先生病且篤，親臨其第視疾。先生知駕至，力疾服朝服，令其子扶掖迎拜戶外，既深嘉其知禮，且甚憐之，未幾即易簀。}未肯竟拖紳，迎謁仍鞠跽。始終弗踰敬，啓手何殊爾。嗚呼於先生，吾得學之體。

懷蔡世遠詩云：

先生長鼇峰，^{先生曾爲鼇峰書院山長，受業者多知名士。}陶淑學者眾。奉命訓吾曹，風吟而月弄。雖未預懋勤，^{先生後至書房，不在徐朱張嵇四人之列。}八載寒暑共。^{自甲辰至辛亥，從學凡八年，昕夕講誦靡少輟。}常云三不朽，德功言並重。立言亦豈易，昌黎語堪誦。氣乃欲其盛，禮乃欲其洞。是實爲學方，盧車徒駕雯。因以書諸紳，未敢妄操縱。德功吾何有，言則企該綜。嗚呼於先生，吾得學之用。

此三詩俱見高宗追懷往日師傅督課之功，詩中按語亦可考索清代皇子講讀情節。福敏，滿洲鑲白旗人，姓富察氏，康熙三十六年（1697）進士，由庶吉

〔註19〕《清高宗御製詩文集》（台北：國立故宮博物院據嘉慶殿本影印，全十冊，1976年），冊八，〈御製詩四集〉，卷五十八，懷舊詩二十三首：三先生三首，頁8a～11b。

士散館歸班銓選，其時世宗仍在藩邸，高宗初就傅，即由福敏侍讀〔註 20〕。
朱軾，江西高安人，康熙三十三年（1694）進士，由庶吉士授湖北潛江知縣，
雍正元年（1723）正月以左都御史入直尚書房〔註 21〕。蔡世遠，福建漳浦人，
康熙四十八年（1709）進士，改庶吉士，丁憂回籍，以假滿逾期銷假而休致，
雍正元年（1723）六月特召來京，授編修，入直尚書房〔註 22〕。高宗詩所表
三人授課之功，一為得學之基，一為得學之體，一為得學之用，又於詩前小
序顯露其追念之思，記福敏為「余初就外傅，始基之立，實有以成之，故每
追念不置云」，記朱軾為「余從學十餘年，深得講貫之益，學之全體，於先生
窺津逮焉」，記蔡世遠為「皇考命入尚書房授讀，余時學為古文，先生謂當以
昌黎為宗，且言惟理足可以載道，氣盛可以達辭，至今作文資其益」。一代帝
王學問根柢俱由此而來，是師傅講讀之勞，乃在未來帝王聖德聖學之培養。
另，以帝王之尊，稱昔日師傅為先生，亦見尚書房侍講讀者因職任之特殊而
受古來未有之尊榮。

三、身分地位之崇高性

自關外時期設內院以來，太宗與世祖均時有蒞院視察之事，披尋典墳，
諏訪治道，當時內三院衙門尚在禁中，爾後翰林院確定分立，不再歸併，位
長安左門外，則不見有清帝駕幸。

其實內閣與翰林院確立而不再裁併之後，清帝從未駕臨任何衙門，此乃
體制有關。各衙門皆有該管正官，下領堂司各官，皇帝有事傳旨交辦，無需
駕臨視察。然高宗乾隆九年（1744）甲子，以周甲之首，適逢翰林院重修訖
工而幸院，創為「臨幸盛典」，仁宗嘉慶九年（1804）二月再逢甲子，亦車駕
幸院，此後再無是舉。二帝幸院實是清代翰林院衙門榮光之最高峰，其緣由
固因眾翰林平日侍講讀、備顧問，與上主之間長期累積超越君臣分際又謹守
規箴之情愫，亦由二帝不僅酷嗜經史文藝，且知稟承祖訓，崇儒重道，親臨
翰林院正為最佳行動表現，亦是翰詹詞臣地位崇隆之最高表徵。〔註 23〕

〔註 20〕王鍾翰點校《清史列傳》冊四，卷十三，福敏，頁 985。
〔註 21〕王鍾翰點校《清史列傳》冊四，卷十四，朱軾，頁 995。
〔註 22〕王鍾翰點校《清史列傳》冊四，卷十四，蔡世遠，頁 1002。
〔註 23〕高宗與仁宗幸翰苑詳細經過，分見下列各載記：
　　　　《清實錄》冊十一，《高宗實錄》，卷二二七，乾隆九年十月庚午，頁 931。
　　　　張廷玉等纂《詞林典故》，卷一，臨幸盛典，頁 1a～45b。
　　　　朱珪等纂《皇朝詞林典故》，卷九，盛典，上儀，頁 4a～21a。

　　先是，乾隆八年（1743）冬，以翰林院署歲久傾圯，乃詔發內帑重加修茸，命戶部尚書海望、工部尚書哈達哈、戶部侍郎三和等董其役，越歲工竣，九年（1744）十月御書「稽古論思」、「集賢清秘」二額顏其堂，並賜《古今圖書集成》一部貯院內寶善亭。先敕所司諏吉日，送掌院事大學士鄂爾泰、張廷玉進院，高宗並將親臨錫宴，先期有禮臣俱儀注以聞。十月二十七日，車駕出長安左門，設鹵簿，掌院事大學士及翰林官俱綵服集院門外跪迎乘輿，入先師祠行禮，賜宴群臣，設中和韶樂、中和清樂、丹陛大樂，大學士以下翰詹諸臣及部寺科道之由翰林出身者咸與。召大學士鄂爾泰、張廷玉、福敏、陳世倌、史貽直，尚書彭維新、張照、汪由敦，左都御史劉統勳，侍郎阿克敦、梁詩正、錢陳群、德齡等至御座前賜酒，以唐張說〈麗正書院詩〉東壁圖書府五律四十字為韻，賦東字、音字二首，敕諸臣各分一字賦詩。又以人數為字所限，從臣編檢庶常等皆不獲與，乃復為柏梁體詩，御製首句「重開甲子文治昌」，群臣凡翰林及改官進秩者一百六十五人皆與，以次賡續成章。宴畢，賜《樂善堂全集》、《性理精義》各一部貯院中，復宣示御製七言律詩四章。隨後車駕幸貢院，周覽號舍，勒石於至公堂。復幸紫微殿，登觀象臺後還宮。

　　嘉慶八年（1803）秋，仁宗諭翰林院為儒臣文藪，圖書清秘，規制綦崇，前乾隆甲子，高宗臨幸，錫宴賡吟，允為藝林盛事，而明歲又屆甲子，當躧行斯典，諏吉親臨，用光文治。又六十年來，翰林院久未修茸，署內至聖先師祠尤當繕治整齊，俾便敬伸展禮，爰命兵部侍郎那彥寶、總管內務府大臣常福經理其事。竣事後乃擇吉於次年二月初三臨幸。其前先於嘉慶九年（1804）正月，祈穀禮成，仁宗以翰林院掌院學士領袖詞垣，躬逢祈穀令典，乃恩加太子太傅予協辦大學士戶部尚書漢掌院事朱珪、加太子少保予戶部侍郎滿掌院事英和，並錫英和一品補服，以示優寵。屆期，仁宗車駕出長安左門，鹵簿全設，午門鳴鐘，王大臣各官等俱綵服集署外候駕，至院，詣先師位前行禮，舊典為二跪六拜，仁宗特行三跪九拜禮。禮畢至清秘堂更衣，遣侍讀學士萬承風謁韓昌黎土地祠。詔以內府尊藏高宗《御製文全集》及《石刻十三經》交院恭貯，又賜御書「天祿儲才」額、「清華勵品」額及兩朝臨幸諭旨均製匾懸於院中。亦設中和韶樂、中和清樂、丹陛大樂，賜宴賦詩，自親王大

　　李調元《淡墨錄》，卷十三，重修翰林院，頁 11a～12a。
　　另，幸翰苑儀注，其後著為功令，內容詳見特登額等奉敕纂《欽定禮部則例》（台北：成文出版社據清道光二十四年刻本影印，1966 年），卷二十七，儀制清吏司，臨幸翰林院，頁 1a～6b。

臣至庶吉士頒賞御製《味餘書室全集》、《九家集注杜詩》各一部，及名茶、文綺、箋絹、硯石有差。宴畢，仁宗至清秘堂少憩，駕出回宮，眾官於署外跪送如儀。

清代諸帝率皆自幼飽受翰林師儒教誨，高宗與仁宗駕幸翰林院，有其崇儒重道意涵，亦是清廷政權於文化層面漢化之最高表現。

翰林官員之來源，雖有些許例外，仍以科目出身者為正途，以科舉取中之進士再經嚴格選拔，進入庶常館肄業三年，散館一試，合格者始能留館正式授職編檢，成為翰林。此層層篩選之制，使翰林成為科舉菁英中之菁英，其學品文藝具為上上之選。以此等滿腹經論之菁英人物置於君側，侍講讀、備顧問，可充分理解清代帝王何以普遍學問俱優、且崇優孔孟之由。究其實際，自關外設文館始，清人即極端重視漢人學問之學習，入關後，諸皇子皇孫自幼啟蒙，皆文武兼修，清漢語文均極熟稔，翰林師傅教以詩書文藝，及長，歷經長期觀察與謹慎選擇，一旦得登大寶，敬天法祖、崇儒重道，以滿人政權而行漢人崇奉二千年不輟之儒家道術。如謂清代帝王於修己治人之文化心理已跨越種族界限，當非過言。

古代國家以科目取士，清初會試之後，取中者稱貢士，再經廷試（即殿試），登第者稱進士，並據此簡選庶常，其後又定朝考之制，亦是為選拔庶常而設；其餘進士未獲選者，或歸班銓選，或分部學習。皆為因才器使，欲令士子各展所長，裨益政治，原非故存用捨去取之思於其間。然觀其實際，眾士子皆因詞林地望資格優於外任，每以得預是選為幸，及至引見之後，未獲選者又輒於內用外用之間妄生計較。高宗嘗論此種心態為「狃於習俗見聞之陋，而於朝廷優待士子之心，實未深悉」，認為今時縣令所轄之土地人民，實等於古昔侯伯子男之國，而撫綏經理，實賴通材，故親民之官，所繫最重；倘若果然才猷政績，卓然表著，類皆不次超擢，故膺斯任者，又何得不力圖報稱，使他人更生企羨之念。高宗以翰林之任為對比，訓勉此類未獲入選庶常之內外任進士曰：

> 若身預詞林之選者，其名實尤難相符。蓋文詞不工，於館職固為有愧，即使詞采可觀，尚恐流為浮華無用之士。務各砥礪廉隅，講求經術，漸致淹雅宏通，以無負選俊儲才之意。至於在部學習人員，分曹佐理，各有攸司，當念外省官吏，措置偶或失宜，尚有內部為之駁正，至部中所定章程，一經奏准通行，將來即引為成例，稍有

舛錯，貽誤不少，安得不倍矢精勤，其免隕越。

高宗總結對此類內外用進士之期望，認為百司庶府，均非營利階梯，而政事文章，亦各有當修之職業，勖其務宜屏除私意，勉效忠良，庶使識見日增，猷爲日著，使士風吏治，漸臻上理〔註24〕。諸進士既已無法入選翰林，則當安分粹勵，盡己效職，則高宗勗勉之語，又適爲翰林地位特殊之反證。

翰林身分地位之崇高，又在諡法。「諡者，闡幽顯微之公典，正勵世磨鈍之大權」〔註25〕。遠自古昔以降，諡法諡典即有激勸揚善、懲凶貶惡與端正風習、砥礪人心作用，乃國家令典，深具政治意義。所注重者，以死後之美名，惕勵生者至少能夠不行邪道。身後易名，不僅關繫個人名留史冊之褒貶，更關繫其家族後代子孫立足行世之依託，故諡法向受重視。無論何種官職，死後其家屬遺眷每欲請得美諡以光耀門楣、惕勵子孫。在國家視之，正可藉此道德心理層面之制約，使成政治、社會乃至道德、倫理等價值判斷之穩定力量。

諡號乃生者給予死者評價之特殊稱號，既反映死者生前所作所爲，及國家社會對其人之看法，亦爲死者蓋棺之論，乃政治輿論之時代導向，亦關乎歷史人物之毀譽榮辱及社會之發展變化。隋人顏之推即深刻闡述諡法榜樣所起之社會風尚引導作用：

> 或問曰「夫神滅形消，遺聲餘價，亦猶蟬殼蛇皮、獸远鳥跡耳。何預於死者，而聖人以爲名教乎」？對曰「勸也，勸其立名，則獲其實。且勸一伯夷，而千萬人立清風矣；勸一季札，而千萬人立仁風矣；勸一柳下惠，而千萬人立貞風矣；勸一史魚，而千萬人立直風矣。故聖人欲其魚鱗鳳翼，雜沓參差，不絕於世，豈不弘哉？四海悠悠，皆慕名者，蓋因其情而致其善耳。抑又論之，祖考之嘉名美譽，亦子孫之冕服牆宇也，自古及今，獲其庇廕者眾矣。夫修善立名，亦猶築室樹果，生則獲其利，死則遺其澤。世之汲汲者，不達此意，若其與魂爽俱丹，松柏皆茂者，惑矣哉」！〔註26〕

更有甚者，將諡典視爲天下治否之關鍵，明代丘濬言：

> 國家所以馭臣下者，不過禍福榮辱而已。善者生享其福，死受其榮；

〔註24〕《清實錄》冊九，《高宗實錄》，卷十八，乾隆元年五月庚子，頁458。

〔註25〕明思崇禎六年（1633），南京戶部侍郎呂維祺疏語。見孫承澤《山書》，卷六，頁142。

〔註26〕顏之推《顏氏家訓》（北京：海南出版社點校本，1993年），名實篇，頁244～245。

不善者生遇其禍，死蒙其辱。天下雖欲不治，安不可得也。如有不令之臣，生則盜其祿位，死則盜其榮名，善者不知所勸，惡者不知所懼。臧否顛倒，不可復振，其為害可勝道哉？〔註27〕

明大學士吳道南則論述謚典之重要與議謚之莊嚴：

易名重典，榮鏡千秋，固必其人不愧於此典，即此典亦非專為其人也。為夫國家舉之，可以風有位；該部行之，足以憲將來，則是典也正。先王之所謂名教，而以佐爵賞刑之所不及者也……聞其聲，必徵其實；見其表，必察其裏。不敢參一毫嫌怨，不敢萌一念私思。虛心博採，平心擬議，以天下之公是公非，合於本人之真是真非。必其人端方正直，足以砥柱乎中流，必所表碩德鴻猷，足以流光於奕世。寧過於嚴，或者有遺賢以待他日之補牘；毋失於寬，致有濫舉，以玷今日之公評。若夫炳烺大節，既以叫閶闔而觸雷霆，何忍忠魂飲吹毛之憾，歷落孤貞。果能盟歲寒而凌霜雪，肯令介節靳萃袞之褒，庶幾喟德欽芳，寓有微顯幽闡之意。黜邪崇正，卓有揚清激濁之風，謚典可藉以有光。〔註28〕

謚法以儒家道德規範評價死者、教訓生者，引導世人安時順世，寧棄一己利益乃至生命，以維家庭和睦、社會正義與國家安全。另眼視之，則有其積極意義：此種道德觀點約束之下，帝王、官僚可能有所收斂，不敢肆意妄為，至少於表面上仍須關心黎民百姓之生死憂樂；於職務上盡忠負責，亦大有可能留名史冊，樹立家聲。故謚法之制，實為中國傳統政治中，有其正面積極引導作用者。

清代凡詞林出身，官居一品者，卒後若奉准與謚，其謚號上一字例得坐「文」字。其餘非詞林出身者，除大學士外，均無謚文之例。而大學士之得以謚文，乃因到任須至翰林院，坐中堂，亦視為翰林之長故耳。是知翰林謚文，乃為專謚，為身分表徵。另，文字謚義為：

道德博聞曰文，脩治班制曰文，勤學好問曰文，錫民爵位曰文。

〔註29〕

〔註27〕 丘濬《大學衍義補》。轉引自郭良翰《明謚紀彙編》（台北：台灣商務印書館影印《文淵閣四庫全書》冊六五一，1983年），卷二十四，議論，頁1。

〔註28〕 吳道南《謚典事題》。見郭良翰《明謚紀彙編》，卷二十三，臣謚，近題准謚諸文臣，頁1～2。

〔註29〕 托津等奉敕纂《欽定大清會典（嘉慶朝）》，卷二，內閣，頁15b。

比較清代文官之制，惟翰林有其獨特之文學職掌，明顯可見確爲名實相符，亦是其因職任之特殊所獨享者。

傳統謚法沿襲至明清二代，業已粲然光輝大備。但明代取消惡謚字，謚典從此有美無惡；又，明代謚典頗有浮濫之弊，顯已喪失應有之勸懲效能，淪爲崇獎工具，實是傳統制度文化之損失。至清代則壓縮給謚權力於皇帝一人，又嚴格限制得謚資格，雖仍無醜惡之謚，然層層限制則至少恢復傳統謚法原有之勸善功能。且以其限制之嚴格，得謚之期盼與想望心理愈加強烈。就此而言，未能得謚，固加深其遺憾落寞；而得謚者，其輿論評價必更受重視崇隆。自謚法之行，反映清初統治之強盛穩固，其間關節，正顯示此制乃爲清初重視漢家傳統，且有效匡正前代積弊之政治行爲，亦是儒術政治傳統於清初得以復興之證據。

翰林身分地位之受尊崇，亦由民間〈竹枝辭〉可見：

> 絡繹簪纓賽五陵，家家門榜福星臨，不知甲第官多少，三十年來一翰林。〔註30〕

皓首窮經，呫畢咿唔之間，固然可取功名，然欲中選翰林，則千百不得一人，實是菁英中之菁英，乃最上層人物。康熙時王應奎所見吳中蘇郡娶婦者，不論家世何等，輒用掌扇、黃蓋、銀瓜等物，習以爲常，十室而九，尤其掌扇之上必黏「翰林院」三字。外人不解其故，誤認「所見迎娶者，無非翰林院執事，何嘗有一庶民耶」？故有「何故蘇郡庶民俱不娶婦」之疑〔註31〕。其實乃爲蘇俗重翰林，遂於小登科之時託大自榮之故。

世尚功名，尤重翰林，徘徊場屋數十年，總望有朝一日登第榮身，如廣東海陽劉起振於乾隆元年（1736）丙辰科中式，改庶吉士，時年八十七歲。至乾隆三年（1738）已高壽九十，高宗念其年老，且遠來京師，特諭免散館，並授檢討，准其回籍，且令大學士張廷玉帶領引見〔註32〕。十三年（1748）劉起振已是百齡人瑞，又特予在籍加銜翰林院侍講〔註33〕。實可概見功名之誘人，黃髮垂髫之近百老兒仍有志於斯，亦不得不服其學而益篤、老而彌堅。河南光州吳葆晉登宣宗道光九年（1828）己丑科進士，曾語人曰「在京師時，

〔註30〕袁翔甫《海上竹枝辭》（光緒二年初夏莫釐許氏藏板），頁3a。
〔註31〕王應奎《柳南隨筆續筆》，隨筆，卷三，頁59。
〔註32〕《大清十朝聖訓》高宗純皇帝，卷二四七，禮耆年一，乾隆三年戊午九月辛酉，頁1a。
〔註33〕吳鼎雯《國朝翰詹源流編年》，卷二，乾隆十三年，頁17a。

有恨事二：中進士不入館選，官中書未直軍機處。故每遇翰林，未嘗與之講詞章；遇軍機章京，未嘗與之論朝政也」〔註 34〕，以未入翰林以爲恨事，遇翰林復不與論詞章，是詞林名位直似個人成就之必要條件。

又，非僅一般士庶傾羨嚮慕有加，即宰輔大臣對待詞林仍尊重異常，如清末李鴻章，爵位既崇，且年登大耄，門生故吏遍天下，卒時訃告京中太史，特用楷字書之，以鴻章之位高權重，此舉在當時頗有詫爲異事者〔註 35〕。

清末琉璃廠松古齋蒐集歷科三鼎甲法書，題爲《玉堂楷則》用以販售牟利。此書現已不存，據云爲按照科分先後、鼎甲名次，精工石刻、裝秩成冊，每本足銀一兩。所刊各人法書皆爲工整端楷，不但京中士子爭相臨摹，即北省各地書香之家亦無不購回以爲子弟習帖之用。又，京中翰林一旦亡故，原流散於坊間之字畫遺墨無不行情陡漲〔註 36〕。凡此益見民間對於翰林身份地位之尊崇。

除常科之外，即特科翰林亦屬難得，取中者亦心存僥倖，深以爲榮。浙江海鹽彭孫遹取中康熙十八年（1679）己未首舉博學鴻詞一等第一，有寄內詩云「玉皇昨夜親裁詔，夫婿承恩第一人」，又有家書二通，備述得第之艱，略引於下：〔註 37〕

（其一）我已于昨日考過。璿璣玉衡賦，有序，用四六體；省耕五言排律二十韻，止兩題耳。但坐于烈日之下，筆枯墨涸，寫字甚難，雖不出醜，亦不甚得意，惟聽時命耳……若僥倖得取，家中宜切鎮靜，不可收一人、管一事、並整飾門庭房宇，只照常淡淡過去，如無此一番可也，切囑切囑。報人亦不可重犒、並做戲，恐內人與三兒最要體面、最好熱鬧，把持不定，全仗吾任一力爲之……三兒今年可著實讀書，若今年再不勇猛精進，終身全無通日矣，要緊要緊。

（其二）我試卷幸居第一……上上卷內皆經睿覽，內有詩不工切，

〔註 34〕　方濬師《蕉軒隨錄續錄》，隨錄，卷三，軍機處，頁 93。

〔註 35〕　劉聲木《萇楚齋隨筆續筆三筆四筆五筆》，三筆，卷一，李鴻章楷書訃文，頁489。

〔註 36〕　《玉堂楷則》及字畫遺墨事，均見唐魯孫《南北看》（台北：大地出版社，2000年），頁 193～195。

〔註 37〕　管庭芬《芷湘筆乘》（上海：上海書店據鈔本《管庭芬筆記兩種》影印，1989年），卷一，頁 1a～3b。

及走韻者，悉俱翻落。幸我巍然不動，仍是第一，居然有壓倒一時
之概，亦是僥倖。蓋初一日試時，殿廷森嚴，天威咫尺，出題又已
向午，風日燥烈，困頓難堪，只得信筆直書，甚不愜意。算來平日
本領，此日只得平日內三分，已翻不取，即倖取亦未必在前，不料
叨忝至此。大抵試日題目既難，光陰又促，眾人皆不得展抒，非我
一人獨難也。至進呈之卷，乃爲寶坻老師所賞，先定上上卷，後將
七卷同比第一。他卷皆有累句及走韻，而我詩全篇穩秀，得遂居其
上。掌院亦與有力焉，眞可謂天人輻湊……此番之試，並不鑽求一
人、費去一錢，而白白得此虛名，亦算大幸，可見天下事眞正有數，
不須妄求也。

由彭孫遹家書所見，實深刻展現渴望功名之切，亦見其教子讀書進取之望。

　　清代翰林既有以上三項特徵，自爲一特殊官僚集團無疑。此等人物有其
氣類，平日相交往來、談學論道之外，所重者厥爲師生、輩分。

　　翰林重師生，以場屋一試繫定終身師生之誼，雖屬偶然，但仕途拔舉之
恩則爲事實。以考官爲師，亦因讀書考試志在飛黃騰達，官場之顚簸順逐亦
賴師尊有以提攜指點，其恩且刻不敢忘，卒後撰狀仍將昔日恩師表出，一紀
師恩，二紀流別。如浙江歸安沈涵，康熙十五年（1676）進士，由庶吉士授
編修。按往例，直省學政惟京畿、江、浙以儒臣用，他省則概用六部曹郎，
康熙四十二年（1703）春有各省學政需次，聖祖欲重其選，命九卿保舉，侍
郎徐秉義以沈涵「學守兼優」上薦，禮部尙書韓菼見而笑曰「故知公非私門
下士，何乃與吾吻合耶」！出夾帶中姓名正同，遂偕以進。徐秉義以編修之
職任康熙十四年（1675）浙江鄉試主考，正是沈涵座師。聖祖覽薦曰「是朕
所稔知」，遂命沈涵以右庶子提督福建學政。〔註38〕

　　又如仁宗朝大學士朱珪（乾隆十三年，1748，進士，改庶吉士，授編修）
卒後，阮元爲之撰寫墓銘，即清楚載明所出師門：

　　年十七，科試第一舉於鄉……次年，會式中式……改庶吉士，習國
　　書。座師阿文勤公、劉文正公、鄂剛烈公皆以學行重之。

阿文勤公即阿克敦，劉文正公即劉統勳，二人均爲乾隆十二年（1747）順天
鄉試考官，阿克敦爲正考官（時任刑部尚書），劉統勳爲副考官（時任左都御

〔註38〕錢儀吉《碑傳集》冊四，卷四十二，內閣九卿下，沈炳震〈誥授通奉大夫內
　　　　閣學士兼禮部侍郎沈公函行狀〉，頁1151。

史）。鄂剛烈公即鄂容安，為乾隆十三年（1748）會試副考官，時任兵部侍郎。〔註39〕

　　翰林又重科分輩分，以登第選庶常之先後而互爲前後輩，同科登第則互爲同年，而前後輩一切禮儀皆爲欽定。此外，同省前輩，率於大拜前輩之先投啓求面，以免日後相見失禮〔註40〕。凡隔七科或官至掌坊庶子，則初入院之庶吉士終身自稱「晚生」不改，其後雖大拜相國亦然〔註41〕。又，翰林故事以咨爲序，並不論官，其有自外入苑者，亦不與同年庶常敍同咨。如禮部尙書王崇簡，原爲前明進士，然未與館選，入清之後，順治三年（1646）以候補中行受順天學政曹溶之薦，補選庶常，特免教習，尋擢內秘書院檢討。王崇簡於順治三年丙戌科館選之年改館職，然以其由外官入苑，並不能與丙戌科庶常敍同年〔註42〕。又如左都御史郭琇，康熙九年（1670）進士，授知縣。嘗由太常卿遷內閣學士兼禮部侍郎，未幾，遷吏部侍郎兼翰林學士，在苑中亦不能與諸翰林同僚敍咨論輩。〔註43〕

　　翰林職掌除日常侍班之外，凡有典禮，亦須依儀侍班，曰「侍班儀」。因其職在禁近，凡朝會、燕饗、巡幸諸大典咸與侍從。其間進退升降，尺寸有度，有他官所不及者。仁宗朝所修《皇朝詞林典故》載有各種侍班儀注，繁複詳盡，未遑俱引，惟存其目，俾知梗概，亦見職掌之特殊：〔註44〕

閱祝版侍班儀	大祀侍班儀
中祀侍班儀	謁陵侍班儀
隆恩殿大饗侍班儀	謁前代陵侍班儀
陪祀儀	臨雍侍班儀
耕耤侍班儀	大朝侍班儀
常朝侍班儀	萬壽侍班儀
御門侍班儀	經筵儀

〔註39〕錢儀吉《碑傳集》冊三，卷三十八，嘉慶朝宰輔，阮元〈太傅體仁閣大學士大興朱文正公珪神道碑〉，頁 1076。
　　　　法式善等撰《清秘述聞三種》，卷六，乾隆十二年丁卯科鄉試順天考官，頁 175；乾隆十三年戊辰科會試考官，頁 179。
〔註40〕平步青《霞外攟屑》，卷一，前後輩，頁 249。
〔註41〕李調元《淡墨錄》，卷二，前輩，頁 1a。
〔註42〕李桓《國朝耆獻類徵初編》，卷四十五，卿貳五，王崇簡，頁 1a。
〔註43〕李調元《淡墨錄》，卷二，翰林論咨，頁 1a～2a。
〔註44〕朱珪等纂《皇朝詞林典故》，卷四十五，儀式。

筵宴侍班儀　　　　　　　扈蹕侍班儀

避暑山莊行宮侍班儀　　　傳臚侍班儀

軍禮侍班儀　　　　　　　勤政殿新進士引見侍班儀

勾到侍班儀御試武進士及引見傳臚侍班儀

另由翰詹詞臣班次亦見其地位之特殊。如朝班之制，大學士、掌院學士、詹事、少詹事皆拜於殿上，並不與部院同班〔註45〕。凡視朝日，惟起居注官班於殿內，位在諸王之後，亦是儒臣之極榮〔註46〕。另，朝賀班次更見詞臣地位之優，凡朝賀班次皆依品級山正從異行，文臣武職分東西各十八班，然詹事府少詹事及翰林院侍讀學士、侍講學士均以四品而列於二品班，春坊庶子、司經局洗馬、翰林院侍讀、侍講均以五品而列於四品班，春坊中允（六品）、春坊贊善（六品）、國子司業（六品）、翰林院修撰（六品）、編修（七品）、檢討（七品）、庶吉士等俱列於五品班〔註47〕。皆由本品而進，亦是崇其文學職掌所致。

高宗〈懷舊詩〉另有專紀已故閣臣、功臣、詞臣、督臣各五人〔註48〕，二十人中有八人為翰林出身。詩中俱見高宗對於詞臣出身各臣之感念與君臣關係之浹洽，其間又可見君臣關係之微妙。

〈五閣臣五首〉分紀大學士鄂爾泰（舉人出身）、張廷玉（檢討出身）、傅恒（藍翎侍衛出身）、來保（庫使出身）、劉統勳（編修出身）。紀鄂爾泰詩有云：

　　皇考重英賢，率命走書房。鄂蔣以閣臣，蔡法列卿九。胡顧劉梁任，

　　邵戴來先後。其時學亦成，云師而實友。

是記其仍為皇子時之課讀師傅：以閣臣侍講讀者，「鄂」為鄂爾泰；「蔣」為蔣廷錫，康熙四十二年（1703）庶吉士，未散館即授編修。以卿寺侍講讀者，「蔡」為蔡珽，康熙三十六年（1697）庶吉士，授檢討；「法」為法海，康熙三十三年（1694）庶吉士，授檢討；其餘先後侍講讀者，「胡」為胡煦，康熙五十一年（1712）庶吉士，授檢討；「顧」為顧成天，雍正八年（1730）庶吉士，授編修；「劉」為劉統勳，雍正二年（1724）庶吉士，授編修；「梁」為

〔註45〕王士禎《池北偶談》，卷二，談故二，翰詹官朝班，頁31。
〔註46〕王士禎《池北偶談》，卷一，清代視朝儀，頁3。
　　　　王士禎《香祖筆記》，卷六，頁8a。
　　　　王士正（禎）《居易續談》，頁11a～11b。
〔註47〕梁章鉅《南省公餘錄》，卷三，朝賀班次，頁2a。
〔註48〕《清高宗御製詩文集》冊八，〈御製詩四集〉，卷五十八，頁11b～30a；卷五十五，頁1a～23a。懷舊詩二十三首：五閣臣五首，五功臣五首，五詞臣五首，五督臣五首。

梁詩正，雍正八年（1730）一甲三名進士，授編修；「任」爲任啓運，雍正十一年（1733）庶吉士，授編修；「邵」爲邵基，康熙六十年（1721）庶吉士，授編修；「戴」爲戴瀚，雍正元年（1723）一甲二名進士，授編修。俱爲高宗昔日課讀師傅，除鄂爾泰以外，全爲翰林出身。又皆爲世宗親爲選擇，其時高宗業已長成，經術學問亦有根柢，故與眾師傅講論往來，亦師亦友，相處融洽，故深相懷念。

又記劉統勳詩有云：

> 遇事既神敏，秉性原剛勁。進者無私感，退者安其命。得古大臣風，
> 終身不失正。

總論劉統勳一生事功如海塘、河工、陝甘軍務等，謂其爲「正」。劉統勳前卒之時，高宗諭曰「五十餘年中外宣猷，實爲國家得力大臣。自簡任綸扉，兼綜部務，秉持公正」，內閣即依高宗之諭，特擬諡「文正」。〔註49〕

〈五詞臣五首〉記已故詞臣大學士梁詩正、刑部尚書張照、吏部尚書汪由敦、刑部尚書銜原任刑部侍郎錢陳群、禮部尚書銜原任侍郎沈德潛等五人。梁詩正，雍正八年（1730）一甲三名進士，授編修。高宗於詩序中謂其「老成勤恪」、「其資望爲內廷翰林所推」，又自解詩云其生性儉嗇，雖在內廷多年，於太監等鮮所交際，故每遭太監鄭愛桂譖於帝前，亦有以梁詩正爲人「太冷」，然高宗則不以爲意，其〈懷舊詩〉云「翻以是嘉之，吾豈蔽近倖」。張照，康熙四十八年（1709）進士，由庶吉士授檢討。詩序云其「性穎敏……尤工書，臨摹各臻其妙……余嘗謂張照書過於董其昌，非虛譽也」。詩解中又見高宗保全大臣往事：

> 鄂爾泰、張廷玉素不相得，兩家亦各有私人。但我朝綱紀肅清，不
> 能如明季門戶黨援之盛。（張）照即張（廷玉）所喜，而鄂（爾泰）
> 所惡者，張廣泗即鄂（爾泰）所喜，而張（廷玉）所惡者。余非不
> 知，既不使一成一敗，亦不使兩敗俱傷。在余心固自有權衡，而鄂
> （爾泰）與張（廷玉）兩皆成就爲賢臣，不亦善乎。

是高宗明知大臣彼此相惡，且各有黨護，仍不與深究，曲爲保全，則高宗亦有古聖王之體。汪由敦，雍正二年（1724）進士，由庶吉士授編修。詩序云其「學問淵純，古文雅飭有法……乃年未七十而歿，追念舊臣，每深惜之」。雖是懷念舊臣，然以其因張廷玉配享未親謝恩而徇師生私誼洩漏聖旨一事，

〔註49〕王鍾翰點校《清史列傳》冊五，卷十八，劉統勳，頁1384。

仍於詩中有所指責：

> 乃以師生誼，或罪自所召。不可聽其然，小懲大戒劭。然亦旋重擢，
>
> 改過斯堪教。飾終仍加恩，善善欲長導。

洩旨一案，發於乾隆十四年（1749）十二月，汪由敦時任署理協辦大學士事，案發獲譴，革去協辦事務，仍留尚書任贖罪，十五年（1750）三月即與加恩准予開復，至二十三年（1758）卒時，高宗御製詩以悼之，又賜祭葬如例，予諡「文端」〔註50〕，確如〈懷舊詩〉中所言之「旋重擢」、「仍加恩」。錢陳群，康熙六十年（1721）進士，由庶吉士授編修。詩序云其年老致仕「家居以後，每歲錄寄御製詩百餘篇，命之和。陳群既和韻，並寫冊頁以進，冊必有跋，字體或兼行草，余甚愛之，詩多不經人道語」，知其君臣之間親暱有加，有不爲外人道者。致仕還鄉，林下二十餘年，在籍食俸，三次迎鑾，兩次命入都，高宗稱其「詞臣退居林下，齒爵學問足爲縉紳領袖」。沈德潛，乾隆四年（1739）進士，由庶吉士授編修。鄉舉之時，已年逾七十，在京十年，屢獲賜御製詩，中有「我愛德潛德，淳風挹古初」、「朋友重唯諾，況在君臣間」、「玉皇案吏今詞客，天子門生更故人」等句，迭見君臣關係之非比尋常。致仕在籍，編選刻就《國朝詩別裁集》，乞高宗作序，然書中將錢謙益詩作爲本朝之冠，高宗以其「離忠孝而言詩，乖於正道」，其餘編次亦多踳誤，惟顧念沈德潛或昏老荒耄，或門下士依草附木者流所爲，而德潛未及檢出，乃命內廷翰林重爲精校以定去留，並賜序以示大義，仍不忍多加責備。其後又因已故舉人徐述夔《一柱樓集》詩詞悖逆案，集內有沈德潛作徐述夔傳，亟稱其品行文章皆可爲法，案下大學士、九卿議，追奪階銜、祠諡，並仆其墓碑〔註51〕。高宗〈懷舊詩〉將沈德潛列於五詞臣之末，意爲「用示彰癉之公，且知余不負德潛，而德潛實負余也」。詩句並嚴譴其悖行與家教庭訓之疏：

> 東南稱二老，曰錢（按，錢陳群）沈則繼。並以受恩眷，佳話藝林志。而實
>
> 有優劣，沈踳錢爲粹。錢已見前詠，資特言沈事。其選國朝詩，說
>
> 項乖大義。_{錢謙益本不端，且以明季大臣降順本朝，復靦顏顯秩，而又陰爲誹刺，進退無據，實不足比於人類。德潛取爲國朝詩之冠，竟不論其名節有虧，妄加評許，昧於忠孝大義，尚何足以言詩，詳見向所作《國朝詩別裁集》序。}制序正厥失，然亦無訶屬。仍予飾終恩，
>
> 原無責備意。昨秋徐述夔案發，潛乃爲傳記。忘國庇逆臣，其實罪

〔註50〕王鍾翰點校《清史列傳》冊五，卷十九，汪由敦，頁1460。

〔註51〕王鍾翰點校《清史列傳》冊五，卷十九，沈德潛，頁1456。

不細。用是追前恩，削奪從公議。彼豈魏徵比，仆碑復何日。蓋因毫而荒，未免圖小利。_{徐述夔家饒於貲，德潛爲之作傳，不過圖其潤筆，貪小利而誣大逆，不知有恥，并不知畏法矣。}設曰有心爲，吾知其未必。其子非己出，紈綺甘廢棄。_{德潛無子，其嗣子種松，不知何所來，人甚不肖，狎邪作惡，曾命該撫就近約束之，幸而未致生事抵罪，而德潛末年所得諛墓財，皆被其蕩費罄盡，娶妾至多，養子至十四人，其視德潛賜擧人者，不久即夭，其餘無一成材者，實德潛忘良負恩之報也。}孫至十四人，而皆無書味。天網有明報，地下應深媿。可惜徒工詩，行闕信何濟。

以帝王之威，評等其人行止，爲古代最高等級且絕無翻案可能之蓋棺論定。

　　沈德潛並非唯一因文字獲譴之詞臣，世宗朝有侍讀錢名世亦以文字獲罪。錢名世，江南武進人，康熙四十二年（1703）一甲三名進士，授編修。素負文譽，王士禎見其詩而大加激賞。當王鴻緒修《明史》時，萬斯同任考核，悉付錢名世屬辭潤色。名世與年羹堯於康熙三十八年（1699）同舉己卯科鄉試，爲南北同年。西藏、青海之平，年羹堯功最偉。雍正二年（1724）十月，年羹堯入覲抵京，翰林院侍讀錢名世賦詩相贈，有「鼎鐘名勒山河誓，番藏宜刊第二碑」之句，又自注云「公調兵取藏，宜勒一碑，附於先帝平藏碑之後」。其後年羹堯以大逆罪賜死，錢名世則坐投詩諂媚，罷職，世宗諭道：

> 錢名世諂媚性成，作爲詩詞，頌揚姦惡，措詞悖謬，自取罪戾……但其所犯，尚不至於死。伊既以文詞諂媚姦惡，爲名教所不容，朕即以文詞爲國法，示人臣之炯戒。著將錢名世革去職銜，發回原籍，朕書「名教罪人」四字，令該地方官製造匾額，張掛錢名世所居之宅。且錢名世係讀書之人，不知大義，廉恥蕩然，凡文學正士，必深惡痛絕，共爲切齒，可令在京現任官員，由擧人、進士出身者，仿詩人刺惡之意，各爲詩文，紀其劣蹟，以儆頑邪，並使天下讀書之人知所激勸。其所爲詩文，一並彙齊，繕寫進呈，俟朕覽過，給付錢名世。

世宗令在京科目出身各官以詩刺之，有作詩謬妄乖旨之翰林院侍讀吳孝登發寧古塔給披甲人爲奴；侍讀學士陳邦彥，亦以詩不稱旨而落職。另，詹事府詹事陳萬策詩有「名世以同名世罪，亮工不異亮工奸」句，大爲稱旨。〔註52〕

〔註52〕　《清實錄》冊七，《世宗實錄》，卷四十二，雍正四年三月壬戌，頁626。
　　　　　趙爾巽《清史稿》冊四十四，卷四八四，列傳二七一，文苑一，錢名世，頁

高宗〈懷舊詩〉〈五督臣五首〉，分記已故大學士陝甘總督三等忠勤伯黃廷桂（漢軍鑲紅旗，侍衛出身）、大學士前兩江總督尹繼善（滿洲鑲黃旗，編修出身）、大學士兼江南河道總督高斌（滿洲鑲黃旗，內務府司員出身）、直隸總督方觀承（安徽桐城人，由監生加中書銜赴北路軍營書記出身）、大學士兼兩江總督高晉（滿洲鑲黃旗，高斌之姪，由監生授知縣出身）。其中惟尹繼善一人出身翰苑，其父為前大學士尹泰，尹繼善登雍正元年（1723）進士，由庶吉士授編修。歷仕巡撫、河務、總督、軍機大臣等職，任督撫四十餘年，在閣六載，事蹟多著於外。高宗於詩序中云「滿洲翰林中，優於文學，兼能通達政事者，無出尹繼善右……環顧滿翰林，罕有能繼之者，益增感歎耳」，是亦深知滿洲翰林欲得文藝精深者，實可遇而不可求，終究不如漢人學問與文化基礎之深厚，而尹繼善文學、政事皆能通達，實不可多得之材。高宗則於詩中感歎多數滿洲翰林名實不符：

> 八旗讀書人，假借詞林授。然以染漢習，率多忘世舊。
>
> 問以弓馬事，曰我讀書秀。及至問文章，曰我旗人冑。
>
> 兩歧失進退，故鮮大成就。自開國至今，任事奏績茂。
>
> 若輩一二耳，其餘率貿貿。繼善為巨擘，亦賴訓迪誘。

由高宗〈懷舊詩〉二十三首，分記已故舊臣二十三人，其中詞臣出身者八人，一以見詞臣職掌之特殊、地位之崇高，一以見詞臣與皇帝關係之殊妙，非僅如典制所載之呆板供職。其實際則是清代儒生官僚藉翰林職位，發揮文學之長，加以帝王之重視，又益以並未於官場遷轉予以設限，是以翰林各官得有各種發展機會，而非僅能執筆撰文、講經論道，於其他中央、地方各職亦能有所貢獻，若與其他出身者相較，實亦未遑多讓。

翰林為科舉制度之最上層菁英，密邇禁廷，職任文學侍從、記注顧問，然其生活之窘迫清苦實不能與其清華高選相埒。載籍屢言「從前京官，以翰

13347。

蕭奭《永憲錄》，卷四，頁273～274。

戴名世，康熙四十八年（1709）一甲二名進士，授編修，兩年後因門人尤雲鶚為刻《南山集》一案獲罪。集中有〈與余生書〉，稱明季三王年號，又引及方孝標《滇黔紀聞》，觸文網之禁，尤雲鶚、戴名世俱論死。見趙爾巽等撰《清史稿》冊四十四，卷四八四，列傳二七一，文苑一，戴名世，頁13370。

周亮工，前明進士，官御史，降清後授兩淮鹽運使，嘗坐貪酷、縱役、侵扣諸款獲罪。參見王鍾翰點校《清史列傳》冊二十，卷七十九，周亮工，頁13846574。

林爲最清苦」〔註53〕、「乾嘉間翰林至清苦」〔註54〕，其因在於翰苑詞臣乃以
讀書作文爲其主要職掌，不似其他京官可實際辦事，故除翰林之極低本俸外，
並無膏火津貼可領，亦無如地方牧令之養廉，是以翰林雖地望清切，然生活
窘困，每有空乏之虞，如無家貲撐持，則其一清如洗之苦境可知。山東歷城
周永年於乾隆二十六年登進士第，特詔徵修《四庫全書》，改庶吉士，散館授
編修，既入翰林，嘗自謂翰林官「清貴有守，惟治生有具，乃可無求於人」，
於是先倩賈客於廛中代售市貨，俄而大耗其貲。既而貰田倩農代耕，所獲又
不足償糞溉之費。無可如何，乃評輯制舉時藝，鐫印求售，又不得利，既無
以溫飽，亦疲憊不支〔註55〕。清代已有太史某作口占一首：

先裁車馬後裁人，裁到師門二兩銀。^{師門三節（元旦、端午、中秋）兩生日
（老師、師母生辰），例饋賀儀銀二兩。}惟

有兩餐裁不得，一回典當一傷神〔註56〕。

艱窘之狀，情溢乎辭，亦是翰林生活特殊之處。

世祖順治元年（1644）八月，定在京文武官員支給俸祿柴直，仍照故明
舊例，其中文職各品級俸銀爲：

正一品，折支俸銀二百一十五兩五錢一分二釐。

從一品，折支銀一百八十三兩八錢四分四釐。

正二品，折支銀一百五十二兩一錢七分六釐。

從二品，折支銀，一百二十兩五錢八釐。

正三品，折支銀八十八兩八錢四分。

從三品，折支銀六十六兩九錢一分六釐。

正四品，折支銀六十二兩四分四釐。

從四品，折支銀五十四兩七錢三分六釐。

正五品，折支銀四十二兩五錢五分六釐。

從五品，折支銀三十七兩六錢八分四釐。

正六品，折支銀三十五兩四錢六分。

從六品，折支銀二十九兩八分四釐。

〔註53〕 何德剛《春明夢錄》（台北：新興書局筆記小說大觀三十六編影印本，1984
　　　　年），卷上，頁37a～38a。
〔註54〕 歐陽兆雄、金安清《水窗春囈》（北京：中華書局點校本，1984年），卷下，
　　　　翰林清苦，頁57。
〔註55〕 陳康祺《郎潛紀聞四筆》，卷三，周永年治生三變，頁40。
〔註56〕 陸以湉《冷廬雜識》，卷二，典當，頁64。

正七品，折支銀二十七兩四錢九分。

從七品，折支銀二十五兩八錢九分六釐。

正八品，折支銀二十四兩三錢二釐。

從八品，折支銀二十二兩七錢八釐。

正九品，折支銀二十一兩一錢一分四釐。

從九品，折支銀一十九兩五錢二分。

翰詹各官柴薪銀則爲：

詹事府正詹掌府，如係尚書，歲額柴薪銀一百四十四兩；如係侍郎，
一百二十兩。少詹事七十二兩……左右春坊諭德兼侍讀、中允兼編
修、贊善兼司直檢討，歲額柴薪銀四十八兩。直堂各八名，各銀八
十兩。司經局洗馬兼修撰，歲額柴薪銀四十八兩，直堂七名，共銀
七十兩。翰林院大學士歲額柴薪銀七十二兩。侍讀、侍講、修撰，
各四十八兩。編修、檢討，各三十六兩……待詔、孔目，各二十四
兩……庶吉士、譯字官，各一十二兩。帶俸等官，照品級加領翰林
院歲額直堂一十五名，共銀一百五十兩。〔註57〕

同年十一月裁詹事府，定翰林院爲正三品衙門，院內各官品級爲：

掌院學士一員，秩正三品。

侍讀學士、侍講學士各二員，秩正四品。

侍讀、侍講各二員，秩正五品。

修撰三員，秩從六品。

編修四員，秩正七品。

檢討四員，秩從七品。〔註58〕

據此，清初掌院學士俸銀及柴薪銀合計歲額一百六十兩有餘，平均每月十三
兩有餘。庶吉士每月俸銀一兩，無柴薪銀。侍讀、侍講、修撰、編修、檢討
各官，每歲俸銀及柴薪銀可得如下：

侍讀，九十兩有餘。平均每月七兩五錢有餘。

侍講，九十兩有餘。平均每月七兩五錢有餘。

修撰，七十七兩有餘。平均每月六兩四錢有餘。

編修，六十三兩有餘。平均每月五兩二錢有餘。

〔註57〕《清實錄》冊三，《世祖實錄》，卷七，順治元年八月己巳，頁78～80。

〔註58〕《清實錄》冊三，《世祖實錄》，卷十一，順治元年十一月乙酉，頁105。

　　檢討，六十一兩有餘。平均每月五兩八分有餘。

清初京師物價資料難尋，無從比對翰林各官每月之平均花銷，惟自以上統計所見，講讀以下各官，每月所得俱不足十兩，除供應日常生活所需，復有各種節敬應酬，實恐無以支應。如又攜眷隨住，則捉襟見肘、窘態畢露之情，迨不可免。

　　另據高宗乾隆三年（1738）翰林院及詹事府《漢官俸米職名冊》〔註59〕所載，翰林院自講讀學士以下，至編檢庶常共一百五十八員，實領俸米一千九百五十五石二斗五升，平均每員十二石有餘。詹事府自少詹事至正字共十二員，實領俸米二百零四石五斗，平均每員十七石。平均之數僅為參考，其實際應為俸米之數隨品秩之高低而有不同。自清初以降，官員俸米之制當有變革，惟其數迨仍不敷支使，否則不致屢有俸薄之歎。

　　湖廣黃岡曹本榮，順治六年（1649）進士，由庶吉士授編修。其家素貧，自庶常官編修、司業，僦居京師黃岡會館數年，四壁頹墮，不避風雨，蔽衣蔬食，家人均不勝其苦。有同年某從容謂之「今詞林在京師一兩年，即請歸里，盛冠蓋驪從，出入輝赫，為親族交遊光寵。子何久京師，自苦若是」？本榮笑曰「吾將以為學也。學貴澹泊明志，使吾學有成，一旦得以致之吾君，使吾君為堯舜，飢寒困苦非所惜也」〔註60〕。是雖苦仍不改其精進學問、成就君德之志。河南西華王遵訓，順治十五年（1658）進士，由庶吉士改官御史。在翰林日，其母常貽以自織之布，曰「清白家以此相寄，差勝無衣而已」，遵訓受而服之，雖極垢蔽，仍不忍遺棄〔註61〕。是知其在京所得，實不敷奉養故里老母。

　　又如浙江嘉善黃安濤，仁宗嘉慶十四年（1809）進士，由庶吉士授編修。在翰林冷署十餘年，出門率皆步行，或賃騾車，從無自豢車馬者。其時同輩皆如此，俱因俸給過薄之故。至宣宗朝，京中翰林甚至有負債至二、三萬兩者。〔註62〕

　　翰林在京窮困，若得放差提學、衡文，則可有些許進項，稍補先前在京

〔註59〕羅振玉《羅雪堂先生全集五編》冊五，頁2001～2017。
〔註60〕錢儀吉《碑傳集》冊四，卷四十三，翰詹上之上，計東〈中憲大夫內國史院侍讀學士曹公本榮行狀〉，頁1187。
〔註61〕錢儀吉《碑傳集》冊二，卷十八，康熙朝部院大臣上之下，李天馥〈少司農王公遵訓墓誌銘〉，頁586。
〔註62〕歐陽兆雄、金安清《水窗春囈》，卷下，翰林清苦，頁57。

窘況。各直省提督學政，原以進士出身之侍郎、京堂、翰詹、科道、部屬內簡用，三年一任，各帶原銜品級，任滿回京覆命〔註63〕。究其實際，則多以翰詹充任，是以康熙三十二年（1693）京堂小九卿等爲謀學差，乃有請託監察御史疏參翰林、部郎不可出學差之事。一時之間，都下謠喙沸騰，有好事者造爲小戲四齣：「小京堂密謀翻大局」、「死御史賣本作生涯」、「老郎中掣空籤望梅止渴」、「窮翰林開白口畫餅充飢」〔註64〕，道盡京中各官望差紓困之切，此亦是京官俸薄所致。

據載，清代中葉以降，翰林放差得銀最優者，厥爲學差。三年任滿，大省可餘三、四萬金，小省亦有萬餘。次則鄉試主考，每科可得數千金，主考廣西所得最少，僅有九百進項。若放出鄉會房差，則專恃門生贄敬，豐嗇與否乃視門生之貧富爲轉移，大率不過三百金上下〔註65〕，故放差實爲清貧翰林所想望者。福建閩縣葉觀國，乾隆十六年（1751）進士，由庶吉士授編修，官至少詹事。觀國屢司文柄，廉勤盡職，至老不衰。初放學政，至雲南，適逢會試大座師大學士劉統勳奉使至滇，劉統勳見而喜曰：

> 吾見館閣諸君，一出學差，無不面豐體胖，今君如此清癯，殆半爲
> 校士清勤，半爲官署冷淡，不愧爲吾門下士矣。〔註66〕

由劉統勳之語，可以概見館閣翰林生活困窘，一旦奉使提學，則立有改善之機，故「無不面豐體胖」。

翰林艱迫之情，至清末猶然。今人莊練《清代史事與人物》引道光二十一年（1841）散館改主事之庶吉士梅鍾澍覆恩師馬維藩書云：

> 鍾澍年甫四十，精力早衰。假使博檢討頭銜，勢須終日作楷字，苦
> 我手眼矣。清俸數十金以外，何以自存活？勢須終歲教書，苦我心
> 血矣。教書縱能自給，何以養南方待哺之家？勢須每月借貸，每年
> 借貸。幸而一得差囊，猶可稍稍補苴；不幸而一不得，又不幸而又
> 不得，則坐困矣！即令偶有所得，而以積年之逋負，取償於三年之
> 差囊，以一救萬，其何能濟？故有差竣甫返之日，即是借貸過年之

〔註63〕趙爾巽等撰《清史稿》冊十二，卷一一六，志九十一，職官三，外官，學政，頁3345。

〔註64〕陳康祺《郎潛紀聞初筆二筆三筆》，三筆，卷二，康熙癸酉科鄉試之都下謠言，頁677。

〔註65〕何德剛《春明夢錄》，卷上，頁37a～38a。

〔註66〕陳康祺《郎潛紀聞四筆》，卷八，葉觀國視學廉勤盡職，頁124。

時，不及十年，而債臺累萬級者比比也，如是則終身困。〔註67〕
觀其文意，明顯可見散館改授他官實爲脫離翰林苦境之階，因翰林每年數十金薪俸實不足以糊口，爲補不足，衹得以翰林之資坐館教書，所得仍無法周濟故里眾口。借貸之餘，縱得放差提學，又無以償還歷年所欠，層層相因，疊疊相疊，終身困頓，實不知伊於胡底。若將散館改官視爲阮囊活路，則散館歸班銓選者不啻入於絕境，此因銓選稽遲時日，候缺無望，寒傖文士復無生財之計，即使橐筆售文，亦難自給，實亦難免室人之譙。

　　即使俸薄，翰林終究地位崇高，普受尊敬，士子無不以入翰林爲榮。其職掌之特殊，文藝之高超，皇帝必須賴以成德，儒術政權亦賴以延續之。是此等儒生官僚並非帝王緣飾儒術之具，更非附和帝王舞文弄墨之腐儒。

　　翰林之存在，實有其時代性之貢獻。翰林號稱清秘，密邇禁廷，地位特殊。承命纂撰修史，實爲史官之屬；侍講讀、備顧問，爲帝王師友，品級低而名位尊貴。官場交接，無不備受尊崇。復選經術湛深之翰林爲諸皇子皇孫課讀，今日之師保，明日之宰輔，又是一特殊官僚集團。本文以爲，翰林乃科舉時代儒生官僚集團中之菁英分子，自有其氣類，有其特殊行止規矩。又據研究而知，翰林於內外官職之遷轉並無特殊限制，京署六曹，疆圻守令，俱有翰林任事之跡，洊陞宰輔卿貳者，亦多有詞林經歷，是其官僚格局非僅狹隘之文學侍從而已。

　　德宗光緒三十年（1904）甲辰科爲清代會試之最末科，亦是中國歷史上會試之絕響，此後再無科舉，人才選拔悉歸學堂。翰苑衙門雖然未廢，然已再無選庶常、留館閣者，代之以考試出洋留學歸國學生，合格者授進士及翰林院職銜有差，如民初京津名醫徐景文即於其時得授牙科翰林。其時，名儒王闓運，年已七十，被薦入都，特授翰林院檢討，嘗作謔詩一首：

　　　　愧無齒錄稱前輩，幸有牙科步後塵。〔註68〕

至民國三年（1914）九月，又自記云「大會翰林以余爲首。實乃最後輩也，無後於我者」〔註69〕。又曾笑謂人云「我倒沾了他們的光，你看我可像個翰林」〔註70〕。改變翰林體制實係時代洪流所致，從此清華不再，上選無蹤。

〔註67〕莊練《清代史事與人物》，頁 269～270。
〔註68〕夏仁虎《舊京瑣記》（北京：北京古籍出版社，1986 年），卷六，考試，頁 79。
〔註69〕陸奉初《燕塵識小》，頁 24～25。
〔註70〕劉聲木《萇楚齋隨筆續筆三筆四筆五筆》，四筆，卷五，洋進士等事，頁 778
　　　　～779。

德宗光緒二十六年（1900）義和團事變，北京遭劫，清廷向西洋諸國宣戰後，清兵施放砲彈，擬焚英國使館，不意準頭稍遜，於五月二十七日將翰林院署付之一炬〔註 71〕，歷代典籍藏書化爲烏有。翌年辛丑議和又將諸辦公要署圈入使館區，包括宗人府、吏部、戶部、禮部、兵部、工部、理藩院、翰林院、詹事府、太僕寺、鴻臚寺、欽天監、鑾駕庫、四譯館、庶常館等衙署〔註 72〕。各衙門均另覓地安置，翰林院亦遷至正陽門內通政使司舊址（西三座門外，西長安街路南，東頭，北向），正對南海大牆，與後來之新華門遙相斜對。入民國後，舊通政使司翰苑衙署改爲文官懲戒委員會，國都定南京之後，再改爲北平市參議會。抗日期間，北平淪陷，日軍駐紮其中，回首前塵，不禁慨歎：

> 玉堂金馬，淪爲敵騎縱橫；蓬山話舊者，眞有不堪回首之嘆矣。

〔註 73〕

〔註 71〕 明清檔案館編《義和團檔案史料》（北京：中華書局，1959 年），光緒二十六年七月，譯件三，美使致天津美國領事電，頁 448～449。

〔註 72〕 明清檔案館編《義和團檔案史料》，光緒二十七年三月，照錄致各使說帖，頁 1103～1104。

〔註 73〕 張宗平、呂永和譯《清末北京志資料》（北京：北京燕山出版社，1994 年），頁 33。
余榮昌《故都變遷記略》（台北：古亭書屋據 1941 年序本影印，1969 年），卷四，內城一，頁 2a；卷六，內城三，頁 1b。
陸奉初《燕塵識小》（台北：三民書局，1961 年），頁 10～11。

徵引及參考書目

一、正　史

1. 宋濂《元史》。北京：中華書局點校本，全十五冊，1976 年。
2. 脫脫等撰《宋史》。北京：中華書局點校本，全四十冊，1985 年。
3. 張廷玉等撰《明史》。北京：中華書局點校本，全二十八冊，1974 年。
4. 趙爾巽等撰《清史稿》。北京：中華書局點校本，全四十八冊，1977 年。
5. 劉昫《舊唐書》。北京：中華書局點校本，全十六冊，1975 年。
6. 歐陽修、宋祁撰《新唐書》。北京：中華書局點校本，全二十冊，1975 年。

二、檔案及編年史料

1. 〈聖祖仁皇帝起居注殘稿〉。見羅振玉《羅雪堂先生全集》五編，冊五。台北：大通書局，1973 年。
2. 《明實錄》。台北：中央研究院歷史語言研究所影印，1966 年。
3. 《清實錄》。北京：中華書局影印本，1986 年。
4. 中國第一歷史檔案館編《清初內國史院滿文檔案譯編》。北京：光明日報出版社，1989 年。
5. 中國第一歷史檔案館編《康熙起居注》。北京：中華書局標點本，1984 年。
6. 中國第一歷史檔案館編《乾隆朝上諭檔》。北京：檔案出版社，1991 年。
7. 中國第一歷史檔案館編《雍正朝起居注冊》。北京：中華書局影印，1993 年。

8. 中國第一歷史檔案館編《雍正朝漢文硃批奏摺彙編》。上海：江蘇古籍出版社，1989～1991 年。

9. 吳鼎雯《國朝翰詹源流編年》。台北：文海出版社據清刻本影印，1968 年。

10. 明清檔案館編《義和團檔案史料》。北京：中華書局，1959 年。

11. 康熙十七年《南書房記注》。《歷史檔案》1995 年三期。北京，1995 年 8 月。

12. 康熙十八年《南書房記注》。《歷史檔案》1996 年二期。北京，1996 年 5 月。

13. 康熙十九年《南書房記注（一）》。《歷史檔案》1996 年三期。北京，1996 年 8 月。

14. 康熙十九年《南書房記注（二）》。《歷史檔案》1996 年四期。北京，1996 年 11 月。

15. 康熙十九年《南書房記注（三）》。《歷史檔案》1997 年一期。北京，1997 年 2 月。

16. 陳垣《辦理四庫全書檔案》，收入楊家駱編《四庫全書概述》。台北：中國辭典館復館籌備處，1971 年。

17. 張偉仁主編《中央研究院歷史語言研究所現存清代內閣大庫原藏明清檔案》。台北：聯經出版事業公司，1986～1995 年。

18. 張謇《柳西草堂日記》。台北：文海出版社據原本影印，1986 年。

19. 趙中孚《翁同龢日記排印本附索引》。台北：成文出版社，全五冊，1970 年。

20. 蔣良騏原纂，王先謙改修《十二朝東華錄》。台北：文海出版社據清刻本影印，全三十冊，1967 年。

三、傳　記

1. 《清碑傳合集（碑傳集、續碑傳集、碑傳集補、碑傳集三編）》。上海：上海書店影印本，1988 年。

2. 《滿漢名臣傳》。哈爾濱：黑龍江人民出版社校訂本，1991 年。

3. 王鍾翰點校《清史列傳》。北京：中華書局，1987 年。

4. 李元度《國朝先正事略》。長沙：嶽麓書社點校本，1991 年。

5. 李桓《國朝耆獻類徵初編》。台北：明文書局，周駿富輯《清代傳記叢刊》據清光緒十年湘陰李氏藏板影印，1985 年。

6. 李集《鶴徵前錄》。台北：明文書局，周駿富輯《清代傳記叢刊》據昭代叢書本影印，1985 年。

7. 李富孫《鶴徵後錄》。台北：明文書局，周駿富輯《清代傳記叢刊》據昭代叢書本影印，1985 年。

8. 東方學會編《滿漢大臣列傳（原名《國史列傳》)》。台北：文海出版社據東方學會本影印，1974 年。

9. 徐世昌《大清畿輔先哲傳》。北京：北京古籍出版社點校本，1993 年。

10. 秦瀛《己未詞科錄》。台北：明文書局，周駿富輯《清代傳記叢刊》據嘉慶十二年吳騫敘本影印，1985 年。

11. 閻湘蕙輯《國朝鼎甲徵信錄》。台北：明文書局，周駿富輯《清代傳記叢刊》據清同治壽光洱東念劬山房存板影印，1985 年。

12. 錢儀吉《碑傳集》。北京：中華書局標點本，1993 年。

13. 錢聯仲主編《廣清碑傳集》。蘇州：蘇州大學出版社，1999 年。

四、政　典

1. 《大清十朝聖訓》。台北：文海出版社據清刻本影印，1965 年。

2. 《起居注館則例》。清高宗朝內府抄本，藏北京圖書館，文件號 03576。

3. 《欽定大清會典》。遵旨重刊武英殿聚珍版，乾隆二十九年甲申春御製序，江南省通行原刊本。

4. 《詹事府則例》。清高宗朝內府抄本，藏北京圖書館，文件號 03578。

5. 《翰林院則例》。清高宗朝內府抄本，藏北京圖書館，文件號 03579。

6. 《學政全書》。台北：廣文書局據清官修本影印，1974 年。

7. 文慶等纂修《欽定國子監志》。北京：北京古籍出版社點校本，2000 年。

8. 王正功纂輯，趙輯寧校補《中書典故彙紀》。台北：文海出版社據吳興劉氏嘉業堂刊本影印，1978 年。

9. 王溥《唐會要》。上海：上海古籍出版社點校本，1991 年。

10. 允祹等纂《欽定大清會典（乾隆朝)》。上海：圖書集成印書局，清光緒十九年刊本。

11. 允祿等監修《大清會典（雍正朝)》。台北：文海出版社據清刻本影印，1994～1995 年。

12. 伊桑阿等纂修《大清會典（康熙朝)》。台北：文海出版社據清刻本影印，1993 年。

13. 托津等奉敕纂《欽定大清會典（嘉慶朝)》。台北：文海出版社據清刻本影印，1991 年。

14. 托津等奉敕撰《欽定大清會典事例（嘉慶朝)》。台北：文海出版社據清刻本影印，1982 年。

15. 朱珪等撰《皇朝詞林典故》。揚州：江蘇廣陵古籍刻印社據光緒刊本影印，1990 年。

16. 李東陽等奉敕撰，申時行等奉敕重修《大明會典》。台北：東南書報社據明萬曆十五年司禮監刊本影印，1964 年。

17. 奎潤等纂《欽定科場條例》。台北：文海出版社據清光緒十三年奏進本影印，1989 年。

18. 席裕福纂《皇朝政典類纂》。台北：成文出版社據光緒二十九年刊本影印，1982 年。

19. 特登額等奉敕纂《欽定禮部則例》。台北：成文出版社據清道光二十四年刻本影印，1966 年。

20. 素爾納等纂修《欽定學政全書》。台北：文海出版社據清乾隆朝刻本影印，1968 年。

21. 清高宗敕撰《清朝文獻通考》。上海：商務印書館萬有文庫本，1936 年。

22. 清高宗敕撰《清朝通志》。上海：商務印書館萬有文庫本，1935 年。

23. 清高宗敕撰《清朝通典》。上海：商務印書館萬有文庫本，1935 年。

24. 郭良翰《明謚紀彙編》。台北：台灣商務印書館影印《文淵閣四庫全書》冊六五一，1983 年。

25. 張廷玉等纂《詞林典故》。揚州：江蘇廣陵古籍刻印社據乾隆武英殿刊本影印，1989 年。

26. 陳夢雷《古今圖書集成》。台北：鼎文書局據清雍正四年御製序本影印，全一〇一冊，1976 年。

27. 陳騤等撰《南宋館閣錄續錄》。北京：中華書局據《景印文淵閣四庫全書》本點校，1998 年。

28. 崑岡等纂《欽定大清會典（光緒朝）》。北京：中華書局據清光緒二十五年石印本影印，1991 年。

29. 崑岡等纂《欽定大清會典事例（光緒朝）》。北京：中華書局據清光緒二十五年石印本影印，1991 年。

30. 鄂爾泰、張廷玉等編纂《國朝宮史》。北京：北京古籍出版社點校本，1987 年。

31. 鄭樵《通志》。上海：商務印書館萬有文庫本，1937 年。

32. 劉錦藻撰《清朝文獻通考》。台北：鼎文書局，楊家駱主編《十通分類總纂》冊十，1975 年。

33. 慶桂等編纂《國朝宮史續編》。北京：北京古籍出版社點校本，1994 年。

34. 龍文彬纂《明會要》。北京：中華書局標點本，1956 年。

五、筆記文集

1. 《清高宗御製詩文集》。台北：國立故宮博物院據嘉慶殿本影印，1976年。

2. 《康熙帝御製文集》。台北：台灣學生書局據國立台灣大學藏清刊本影印，1966年。

3. 《曾國藩全集》。長沙：嶽麓書社排印本，1985年。

4. 《逸周書》。台北：台灣中華書局四部備要本，據抱經堂刊本校刊，1966年。

5. 于敏中等編纂《日下舊聞考》。北京：北京古籍出版社排印本，1981年。

6. 文康撰《兒女英雄傳》。台北：三民書局，1990年。

7. 方濬師《蕉軒隨錄續錄》。北京：中華書局點校本，1995年。

8. 夫椒蘇何聖生《簷醉雜記》。台北：文海出版社據清刊本影印，1967年。

9. 不著撰人《清代名臣奏議》。台北：廣文出版社據清抄本影印，1974年。

10. 毛祥麟《對山書屋墨餘錄》。台北：廣文書局據清同治十年辛未杭州文元堂楊氏藏板影印，1991年。

11. 王士正（禎）《居易錄談》。台北：新興書局筆記小說大觀六編據清刻本影印，1989年。

12. 王士禎《分甘餘話》。北京：中華書局點校本，1989年。

13. 王士禎《古夫于亭雜錄》。北京：中華書局點校本，1988年。

14. 王士禎《池北偶談》。北京：中華書局點校本，1982年。

15. 王士禎《居易錄》。台北：新興書局據清刊本影印，1977年。

16. 王士禎《香祖筆記》。台北：新興書局筆記小說大觀二十八編據清刻本影印，1988年。

17. 王士禎《漁洋山人文略》。台北：新文豐出版公司叢書集成三編，冊五十四，據康熙三十四年序本影印，1997年。

18. 王世貞《觚不觚錄》。台北：新興書局據《廣百川學海》本影印，1970年。

19. 王充《論衡》。長沙：嶽麓書社點校本，1991年。

20. 王安石《王安石全集》。台北：河洛圖書出版社，1974年。

21. 王國維《觀堂集林》。香港：中華書局，1973年。

22. 王應奎《柳南隨筆續筆》。北京：中華書局點校本，1983年。

23. 孔尚任《桃花扇》。北京：人民文學出版社王季思、蘇寰中合註本，1959年。

24. 平步青《霞外攟屑》。上海：上海古籍出版社標點本，1982年。

25. 朱克敬《儒林瑣記》。長沙：嶽麓書社點校本，1983年。

26. 朱彭壽《舊典備徵》。北京：中華書局點校本，1982年。

27. 朱彭壽《安樂康平室隨筆》。北京：中華書局點校本，1982年。

28. 沈括《夢溪筆談》。香港：中華書局胡道靜校注本，1975年。

29. 汪汲《事物原會》。揚州：江蘇廣陵古籍刻印社，據清嘉慶元年丙辰古愚山房藏版影印，1989年。

30. 沈雲龍輯《中和史料月刊選集》。台北：文海出版社，1970年。

31. 宋敏求《春明退朝錄》。北京：中華書局據百川學海本點校，1980年。

32. 李伯元《文明小史》。台北：三民書局，1988年。

33. 李調元《淡墨錄》。台北：廣文書局據清乾隆六十年刻本影印，1969年。

34. 李調元《制義科瑣記》。上海：商務印書館據涵海本影印，1936年。

35. 李東陽《懷麓堂集》。台北：臺灣商務印書館《景印文淵閣四庫全書》冊一二五〇，1983年。

36. 李寶嘉《官場現形記》。北京：人民文學出版社，1995年。

37. 李肇《國史補》。台北：新興書局筆記小說大觀二十一編，1987年。

38. 吳長元《宸垣識略》。台北：文海出版社據清乾隆五十三年戊申冬刊本影印，1972年。

39. 吳振棫《養吉齋叢錄》。北京：北京古籍出版社點校本，1983年。

40. 吳慶坻《蕉廊脞錄》。北京：中華書局點校本，1990年。

41. 何德剛《春明夢錄》。台北：新興書局筆記小說大觀三十六編影印本，1984年。

42. 狄億《暢春苑御試恭紀》。上海：上海書店，叢書集成續編據昭代叢書刊本影印，1994年。

43. 余榮昌《故都變遷記略》。台北：古亭書屋據1941年序本影印，1969年。

44. 阮元校刊《十三經注》。北京：中華書局據上海世界書局縮印清刻本影印，1980年。

45. 阮葵生《茶餘客話》。上海：商務印書館叢書集成初編據藝海珠塵本排印，1936年。

46. 況周頤《眉廬叢話》。太原：山西古籍出版社標點本，1995年。

47. 況周頤《餐櫻廡隨筆》。太原：山西古籍出版社標點本，1995 年。

48. 法式善《槐廳載筆》。台北：文海出版社據清刻本影印，1969 年。

49. 法式善《陶廬雜錄》。北京：中華書局點校本，1959 年。

50. 杭世駿《詞科掌錄》。台北：臺灣學生書局據道古堂藏板影印，1976 年。

51. 林熙春《皇朝掌故輯要》。台北：華文書局據清光緒二十八年壬寅昌江岳雲山館梓行本影印，1970 年。

52. 周壽昌《思益堂日札》。北京：中華書局點校本，1987 年。

53. 金埴《不下帶編》。北京：中華書局點校本，1982 年。

54. 奕賡《佳夢軒叢著》。北京：北京古籍出版社點校本，1994 年。

55. 胡廣等奉敕撰《性理大全》。日‧京都：中文出版社據明永樂十三年御製序本影印，1981 年。

56. 姚元之《竹葉亭雜記》。北京：中華書局點校本，1982 年。

57. 姚椿編《清朝文錄》。台北：大新書局據清咸豐元年華亭張代南山館刊本影印，1965 年。

58. 英和《恩福堂筆記‧詩鈔‧年譜》。北京：北京古籍出版社，1991 年。

59. 俞正燮《癸巳類稿》。台北：台灣商務印書館排印本，1968 年。

60. 俞樾《茶香室叢鈔》。北京：中華書局點校本，1995 年。

61. 昭槤《嘯亭雜錄》。北京：中華書局點校本，1980 年。

62. 洪邁《容齋隨筆》。上海：上海古籍出版社據清洪氏刊本點校，1978 年。

63. 帥方蔚《詞垣日記》。台北：文海出版社據清光緒十年綠窗重刊本影印，1970 年。

64. 袁枚《隨園隨筆》。台北：鼎文書局排印本，1978 年。

65. 袁翔甫《海上竹枝辭》。光緒二年初夏莫釐許氏藏板原刻本。

66. 夏仁虎《舊京瑣記》。北京：北京古籍出版社，1986 年。

67. 桐西漫士《聽雨閒談》。上海：上海古籍出版社據清代抄本影印，1983 年。

68. 班固等撰《白虎通義》。上海：商務印書館叢書集成初編據抱經堂本影印，1936 年。

69. 孫承澤《山書》。杭州：浙江古籍出版社點校本，1989 年。

70. 孫承澤《天府廣記》。北京：北京古籍出版社排印本，1982 年。

71. 孫承澤《春明夢餘錄》。香港：龍門書店據清光緒九年廣州惜分陰館南海孔氏古香齋鑒賞袖珍本影印，1965 年。

72. 徐錫麟、錢泳《熙朝新語》。台北：文海出版社據清道光四年刻本影印，1985 年。

73. 徐學聚《國朝典彙》。收入宋祥瑞主編《明清史料叢編》。北京：北京大學出版社，北京大學圖書館藏善本叢書，1993 年。

74. 郭沫若《郭沫若文集》。上海：春明書店，1949 年。

75. 許姬傳《許姬傳七十年聞見錄》。北京：中華書局，1985 年。

76. 崔述《豐鎬考信錄》。上海：商務印書館叢書集成初編據畿輔叢書本排印，1937 年。

77. 陸以湉《冷廬雜識》。北京，中華書局點校本，1984 年。

78. 陸奉初《燕塵識小》。台北：三民書局，1961 年。

79. 陸游原著，錢聯仲校注《劍南詩稿校注》。上海：上海古籍出版社，1985 年。

80. 陳宗蕃《燕都叢考》。北京：北京古籍出版社，1991 年。

81. 陳其元《庸閒齋筆記》。北京：中華書局點校本，1989 年。

82. 陳康祺《郎潛紀聞初筆二筆三筆》。北京：中華書局點校本，1984 年。

83. 陳夔龍《夢蕉亭雜記》。北京：北京古籍出版社點校本，1985 年。

84. 陶福履《常談》。上海：商務印書館據豫章叢書本影印，1936 年。

85. 張九齡《曲江集》。台北：臺灣商務印書館人人文庫本，1973 年。

86. 陸以湉《冷廬雜識》。北京：中華書局點校本，1984 年。

87. 梁章鉅《南省公餘錄》。台北：廣文書局影印本，1968 年。

88. 梁章鉅《樞垣記略》。北京：中華書局點校本，1984 年。

89. 梁章鉅《稱謂錄》。台北：廣文書局據清刻本影印，1977 年。

90. 梁章鉅《浪跡叢談續談三談》。北京：中華書局點校本，1981 年。

91. 曹申吉《澹餘筆記》。上海：上海書店叢書集成續編據藕香零拾本影印，1994 年。

92. 崇彝《道咸以來朝野雜記》。台北：新興書局，筆記小說大觀三十三編，1983 年。

93. 葉鳳毛《內閣小志》。台北：文海出版社明清史料彙編初集冊六據清刻本影印，1967 年。

94. 黃佐《翰林記》。上海：商務印書館叢書集成初編據嶺南遺書本排印，1936 年。

95. 黃淮、楊士奇等編《歷代名臣奏議》。台北：台灣學生書局據明永樂年間內府刊本影印，1985 年。

96. 黃濬《花隨人聖盦摭憶》。上海：上海書店，1998 年。

97. 琴川居士編輯《皇清奏議（又名皇清名臣奏議）》。台北：文海出版社據都城國史館琴川居士刊本影印，1967年。

98. 廖道南《殿閣詞林紀》。台北：台灣商務印書館影印《文淵閣四庫全書》，1983年。

99. 趙翼《陔餘叢考》。上海：商務印書館據清乾隆五十五年湛貽堂刻本影印，1957年。

100. 趙翼《簷曝雜記》。北京：中華書局點校本，1982年。

101. 福格《聽雨叢談》。北京：中華書局點校本，1984年。

102. 談遷《北游錄》。北京：中華書局點校本，1960年。

103. 震鈞《天咫偶聞》。北京：北京古籍出版社點校本，1982年。

104. 管庭芬《管庭芬筆記兩種（芷湘筆乘、卝分筆記)》。上海：上海書店據鈔本影印，1989年。

105. 劉廷璣《在園雜志》。台北：文海出版社據清刻本影印，1969年。

106. 劉禺生《世載堂雜憶》。北京：中華書局點校本，1960年。

107. 劉聲木《萇楚齋隨筆續筆三筆四筆五筆》。北京：中華書局點校本，1998年。

108. 劉體智《異辭錄》。北京：中華書局點校本，1988年。

109. 鄭曉《鄭端簡公今言類編》。上海：商務印書館叢書集成初編，據鹽邑志林本影印，1925年。

110. 歐陽兆熊、金安清《水窗春囈》。北京：中華書局點校本，1984年。

111. 蕭統編，李善注《文選》。上海：上海古籍出版社標點本，1986年。

112. 蕭奭《永憲錄》。北京：中華書局點校本，1959年。

113. 錢泳《履園叢話》。北京：中華書局點校本，1979年。

114. 謝肇淛《五雜俎》。北京：中華書局中國文學參考資料叢書標點本，1959年。

115. 繆彤《臚傳紀事》。台北：新興書局筆記小說大觀六編據清刻本影印，1989年。

116. 顏之推《顏氏家訓》。北京：海南出版社點校本，1993年。

117. 魏象樞《寒松堂集》。太原：山西人民出版社點校本，1992年。

118. 羅振玉校錄《天聰朝臣工奏議》。台北：文海出版社史料叢刊初編，1964年。

119. 羅惇曧《賓退隨筆》。台北：文海出版社，1987年。

120. 繼昌《行素齋雜記》。台北：文海出版社據清光緒二十七年湖南臬署刻本影印，1985年。

121. 顧炎武《亭林文集》。台北：古亭書屋影印清蓬瀛閣校刊本《顧亭林先生遺書十種》，1969 年。

122. 顧炎武原著，黃侃、張繼校勘《原抄本日知錄》。台北：明倫書局標點本，1979 年。

123. 顧張思《土風錄》。揚州：江蘇廣陵古籍刻印社，中國民俗方言謠諺叢刊據嘉慶三年朱珪序本影印，1989 年。

124. 顧棟高《春秋大事表》。台北：廣學社印書館據錫山顧復初先生原本，同治癸酉秋平遠丁穉璜少保鑒定重雕，山東尚志堂藏板影印，1975 年。

125. 顧嗣立《春樹閒鈔》。台北：文海出版社據乙亥叢編本影印，1967～1969 年。

六、譜 牒

1. 王士禎《王士禎年譜》。北京：中華書局點校本，1992 年。

2. 姚名達編《朱筠年譜》。上海：上海書店，1991 年。

3. 張廷玉《張廷玉年譜（原名澄懷園主人自定年譜）》。北京：中華書局點校本，1992 年。

4. 張鑑等撰《阮元年譜》。北京：中華書局點校本，1995 年。

5. 魏象樞《清魏敏果公象樞年譜》。台北：臺灣商務印書館，1978 年。

七、研究專著

1. 王戎笙主編《清代全史》。瀋陽：遼寧人民出版社，1991～1993 年。

2. 王德昭《清代科舉制度研究》。香港：中文大學出版社，1982 年。

3. 左步青主編《清代皇帝傳略》。北京：紫禁城出版社，1991 年。

4. 考試院考銓叢書指導委員會《中國考試制度史》。台北：正中書局，1983 年。

5. 李宗侗《史學概要》。台北：正中書局，1968 年。

6. 李俊《中國宰相制度》。上海：商務印書館，1947 年。

7. 李新達《中國科舉制度史》。台北：文津出版社，1995 年。

8. 李鐵《中國文官制度》。北京：中國政法大學出版社，1989 年。

9. 汪受寬《謚法研究》。上海：上海古籍出版社，1995 年。

10. 汪受寬主編，雷紫翰、沈禎雲編著《官場與進身》。北京：中共中央黨校出版社，1999 年。

11. 佟悅、呂霽虹《清宮皇子》。瀋陽：遼寧大學出版社，1993 年。

12. 宋德宣《康熙思想研究》。北京：中國社會科學出版社，1990 年。

13. 邱寶林、吳仕龍《中國歷代官員考核》。昆明：雲南教育出版社，1996年。

14. 南開大學明清史研究室編《清王朝的建立、階層及其他》。天津：天津人民出版社，1994年。

15. 俞榮根《儒言治世──儒學治國之術》。成都：四川人民出版社，1995年。

16. 高一涵《中國內閣制度的沿革》。上海：商務印書館，1933年。

17. 高翔《康雍乾三帝統治思想研究》。北京：中國人民大學出版社，1995年。

18. 唐文基、羅慶泗《乾隆傳》。北京：人民出版社，1994年。

19. 梁希哲、孟昭信《明清政治制度述論》。長春：吉林大學出版社，1991年。

20. 張卜麻《諡法及得諡人法》。台北：台灣商務印書館，1977年。

21. 張宗平、呂永和譯《清末北京志資料》。北京：北京燕山出版社，1994年。

22. 張治安《明代政治制度研究》。台北：聯經出版事業公司，1992年。

23. 張金鑑《中國文官制度史》。台北：中華文化出版事業委員會，1955年。

24. 張榮林《明代文官選任之研究》。台北：登文書局，1983年。

25. 張德澤《清代國家機關考略》。北京：中國人民大學出版社，1981年。

26. 商衍鎏《清代科舉考試述錄》。北京：生活讀書新知三聯書店，1958年。

27. 莊吉發《故宮檔案述要》。台北：國立故宮博物院故宮叢刊編輯委員會，1983年。

28. 莊練《清代史事與人事》。台北：台灣商務印書館，1993年。

29. 章中如《清代考試制度》。上海：黎明書局，1931年。

30. 章中和《清代考試制度資料》。台北：文海出版社，1968年。

31. 陳紅太《儒學與中國傳統政治哲學》。北京：現代出版社，1997年。

32. 陳茂同《中國歷代選官制度》。上海：華東師範大學出版社，1994年。

33. 陳捷先《清史論集》。台北：東大圖書公司，1997年。

34. 陶希聖、沈任遠《明清政治制度》。台北：台灣商務印書館，1967年。

35. 郭齊家《中國古代考試制度》。北京：商務印書館，1997年。

36. 喬治忠《清朝官方史學研究》。台北：文津出版社，1994年。

37. 黃進興《優入聖域：權力、信仰與正當性》。台北：允晨文化實業股份有

限公司，1994 年。

38. 馮爾康《雍正傳》。北京：人民出版社，1985 年。

39. 畢誠、王培華《東宮文華——宮廷教育》。昆明：雲南人民出版社，1992 年。

40. 楊果《中國翰林制度研究》。武昌：武漢大學出版社，1996 年。

41. 楊成鑒、金濤聲《中國考試學》。北京：書目文獻出版社，1995 年。

42. 樓勁、劉光華《中國古代文官制度》。蘭州：甘肅人民出版社，1992 年。

43. 劉兆璸《清代科舉》。台北：自印發行，1975 年。

44. 劉虹《中國選士制度史》。長沙：湖南教育出版社，1992 年。

45. 劉節《中國史學史稿》。鄭州：中州書畫社，1982 年。

46. 鄧嗣禹《中國考試制度史》。台北：臺灣學生書局，1967 年。

47. 閻步克《士大夫政治演生史稿》。北京：北京大學出版社，1996 年。

48. 戴逸《乾隆帝及其時代》。北京：中國人民大學出版社，1992 年。

49. 謝浩《科舉論叢》。南投：臺灣省文獻委員會，1995 年。

50. 關文發、顏廣文《明代政治制度研究》。北京：中國社會科學出版社，1995 年。

51. 薩師炯《清代內閣制度》。重慶：商務印書館，1946 年。

52. 譚天星《明代內閣政治》。北京：中國社會科學出版社，1996 年。

八、期刊論文

1. 王一鵬〈翰林院演變初探〉。《內蒙古社會科學（文史哲版）》1993 年六期。呼和浩特，1993 年 11 月。

2. 王爾敏〈清廷《聖諭廣訓》之頒行及民間之宣講拾遺〉。《中央研究院近代史研究所集刊》第二十二期下冊。台北：中央研究院近代史研究所，1993 年。

3. 王爾敏〈滿清入主華夏及其文化承緒之統一政術〉。《中國歷史上的分與合學術研討會論文集》。台北。

4. 尹彤雲〈康熙十七年博學鴻詞科略論〉。《寧夏社會科學》1995 年三期。銀川，1995 年 5 月。

5. 伍貽業〈論清代文人入仕與吏治〉。《南京大學學報（哲學、人文、社會科學）》1987 年二期。南京，1987 年。

6. 朱金甫〈論康熙時期的南書房〉。《故宮博物院院刊》1990 年二期。北京，1990 年 6 月。

7. 朱端強〈清代宦滇狀元通考〉。《雲南師範大學哲學社會科學學報》十七

卷六期。昆明，1995 年 12 月。

8. 宋元強〈清代的科目選士與競爭機制〉。《中國社會科學》1993 年二期。北京，1993 年 3 月。

9. 宋毅〈康熙皇帝的南書房〉。《北京史苑》三輯。北京，1985 年。

10. 呂英凡〈清代官場稱謂〉。《燕都》1990 年一期。北京，1990 年。

11. 呂實強〈從起居注看康熙帝對經史的研習〉。《近代中國初期歷史研討會論文集》。台北：中央研究院近代史研究所，1989 年。

12. 吳仁安〈明清庶吉士制度對比研究〉。《社會科學戰線》1997 年二期。長春，1997 年 3 月。

13. 吳建華〈清代庶吉士群體簡析〉。《社會科學輯刊》1994 年四期。瀋陽，1994 年 7 月。

14. 吳靜淵〈諡法探源〉。《中華文史論叢》1979 年三輯。上海，1979 年 9 月。

15. 杜家驥〈清代官員選任制度述論〉。《清史研究》1995 年二期。北京，1995 年 6 月。

16. 屈萬里〈諡法濫觴於殷代論〉。《中央研究院歷史語言研究所集刊》第十三本。1948 年。

17. 孟昭信〈關於南書房的始設時間問題〉。《史學集刊》1988 年三期。長春，1988 年。

18. 周蔭棠〈進士之出路〉。《東方雜誌》四十一卷九號。重慶，1945 年。

19. 周蔭棠〈秀才之出路〉。《東方雜誌》四十一卷十八號。重慶，1945 年。

20. 秦國經〈清代的殿試〉。《故宮博物院院刊》1981 年四期。北京，1981 年。

21. 許秀媛、張仁善〈清人稱謂及其演變〉。《歷史知識》1989 年三期。成都，1989 年。

22. 陳金陵〈南書房〉。《清代研究通訊》1985 年二期。北京，1985 年 6 月。

23. 莊吉發〈清高宗乾隆時代的鄉試〉。《大陸雜誌》五十二卷四期。台北，1976 年 4 月。

24. 喬治忠〈清代國史館考述〉。《文史》三十九期。北京：中華書局，1994 年 3 月。

25. 喬治忠〈說康熙起居注〉。《史學史研究》1991 年一期。北京，1991 年 3 月。

26. 馮元魁、程翌康〈略論清朝內閣的職掌與機制〉。《上海師範大學學報（哲學社會科學版）》1989 年二期。上海，1989 年 6 月。

27. 馮爾康〈清代前期與末季區域人才的變化——以引見官員、鼎甲、翰林

爲例〉。《歷史研究》1997 年一期。北京，1997 年。

28. 單士元〈清代起居注〉。故宮博物院明清檔案部編《清代檔案史料叢編》四輯。北京：中華書局，1979 年。

29. 傅增湘〈清代殿試考略〉。《國聞週報》十卷一、二、三期。上海，1933 年。

30. 楊海英〈康熙博學鴻儒考〉。《歷史檔案》1996 年一期。北京，1996 年 2 月。

31. 董康〈追記前清考試制度〉。《東方學報》五冊。日・京都：京都大學人文科學研究所，1934 年 7 月。

32. 趙志強〈論清代的內翻書房〉。《清史研究》1992 年二期。北京，1992 年 6 月。

33. 趙洛〈明清玉堂之署──翰林院〉。《文史知識》1982 年六期。北京，1982 年 6 月。

34. 趙秉忠、白新良〈經筵日講與康熙政治〉。《社會科學輯刊》1990 年一期。瀋陽，1990 年 1 月。

35. 趙剛〈康熙博學鴻詞科與清初政治變遷〉。《故宮博物院院刊》1993 年一期。北京，1993 年 2 月。

36. 劉潞〈康熙南書房軼事〉。《燕都》1989 年四期。北京，1989 年。

37. 謝浩〈漫談翰林的滄桑與榮寵──兼介清代臺灣的甲科及玉堂人物〉。《臺北文獻》直字第三十五期。台北：台北市文獻委員會，1976 年 3 月。

38. 魏秀梅〈清代之鄉試考官〉。《中央研究院近代史研究所集刊》二十四期上冊。台北：中央研究院近代史研究所，1995 年。

39. 羅麗達〈雍正初年的皇子教讀〉。《清史研究》1993 年二期。北京，1993 年 6 月。

九、學位論文

1. 凌林煌《清代內閣制度》。台北：私立中國文化學院史學研究所碩士論文，1973 年。

2. 黃光亮《清代科舉制度之研究》台北：私立中國文化學院三民主義研究所博士論文，1975 年。

十、外文資料

1. Adam Yuen-chung Lui. *The Hanlin Academy: Training Ground for the Ambitious, 1644~1850*, Hamden, Connecticut: Archon Books, 1981.

2. Benjamin A. Elman, "Political, Social, and Cultural Reproduction via Civil

Service Examinations in Late Imperial China." The Journal of Asian Studies, New York, Vol.50, No.1, Feb. 1991.

3. Jonathan Spence, "The Seven Ages of K'ang-hsi." The Journal of Asian Studies, New York, Vol.XXVI, No.2, Feb. 1976.

4. Lawrence D. Kessler, "Chinese Scholars and the Early Manchu State." *Harvard Journal of Asiatic Studies*, Harvard-Yenchin Institute, Cambridge, Mass. Vol.31, 1971.

5. Robert M. Marsh, "Bureaucratic Constraints on Nepotism in the Ch'ing Period." The Journal of Asian Studies, New York, Vol.XIX, No.2, Feb. 1960.

6. 日・宮崎市定《科舉》。大阪：秋田屋，1946 年。

十一、工具書

1. 《清歷科廣東鄉試錄》。台北：文粹閣據清刻本影印，1971 年。

2. 不著撰人《清朝貢舉年表》。台北：文海出版社據申江袖海山房石印本影印，1961 年。

3. 朱汝珍《詞林輯略》。台北：鼎文書局，楊家駱主編《古今圖書集成續編初稿》冊二十五，選舉典，據中央刻經院刊本影印，1977 年。

4. 朱沛蓮《清代鼎甲錄》。台北：台灣中華書局，1983 年。

5. 朱保炯、謝沛霖《明清進士題名碑錄索引》。上海：上海古籍出版社，1980 年。

6. 杜聯喆、房兆楹編《三十三種清代傳記綜合引得》。北京：中華書局，1987 年。

7. 沈廷芳原輯，陸費墀重訂《國朝館選錄》。清乾隆十一年原刻本。

8. 李天白《江西狀元譜》。南昌：江西教育出版社，1997 年。

9. 李朝正《清代四川進士徵略》。成都：四川大學出版社，1986 年。

10. 李鵬年、劉子揚、陳鏘儀編《清代六部成語辭典》。天津：天津人民出版社，1990 年。

11. 法式善等撰《清秘述聞三種》。北京：中華書局點校本，1982 年。

12. 房兆楹、杜聯喆《增校清朝進士題名碑錄附引得》。北京：哈佛燕京學社，1941 年。

13. 秦國經主編《清代官員履歷檔案全編》。上海：華東師範大學出版社，1997 年。

14. 商鴻逵、劉景憲、季永海、徐凱《清史滿語辭典》。上海：上海古籍出版社，1990 年。

15. 張惟驤輯《明清巍科姓氏錄》。台北：明文書局，周駿富輯《清代傳記叢刊》據民國十九年小雙寂庵刻本影印，1985 年。

16. 郭榮生《清朝山西進士》。台北：山西文獻社，1977 年。

17. 馮爾康《清史史料學》。台北：台灣商務印書館，1993 年。

18. 黃玉圃編輯《國朝御史題名》。台北：文海出版社據清京畿道藏板影印，1961 年。

19. 黃本驥《歷代職官表》。台北：樂天出版社，1973 年。

20. 楊廷福、楊同甫編《清人室名別稱字號索引》。上海：上海古籍出版社，1988 年。

21. 楊震方、水賚佑編著《歷代人物謚號封爵索引》。上海：上海古籍出版社，1996 年。

22. 劉長華《皇朝謚彙考》。台北：中央研究院歷史語言研究所藏清光緒七年海寧陳氏慎初堂刊本。

23. 劉長華《歷代名臣謚法彙考》。揚州：江蘇廣陵古籍刻印社據清光緒刻本影印，1989 年。

24. 鮑康《皇朝謚法考》。上海：上海古籍出版社《續修四庫全書》冊八二七，據湖北省圖書館藏清同治三年（1864）增修本影印，1997 年。

25. 錢實甫編《清代職官年表》。北京：中華書局，1980 年。

26. 嚴懋功《清代徵獻類編》。台北：世界書局，1961 年。

附　錄

附錄一　翰林院則例（乾隆內府鈔本　北京圖書館藏）

一、官制沿革。順治元年，置翰林院，定爲正三品衙門。二年，裁翰林院。十五年，復置翰林院，以學士掌院事。十六年，設翰林院侍讀、侍講學士，暨侍讀、侍講各三人。十八年，復裁翰林院。康熙九年，復置翰林院，加掌院學士兼禮部侍郎銜，設讀講學士、讀講等官，如順治十五年定制。二十八年諭大學士，翰林掌院一官，職任緊要，必文學淹通，眾所推服者，始克勝任，凡翰林院撰擬之文，亦須掌院詳加刪潤，然後成章。聞明代大學士有兼管掌院之例，大學士徐文元著兼管翰林院掌院學士事。^{掌院不設專員，以重臣兼領始此。}

一、經筵。每歲春秋二仲舉行，由院列講官名，奏請欽定，滿漢各二人直講官。同掌院學士會擬所講經書，奏定，撰講章，繕清、漢文，進呈欽定後，繕正、副本，恭俟御論發出，繙譯清文進呈。屆期，上御文華殿，講官同諸臣赴階下行禮畢，入殿，講官出班，至講案前，行一跪三叩禮，起立進講，講畢，恭聽御論，禮成，本院官恭進御論暨講章正本。康熙十四年奉旨，講章內書寫稱頌之言，雖係定例，但凡事皆宜以實，如「秉至誠而御物，體元善以宜民，固已媲美三王，躋隆二帝」等語，似屬太過，著改奏，欽此。二十一年奉旨，講章須有勸誡箴規之意，乃稱啓沃。今講章內有「道備君師，功兼覆載」，二語太過，其易之，欽此。二十二年諭，經筵大典，自大學士以下，九卿、詹事、科道皆侍班，所講之書，必君臣交儆，上下相成，方有裨於治理，向來進講皆切君身，此後當兼

寓訓勉臣下之意，欽此。五十年諭，從來經筵之設，皆帝王留心學問勤求治理之意，但當期有實益，不可止飾虛文。朕觀前代講筵，人主惟端拱而聽，默無一言，如此則雖人主不諳文義，臣下亦無由而知之。朕御極五十年，聽政之暇，勤覽書籍，凡四書五經通鑑性理等書，俱經研究。每儒臣逐日進講，朕輒先爲講解一過，遇有一句可疑、一字未協之處，即與諸臣反覆討論，期於義理貫通而後已。蓋經筵本係大典，舉行之時，不可以具文視也，欽此。乾隆五年諭，經筵之設，原欲敷宣經旨，以獻箴規。朕觀近日所進講章，其間頌揚之辭多，箴規之義少，殊非責難陳善、君臣咨儆一堂之意。蓋人君臨御天下，敷政寧人，豈能毫無闕失，正賴以古證今，獻可替否，庶收經筵進講之益。若頌美過甚，不能實踐躬行，反滋朕心之愧。此後務剴切敷陳，期有裨於政治學問，勿尚鋪張溢美之虛文，而無當於稽古典學之實意，欽此。

一、經筵講官員額。順治十四年定，滿漢各八人。康熙十年定，滿講官以內閣學士、翰林院掌院學士、侍讀侍講學士、詹事府詹事、少詹事，暨六部尚書、侍郎、都察院左都御史、左副都御史、通政司通政使、大理寺卿之曾任內閣學士、翰林院掌院學士、讀講學士者充補。漢講官以內閣學士、翰林院掌院學士、侍讀侍講學士、詹事府詹事、少詹事、國子監祭酒，暨六部尚書、侍郎、都察院左都御史等官之由翰林官升任者充補。均由院具題，恭候簡用。

一、日講。順治十二年諭，朕惟自古帝王勤學圖治，必舉經筵日講，以資啓沃。今經筵已定於文華殿告成之日舉行，日講深有裨益，不宜刻緩，爾等即選滿漢詞臣學問淹博者八員，以原銜充講官，侍朕左右，以備諮詢，欽此。乃定日講之禮，每歲自二月經筵後始，夏至日止，八月經筵後始，冬至日止，每日於部院官奏事後進講，講章繕正副二本，以正本先期進呈，本日掌院學士率講官二人或三人，以副本進講，歲終彙錄成帙進御。康熙十四年諭，日講原期有益身心，增長學問，今止講官進講，朕不覆講，但循舊例，日久將成故事，不惟於學問之道無益，亦非所以爲法於後世也。嗣後進講時，講官講畢，朕仍覆講，如此互相討論，庶幾有裨實學，欽此。十六年諭，帝王之學，以明理爲先，格物致知，必資講論。向來日講惟講官敷陳講章，朕躬默聽，即不諳文義，講官無由得知，此雖係循行舊例，然於經史精義，未能研究印證，朕心終有未慊。前曾諭

內閣諸臣，或朕自講朱註，或解說講章，內閣諸臣奏講，朕宜隨便發明書旨，不必預定規程。今思講學必互相闡發，方能融會義理，有裨身心，嗣後日講，或應朕躬自講朱註，或解說講章，仍令講官照常進講，著大學士會同內閣諸臣、翰林院掌院學士議奏，欽此。遵旨議準，講官進講時，候聖意，或先將四書朱註講解，或先將講章講解，或先將通鑑等書講解，使得仰瞻聖學，講畢，講官仍照常進講。十七年諭，日講講章停止歲終彙寫，止具本奏聞，欽此。二十二年奉旨，齋戒日照例停講，如不親詣行禮，則仍進講。

一、日講官員額。滿八人、漢十二人兼起居注，除滿漢掌院學士兼攝外，其餘以本院官與詹事府坊局各官充補，由院題請簡用。三十九年諭，嗣後題補漢日講官開列人員內，有由一甲進士出身者，注名本人名下，欽此。雍正元年議準，嗣後如講官出差，即將應行開列之人，通行開列，題請欽點署理，俟差滿回京日，署理之人，仍回本任。

一、撰文。順治十六年定，尊崇冊立，暨冊封妃嬪，各冊、寶、印文，恭上、恭加尊諡，升祔冊諡，各冊、寶文，均由院撰擬進呈，酌委本院官，會同內閣官，監視鐫刻。冊封王、貝勒、貝子、公、將軍冊誥文，由院題定文式，填名咨送中書科。祭告祝文，暨諭祭內外文武官祭文、碑文，本院遵照禮部來文，撰擬繙譯，進呈欽定後，仍交禮部轉行。封贈內外文武各官誥敕文，由院開列撰擬官職名，送內閣具題。康熙十年題準，誥敕文、按品刊刻文式，停止撰擬。二十四年議準，誥敕文，各照官職，撰定文式頒給。三十四年諭，翰林院專委以文章之事，撰擬文字外，更無他務，自是以後，凡碑文祭文，其撰擬之姓名，并奉有俞允之旨，暨申飭之旨，皆書於冊；三奉俞允之旨，三奉申飭之旨者，具以聞，欽此。四十三年議準，凡入八分公以下，奉恩將軍以上，兼大臣侍衛等官，閑散宗室，補授大臣侍衛等，封贈誥敕文，各照官職撰定文式頒給。

一、纂修書史。恭纂實錄、聖訓，掌院學士充副總裁官，侍讀學士、侍講學士、侍讀、侍講、修撰、編修、檢討充纂修官，典簿、待詔、孔目充收掌官，筆帖式充謄錄官，亦間充收掌官。恭修玉牒，以滿州蒙古漢軍修撰、編修、檢討職名移送宗人府，充纂修官，亦間以庶吉士擬送。纂修書史，掌院學士充正副總裁官，侍讀學士以下，編檢以上，充纂修官，

亦充提調官，庶吉士亦間充纂修官。典簿、待詔、孔目充收掌官。筆帖
式充謄錄官，亦間充收掌官。編纂諸書，刊刻告竣，皆得奏請頒賜，其
一經與纂諸臣，暨告竣時已出館局者，並許列銜。

一、入直侍班。順治十七年諭，翰林各官，原係文學侍從之臣，今欲於景運
門內建造直房，令翰林官直宿，朕不時召見顧問，兼以觀其學術才品，
應分幾班，每班酌用幾人，即列名具奏，欽此。奏準，分翰林官爲三班，
每班用讀講學士二人、讀講二人、編檢四人，依次入直，周而復始。康
熙三十三年諭，翰林乃近侍之臣，向因日講，時時進見，是以猶知伊等
言語舉止，近來進見稀少，講官侍班，不過頃刻，難以悉其賢否，著翰
林詹事官每日以四人進南書房侍直，令學習文章字畫，亦可以知其人之
高下，以備擢用，著即議定具奏，欽此。遵旨議準，本院讀講學士以下、
編檢以上，與詹事府詹事以下、中贊以上，每日四人一班，進南書房侍
直。^{四十七年
停　止}。五十三年諭，翰林官員，朕多不識，其學問之高下，亦不能悉
知，嗣後朕駐蹕暢春園時，著四人一班，與南書房翰林一處行走，五日
一更代。^{六十一年
停　止}。五十七年諭，每逢奏事，令翰林官五人侍班。^{六十一年
停　止}。雍正
三年諭，每逢聽政，著翰林院滿漢編修檢討四人侍班，班在科道之上。
乾隆五年定，每逢本院直日，引見編修、檢討等十人。

一、行在扈從。康熙五十年諭翰林院，滿州、漢軍翰林甚多，每行圍，著二
人學習行走，欽此。

一、升除。本院滿掌院學士，由吏部開列題補。讀講學士以下，由吏部以應
升官擬正陪題補。漢掌院學士，由吏部開列題補。讀講學士暨國子監祭
酒、司業，由院會同詹事府，以應升官職名咨送吏部題補。考選監察御
史，以編檢保送。康熙四十八年議準，凡本院暨詹事府官，一應升轉，
均以編檢任內俸通論。雍正二年定，凡遇升轉，由院會同詹事府，以應
升官，并其次應升官職名，一并咨送吏部，題請簡用。又定，漢官奉差，
如遇升轉，仍照例咨吏部題補。降補別官復回本院者，以見補官品爲序，
不序前俸。

一、館選授職。順治三年定，進士殿試畢，即簡授庶吉士，無定員，先由吏
部移咨到院，題請日期，至期，皇上御便殿，御座前設案，陳硃筆硯，
掌院學士預以新科進士名單進呈，次第引見，伏候欽選。大學士依次跪
御案東，西面，掌院學士在大學士後跪，講官立殿西，東面。選畢，由

院以選中諸進士，并一甲進士籍貫，暨鄉試、會試、殿試名次，與所習本經，開明進呈御覽。得旨後，交內閣欽遵上諭，分別讀清、漢書，具本啓奏。順治九年奏準，按直省大小，取漢進士四十人、滿州四人、蒙古二人、漢軍四人，一體讀書。自此以後，因地取才，遞有增減，歷科沿之。雍正元年諭，新科進士於引見之前，朕欲先行考試，知其學問，再行引見選拔，庶人才不致遺漏，目今天時寒冷，考試之日，一應仍照殿試預備，考試題目，朕將詩文四六各體出題，視其所能，或一篇，或二、三篇，或各體俱作，悉聽其便，欽此。試卷鈐本院印，由院備，餘會同吏部辦理。又諭，新科進士，著問九卿，有知其居家孝友，人品端方者，各就所知舉出，毋得隱而不言，親戚相識，亦不必迴避，問明即註於進士姓名之下，一并奏聞，欽此。又諭，選庶吉士，著照依文字入選有保舉、無保舉名次引見，其文字不入選與無保舉者，仍照殿試甲第引見，欽此。又諭，昨引見新科進士，有記名者十七人，皆正壯年，將來還可望其進益，傳問伊等，有情願在各館效力，暨在內閣學習者，令各自陳，若行走勤謹，學問好者，朕仍拔置翰林，欽此。五年定，試諸進士以論、詔、奏議、詩各一篇。乾隆二年諭，新科進士，著總理事務王大臣驗看，分別三等具奏，候朕親加簡選，欽此。十六年，試諸士論、奏議、詩、賦各一篇。

一、教習庶吉士。由院具應與開列各官職名，奏請欽定滿漢各一人。國初定，內院學士掌教習，侍讀等亦與。康熙九年定，以掌院學士或內閣學士領其事。三十三年奏準，漢庶吉士學習漢書者，亦於侍讀、侍講、修撰、編修、檢討內，擇學問優長者爲小教習，教習詩文四六。雍正八年停止。六十一年定，大學士、尚書、侍郎之不兼掌院事者，並得掌教習事。雍正元年諭，向來庶吉士學習清書，散館之後，每至荒廢，以三年學習之功，置之無用，殊爲可惜。嗣後清書散館之翰林，不可令其荒廢。今年新科進士選拔庶常，朕意學習清書者少點數人，令其盡心學習，務期通曉，或在翰林，或用部曹，即令與滿官一同繙譯，如此方實有裨益，欽此。乾隆十年諭，會典開載康熙年間選拔庶吉士後，有選讀、講、修撰、編、檢數人爲小教習之例，教習庶吉士詩文四六。今科之庶吉士，著掌院暨教習庶吉士之大臣，於見任讀、講、修撰、編、檢內，選數人爲小教習，欽此。隨遵旨奏定六員。十六年諭，庶吉士分習清書，例由翰林院掌院學士分派，惟量其年力，不拘省分，舊時清漢各半，自雍正年間

以來，分習清書者漸少，每科尚有十四五人、十七八人不等，朕思邊省之人，選館本少，聲律亦素所未嫻，既習國書，自必專意殫精，惟清文是務，非天分優而學業勤者不能兼顧，漢文益致日就荒落，迨散館時，或以清書優等授職，而留館後，遇通行考試，往往絀于詩賦，列入下等，改令別用，究其所肄清文，自散館一試外，別無職分應用之處，微獨邊省，即北五省庶吉士類然。翰苑中，江浙人員較多，而遠省或致竟無一人者，非所以均教育而廣儲才也。嗣後雲南、貴州、四川、廣東、廣西等省庶吉士，不必令習清書。直隸、山東、山西、河南、陝西等省，亦視其人數，若在三、四人以上，酌派年力少壯者一、二人，其江浙等省，人數在五、六人以上者，酌派二、三人。率以三十歲以下者充之，每科通計在十人內外，寧闕無濫，循舉舊章，備國朝典制足矣，欽此。

一、散館。庶吉士讀書三年，滿漢教習學士引庶吉士等行三跪九叩禮，吏部官散卷，內閣滿漢學士以題分授滿漢教習學士，隨分授庶吉士等。試畢，吏部官收卷進呈，欽定甲乙引見，分別除授。留館者，二甲出身授編修，三甲授檢討，餘改用有差。雍正元年諭，朕特恩開科，人才輩出，將來選拔庶常，朕當親加考試，至日後散館，仍照舊例以三等分用，欽此。又議準，滿州庶吉士散館，文理優者，除授編修、檢討，平常者，照滿州散進士例，以通政使司知事等官補用。

一、館舍廩餼。康熙四十二年定，兩淮、兩浙、長蘆、廣東、河東、福建等處鹽差，暨滸墅、蕪湖、崇文門等處稅差各八十兩。湖口、淮安等處稅差各七十兩。北新、鳳陽、閩海、太平橋、龍江關等處稅差各五十兩。揚州、贛關、天津、粵海、浙海、臨清關等處稅差各四十兩。山海關、江海、南新等處稅差各三十兩。共計銀千四百四〔十〕兩，每年解交戶部，由部送院，除丁憂、告病回籍者不給外，見在館庶吉士均得分給。御試授職之後，停其給發。雍正十一年諭，翰林院教習庶吉士，所以造就人才，使之沈潛經籍，涵泳藝林，可以典制誥之文，鳴國家之盛也。從前庶吉士皆就翰林院讀書，教習大臣不時策勵，是以身心約束，學殖易增，館閣之間，蔚然稱盛。朕意今科選拔數常，仍令在衙門讀書，俾教習諸臣，得以朝夕訓課，兼厚給廩餼，資其膏火，庶幾枕經葄史，文藻可觀，克稱詞臣珥筆之職，應察照前例，暨如何加與廩給之處，其酌

議以聞，欽此。議準，庶吉士廩餼，每人月給銀四兩五錢，器用什物由工部支取，並撥給官房一所爲教習館，令庶吉士肄業其中，頒給經史詩文各種，存貯館內，以資課習。

一、出使外國。順治初定，朝鮮用滿官，安南、琉球用漢官。康熙二十三年，安南、琉球等國兼差滿漢官，由院開列職名，移咨禮部，題請欽定。

一、丁祭。國初定，每歲春秋上丁，致祭文廟，以大學士具名上請，以修撰、編修、檢討資深者二人分獻。如遇躬祭，點學士二人，分獻十二哲。_{學士分獻例，}後　停　止。致祭本院先聖祠，以本院官之資深者一人主祭，餘均助祭。

一、選錄墨卷。雍正元年議準，鄉試會試墨卷，於侍讀、侍講、修撰、編修內，酌委數人，會同禮部，秉公選錄，進呈御覽裁定，頒行刊刻。

一、給假回籍。順治十六年題準，掌院學士以下，檢討以上，有請假省親、終養、遷葬、告病者，均令自行陳奏。康熙十四年題準，掌院學士自行陳奏，餘均送吏部具題。

一、稽查史書錄書。雍正八年諭，史書錄書，每年點出滿漢翰林官各二人，悉心稽察，專司其事，倘有玩忽潦草之處，該翰林據實奏聞，如徇隱不奏，後經察出，將該翰林官一并議處，欽此。

一、專員理事。雍正元年諭，部院衙門均設司官，專管定稿說堂，筆帖式專管繙清，廳官專管收發文書。翰林院衙門亦有錢糧出納，升遷議敘，并各衙門文移往來，事務繁瑣，關係不輕，乃皆出筆帖式、典簿之手，故遲速輕重，多有弊端。當於俸淺編、檢內，擇才守優長者，滿漢各二人，專主定稿說堂，庶小吏不得作弊，而衙門永清矣。所委司事之編、檢，如果實心任事，辦事公敏者，據實奏聞，加以殊恩，欽此。承行衙門一應事務，收發書籍，往來文移，皆滿漢典簿、孔目職掌。校對、繙譯奏章一應文史，皆滿漢待詔職掌。校對、繕寫一應文史，皆漢待詔職掌。繙譯、繕寫奏章一應文史，皆筆帖式職掌。

附錄二　詹事府則例 （乾隆內府鈔本　北京圖書館藏）

一、設官。順治元年，設少詹事一人，掌府事。本年十一月裁，職掌統於內三院。九年，復設詹事一人、少詹事二人、主簿一人、錄事二人、通事舍人二人。左右春坊各設庶子一人、諭德一人、中允二人、贊善二人。司經局設洗馬一人、正字二人。均漢員、令內三院官兼之。專設滿詹事

一人、掌府事。十五年，裁詹事府官。康熙十四年，復設滿漢詹事各一人、滿漢少詹事各二人、滿漢主簿各一人、滿漢錄事正字各一人。左右春坊設滿漢庶子各一人、滿漢諭德各二人、中允各四人、滿漢贊善各四人。司經局滿漢洗馬各一人，清文筆帖式五人，清漢文筆帖式五人。三十七年，裁滿少詹事、右諭德、左右中允、左右贊善各一人，正字、錄事各一人。三十八年裁漢右中允、右贊善各一人，正字、錄事各一人，清文筆帖式二人，清漢文筆帖式二人。五十二年，裁漢右諭德、左中允、左贊善各一人，錄事一人。乾隆十三年，裁漢少詹事一人、滿漢左諭德各一人。

一、兼銜。詹事兼翰林院侍讀學士銜，少詹事兼侍講學士，左庶子兼侍讀，右庶子兼侍講，洗馬兼修撰，中允兼編修，贊善兼檢討，正字以中書舍人兼攝。

一、日講。皇太子講官，滿二人，漢四人，以詹事府坊局官暨翰林院官充補。日以講官滿一人、漢二人輪直進講。正本先期送進，副本由司經局正字繕寫，講官恭奉進講。每日早，講官進至前星門外坐，賜茶，候內使出，引至毓慶宮惇本殿，行一跪三叩禮，進至講案前，皇太子先講本日書畢，滿漢講官以次進講，先講四書，後講五經，講畢各退。皇太子日講之期，新歲開印後，請旨開講，遇上躬祭壇廟與三大節慶賀日停講。忌辰停講外，雖寒暑齋戒日期，及封印後，均不停講，至歲暮祫祭齋戒日，始暫停。

一、會講。每歲二月、八月，上御經筵後，欽天監擇吉具題，皇太子行會講禮。是日，皇太子恭詣傳心殿，告祭禮成，升主敬殿座，各大臣官員，排班序立，行二跪六叩禮，退立原班，滿漢講官詣講案前，一跪三叩，以次進講，先四書，後五經，講畢，同大臣官員等，退出殿外丹墀下兩傍序立，仍行二跪六叩禮，畢，各退。講章由詹事府先期送至，講官滿漢各二人。

一、撰文。凡元旦、冬日至、皇太子千秋，在內王公百官，在外文武督撫以下、臬司以上，武官提鎮以下、副將以上，均應具箋稱賀，其箋文定式，由詹事府撰文進呈，頒發中外。

一、集議。詹事府職掌，均與翰林院同。惟驗看月選、每歲朝審，詹事、少詹事皆入班。詹事坐於大理寺卿之次，少詹事坐於右通政、大理寺少卿

之次。九卿會議大政，有奉旨令九卿、詹事、科道議者，班次與前同。

一、升除。順治九年題準，詹事以下、正字以上，由內院題補，主事以下，由吏部題補。十一年題準，詹事府坊局等官，均移咨吏部題補。康熙十四年議準，滿漢詹事由吏部開列題補，滿少詹事、坊局等官由吏部以應升官擬正陪題補，漢少詹事坊局等官，由府會同翰林院將應升官擬出，咨送吏部題補。四十八年議準，凡本府官一應升轉，均以從前編、檢任內俸通論。雍正二年定，凡遇升轉，由府會同翰林院以應升官并其次應升官職名，一并咨送吏部題請簡用。

附錄三　起居注館則例（乾隆內府鈔本　北京圖書館藏）

一、起居注官。均兼日講官，自掌院學士、詹事以下，坊局編、檢以上，皆得開列請簡以原官充補。康熙九年，初置起居注館於太和門西廊，設滿記注官四人，漢記注官八人，並設清文主事一人、清漢文主事二人、漢軍主事一人，清文筆帖式、清漢文筆帖式、漢軍筆帖式各四人。十一年，增設清文筆帖式四人，清漢文筆帖式二人。十二年，增設滿記注官一人，漢記注官二人。十六年，增設滿記注官一人。二十年，增漢記注官八人。三十一年，裁漢記注官六人。三十八年，裁滿漢主事各一人。五十七年，停起居注館。雍正元年諭，自古帝王，臨朝施政，左史記言，右史記動，蓋欲使一舉動、一出言之微，無不可著爲法則，垂範百世也。皇考聖祖仁皇帝英年踐祚，即設日講起居注官，於詞臣中擇其才品優長者，以原官充補，鉅典茂照，度越前代，誠爲聖帝哲王之盛事，御極六十一年，紹精一執中之統，屬敬天勤民之心，文謨武烈，經緯萬幾，盛德日新，大業鴻顯，天下臣民，仰瞻至治，不啻日月麗天，江河行地，莫不敬信悅服，記注之臣，美不勝書。皇考聖祖仁皇帝謙德彌光，聖不自聖，唯恐史官或多溢美之辭，故康熙五十六年裁省記注，祇令翰林五人於理事時輪侍班行，凡有重務要旨，仍命諸臣記而存之，意至周密也。茲朕纘承大統，夙夜兢業，日昃不遑，思所以上繼皇考功德之隆，下致四海晏安之治，顧惟涼德，甚懼負荷之難。今御門聽政之初，益當寅畏小心，綜理庶事，咸期舉措允宜，簪筆侍臣，何可闕歟？當酌復舊章，於朕視朝臨御，郊祀壇廟之時，令滿漢講官各二人侍班，不獨記載諭旨政務，或朕有一言之過，一事之失，皆必據實書諸簡策，朕用以自警，

冀寡悔尤，庶幾凜淵冰之懷以致久安，慎樞機之動而圖長治，其仍復日講起居注官如康熙五十六年以前故事，欽此。隨遵旨奏定，復設日講起居注官，滿六人、漢十有二人，滿主事二人，滿筆帖式十有四人，漢軍筆帖式二人。十二年，增設漢主事一人。乾隆元年，增設滿日講起居注官二人。

一、侍直。康熙九年定，滿漢各一人侍直事畢，以本日應記之事，用清漢文記注。十四年諭，朕向詣兩宮問安，爾等常隨行記注，朕思昏定晨省，問安視膳，為子孫者之恒禮，嗣後朕詣兩宮問安，侍直官不必隨行，欽此。十八年諭，朕每日聽政，一切折出票籤應商酌者，皆國家切要政務，得失所繫，今後起居注官除照常記注外，遇有折本啓奏，令侍班記注。惟會議機密重情，暨召諸臣近前面諭，記注官不必侍班，欽此。雍正元年定，侍直記注官，滿漢各二人。恭遇御門聽政，記注官先於西階下東面立，俟上御座，記注官升階，去御前丈許，東面立，大學士、學士敷奏折本時，記注官近前二尺許，恭聽玉音，以備記載，大學士、學士退，記注官亦退。每御殿日，記注官昧爽至太和殿內西次間前楹東面立，俟上御座，諸臣於丹墀下行禮畢，賜茶時，記注官亦賜座賜茶，駕還宮乃退。凡頒詔冊封，文武臚傳諸典禮，記注官侍立同前。元旦、冬至、皇太后聖壽、萬壽聖節，皇上先詣皇太后宮行禮，記注官豫入永康左門，至慈寧門外西階下，東面立，俟上行禮畢，回宮，至隆宗門，記注官由右翼門至中和殿外甬道之西，俟上御中和殿，記注官隨執事各官行禮畢，由太和殿後門，趨至殿內，侍班如常儀。殿試讀卷，記注官與讀卷官在乾清門恭俟上御便殿，記注官先入至殿內，西立東面，讀卷官乃入，賜茶時，記注官亦賜坐賜茶。太和殿閱祝版香帛，記注官在殿外丹墀上西面立。中和殿閱祝版香帛，閱耒耜，記注官均在殿外甬道西旁東面立。躬祭壇廟，視學釋奠，記注官侍班，均接右翼豹尾班之次。經筵，上御文華殿，記注官同諸臣入殿西，侍班於九卿之次。躬耕耤田，記注官於耕次綵棚外隨行，暨上御觀耕臺，記注官於臺上右翼豹尾班之次，東面侍立。大閱，上御晾鷹臺，記注官侍立臺上如耕耤儀。上元暨歲除、宴外藩蒙古，記注官與宴，序於右翼豹尾班之次，賜坐時，行一跪一叩頭禮，侍衛行酒至，亦如之。宴畢，降自西階，隨眾行禮。出師命將，記注官於太和殿內侍班。凱旋迎勞，侍立於黃幄外，右翼豹尾班之次。行

受俘禮，侍立於午門樓前檐下，右翼豹尾班之次。勾決日，記注官同大學士、內閣學士、刑部尚書侍郎，祇候召入，上東向坐，記注官負北序立。

一、扈從。上謁陵、校獵，暨駐蹕南苑、巡狩方岳，記注官皆扈從，均於右翼豹尾班之次。

一、記注。每月記注清漢文各二冊，具月日暨該直官姓名。凡記注官侍班所記，一一備載卷末，彙為總跋。冊中每葉鈐以翰林院印，貯之鐵匭，扃鐍封識，歲終題明，送內閣，會同內閣學士監視，藏之內閣大庫。雍正二年議準，凡各衙門奉有訓勵獎勸所降諭旨，各該處於月杪具事情緣由月日，詳錄移送記注館，該直官補入記注冊。六年奏準，八旗具奏事件，暨補授官職等事，均移送到館，以備記載。七年奏準，令各省題奏本章，均增揭帖一通，送館記注後，移交內閣收貯。

附　表

附表一　掌院學士表（1644～1795）〔註1〕

世祖朝始任掌院學士者

胡世安	四川井研人，以少詹事改翰林院侍讀學士掌院事。
折庫訥	滿洲鑲白旗，以內院學士調任（滿缺）。
王　熙	順天宛平人，由以內院學士調任。

聖祖朝始任掌院學士者

熊賜履	湖廣孝感人，以內院侍讀學士陞任。
傅達禮	滿洲正黃旗，以侍讀學士陞任（滿缺）。
喇沙里	滿洲鑲黃旗，以侍讀學士陞任（滿缺）。
徐元文	江南崑山人，以內閣學士調任。
陳廷敬	山西澤州人，以內閣學士調任。
葉方藹	江南崑山人，以侍講學士陞任。
庫勒納	滿洲鑲藍旗，以詹事陞任（滿缺）。
牛　鈕	滿洲正藍旗，以詹事陞任（滿缺）。
張玉書	江南丹徒人，以內閣學士調任。
孫在豐	浙江歸安人，以內閣學士調任。
常　書	滿洲鑲黃旗，以侍讀學士陞任（滿缺）。
張　英	江南桐城人，以侍讀學士陞任。
李光地	福建安溪人，以內閣學士調任。
傅繼祖	滿洲正藍旗，以內閣學士調任（滿缺）。
阿　山	滿洲鑲藍旗，以盛京禮部侍郎調任（滿缺）。
韓　菼	江南長洲人，以禮部侍郎兼任。
法　良	滿洲鑲黃旗，以內閣學士兼任（滿缺）。
揆　敘	滿洲正黃旗，以侍讀學士陞任（滿缺）。
吳　涵	浙江石門人，以左都御史兼任。
徐　潮	浙江錢塘人，以戶部尚書兼任。
陳元龍	浙江海寧人，以原任詹事陞任。
王原祁	江南太倉人，以詹事陞任。

〔註1〕資料來源：朱珪等纂《皇朝詞林典故》，卷五十七，題名，掌院學士。

湯又曾　　浙江錢塘人，以通政使陞任。
徐元夢　　滿洲正白旗，以左都御史兼任（滿缺）。
蔡　珽　　漢軍正白旗，以少詹事陞任。
阿克敦　　滿洲正藍旗，以兵部侍郎兼任（滿缺）。
勵廷儀　　直隸靜海人，以內閣學士兼任。
張廷玉　　江南桐城人，以吏部侍郎協辦掌院事。

世宗朝始任掌院學士者

福　敏　　滿洲鑲白旗，以左都御史兼任（滿缺）。
留　保　　滿洲正黃旗，以禮部侍郎兼任（滿缺）。
邵　基　　浙江鄞縣人，以吏部侍郎兼任。

高宗朝始任掌院學士者

鄂爾泰　　滿洲鑲藍旗，以保和殿大學士兼任（滿缺）。
鄂容安　　滿洲鑲藍旗，以兵部侍郎兼任（滿缺）。
梁詩正　　浙江錢塘人，以兵部尚書兼任。
劉統勳　　山東諸城人，以刑部尚書兼任。
孫嘉淦　　山西興縣人，以工部尚書署任。
蔣　溥　　江南常熟人，以協辦大學士戶部尚書署任。
介　福　　滿洲鑲黃旗，以禮部侍郎兼任（滿缺）。
來　保　　滿洲正白旗，以武英殿大學士署任（滿缺）。
蔡　新　　福建漳浦人，以刑部侍郎署任。
史貽直　　江南溧陽人，以文淵閣大學士署任。
夢　齡　　蒙古籍，以工部侍郎署任（滿缺）。
鄂彌達　　滿洲正白旗，以協辦大學士刑部尚書署任（滿缺）。
秦蕙田　　江蘇金匱人，以刑部尚書署任。
觀　保　　滿洲正白旗，以兵部侍郎署任（滿缺）。
董邦達　　浙江富陽人，以左都御史署任。
德　保　　滿洲正白旗，以吏部侍郎署任（滿缺）。
尹繼善　　滿洲鑲黃旗，以文華殿大學士署任（滿缺）。
覺羅奉寬　滿洲正藍旗，以兵部侍郎兼任（滿缺）。
于敏中　　江蘇金壇人，以文華殿大學士兼任。
舒赫德　　滿洲正白旗，以武英殿大學士兼任（滿缺）。
英　廉　　漢軍鑲黃旗，以協辦大學士刑部尚書兼任（滿缺）。
嵇　璜　　江蘇無錫人，以協辦大學士吏部尚書兼任。
阿　桂　　滿洲正藍旗，以武英殿大學士兼任（滿缺）。
和　珅　　滿洲正紅旗，以文華殿大學士兼任（滿缺）。
彭元瑞　　江西南昌人，以工部尚書兼任。

附表二　教習庶吉士表（1646～1795）〔註2〕

順治三年（1646）丙戌科
　　　　查布海--內院學士　　　　　　蔣赫德--內院學士　　　　　　陳具慶--內院侍讀
順治四年（1647）丁亥科
　　　　同前科庶吉士令查布海等一併教習
順治六年（1649）己丑科
　　　　查布海--內院學士　　　　　　蔣赫德--內院學士　　　　　　胡統虞--內院學士
　　　　劉肇國--內院學士
順治九年（1652）壬辰科
　　　　能　圖--內院學士　　　　　　劉清泰--內院學士　　　　　　劉正宗--內院學士
　　　　薛所蘊--少詹事　　　　　　　傅以漸--內院學士
順治十二年（1655）乙未科
　　　　折庫納--內院學士
順治十五年（1658）戊戌科
　　　　折庫納--內院學士　　　　　　胡兆龍--內院學士　　　　　　王　熙--內院學士
　　　　艾元徵--內院學士
康熙三年（1664）甲辰科
　　　　麻勒吉--內院學士　　　　　　章雲鷺--內院學士
康熙六年（1667）丁未科
　　　　帥顏保--內院學士　　　　　　范承謨--內院學士
康熙九年（1670）庚戌科
　　　　折庫納--內院學士　　　　　　董國興--內院學士　　　　　　張鳳儀--內院學士
　　　　傅達禮--掌院學士　　　　　　熊賜履--掌院學士
康熙十二年（1673）癸丑科
　　　　傅達禮--掌院學士　　　　　　熊賜履--掌院學士　　　　　　徐元文--掌院學士
康熙十五年（1676）丙辰科
　　　　喇沙里--掌院學士　　　　　　徐元文--掌院學士　　　　　　陳廷敬--掌院學士
康熙十八年（1679）己未科
　　　　喇沙里--掌院學士　　　　　　葉方藹--掌院學士　　　　　　庫勒納--掌院學士
康熙二十一年（1682）壬戌科
　　　　阿蘭泰--內閣學士　　　　　　張玉書--內閣學士　　　　　　牛　鈕--掌院學士
　　　　孫在豐--掌院學士
康熙二十四年（1685）乙丑科
　　　　常　書--掌院學士　　　　　　徐乾學--內閣學士　　　　　　張　英--掌院學士
　　　　庫勒納--掌院學士　　　　　　李光地--掌院學士

〔註2〕資料來源：朱珪等纂《皇朝詞林典故》，卷五十七，題名，教習庶吉士。

康熙二十七年（1688）戊辰科
　　庫勒納--禮部侍郎　　　　　彭孫遹--內閣學士
康熙三十年（1691）辛未科
　　庫勒納--禮部侍郎　　　　　張　英--掌院學士　　　　　傅繼祖--掌院學士
康熙三十三年（1694）甲戌科
　　常　書--掌院學士　　　　　張　英--禮部尚書兼掌院事
康熙三十六年（1697）丁丑科
　　阿　山--禮部侍郎
康熙三十九年（1700）庚辰科
　　法　良--內閣學士　　　　　韓　菼--吏部侍郎
康熙四十二年（1703）癸未科
　　揆　敘--掌院學士　　　　　吳　涵--吏部侍郎
康熙四十五年（1706）丙戌科
　　二　鬲--內閣學士　　　　　徐　潮--戶部尚書
康熙四十八年（1709）己丑科
　　噶敏圖--內閣學士　　　　　顧悅履--內閣學士　　　　　陳元龍--掌院學士
　　彭始摶--內閣學士
康熙五十一年（1712）壬辰科
　　揆　敘--工部侍郎　　　　　湯右曾--掌院學士
康熙五十二年（1713）癸巳科
　　揆　敘--左都御史　　　　　湯右曾--吏部侍郎
康熙五十四年（1715）乙未科
　　揆　敘--左都御史　　　　　湯右曾--吏部侍郎　　　　　徐元夢--左都御史
康熙五十七年（1718）戊戌科
　　徐元夢--工部尚書
康熙六十年（1721）辛丑科
　　徐元夢--工部尚書　　　　　湯右曾--吏部侍郎　　　　　陳元龍--工部尚書
雍正元年（1723）癸卯科
　　吳隆元--侍讀學士
雍正二年（1724）甲辰科
　　福　敏--內閣學士　　　　　吳士玉--內閣學士　　　　　德　新--內閣學士
雍正五年（1727）丁未科
　　沈近思--左都御史　　　　　鄂爾奇--工部侍郎　　　　　胡　煦--兵部侍郎
雍正八年（1730）庚戌科
　　鄂爾奇--工部侍郎　　　　　任蘭枝--內閣學士　　　　　阿　山--署戶部侍郎
雍正十一年（1723）癸丑科
　　鄂爾奇--兵部尚書　　　　　阿　山--吏部侍郎　　　　　任蘭枝--吏部侍郎
　　方　苞--內閣學士　　　　　陳萬策--侍講學士

乾隆元年（1736）丙辰科
　　揚名時--禮部尙書　　　　任蘭枝--禮部尙書　　　　徐元夢--食禮部尙書俸
乾隆二年（1737）丁巳科
　　福　敏--左都御史　　　　方　苞--禮部侍郎
乾隆四年（1739）己未科
　　尹繼善--刑部尙書　　　　劉統勳--刑部侍郎　　　　吳家騏--禮部侍郎
　　阿克敦--吏部侍郎　　　　史貽直--刑部尙書
乾隆七年（1742）壬戌科
　　德　齡--工部侍郎　　　　陳世倌--文淵閣大學士　　史貽直--文淵閣大學士
乾隆十年（1745）乙丑科
　　德　沛--吏部侍郎　　　　汪由敦--刑部尙書
乾隆十三年（1748）戊辰科
　　來　保--武英殿大學士　　梁詩正--掌院學士
　　陳大受--協辦大學士吏部尙書
乾隆十六年（1751）辛未科
　　阿克敦--掌院學士　　　　孫嘉淦--工部尙書
乾隆十七年（1752）壬申科
　　介　福--禮部侍郎　　　　劉統勳--掌院學士
乾隆十九年（1754）甲戌科
　　介　福--禮部侍郎　　　　錢維城--內閣學士
乾隆二十二年（1757）丁丑科
　　觀　保--兵部侍郎　　　　劉　綸--戶部侍郎
乾隆二十五年（1760）庚辰科
　　梁詩正--兵部尙書　　　　觀　保--兵部侍郎
乾隆二十六年（1761）辛巳科
　　介　福--掌院學士　　　　劉　綸--兵部尙書　　　　觀　保--掌院學士
　　董邦達--左都御史
乾隆二十八年（1763）癸未科
　　德　保--吏部侍郎　　　　尹繼善--文華殿大學士　　劉統勳--掌院學士
　　劉　綸--協辦大學士戶部尙書
乾隆三十一年（1766）丙戌科
　　鐘　音--兵部侍郎　　　　王際華--戶部侍郎　　　　觀　保--掌院學士
乾隆三十四年（1769）己丑科
　　全　魁--內閣學士　　　　蔣元益--內閣學士
乾隆三十六年（1771）辛卯科
　　奉　寬--掌院學士　　　　王　杰--內閣學士　　　　謝　墉--內閣學士
乾隆三十七年（1772）壬辰科
　　奉　寬--掌院學士　　　　莊存與--內閣學士　　　　嵩　貴--內閣學士

汪廷璵--內閣學士

乾隆四十年（1775）乙未科

　　舒赫德--掌院學士　　　　　　英　廉--掌院學士

　　程景伊--協辦大學士吏部尙書

乾隆四十三年（1778）戊戌科

　　英　廉--掌院學士　　　　錢　載--內閣學士　　　　阿　桂--武英殿大學士

　　程景伊--文淵閣大學士　　德　保--禮部尙書

乾隆四十五年（1780）庚子科

　　阿　桂--掌院學士　　　　嵇　璜--掌院學士

乾隆四十六年（1781）辛丑科

　　阿　桂--掌院學士　　　　英　廉--東閣大學士　　　梁國治--戶部尙書

乾隆四十九年（1784）甲辰科

　　阿　桂--掌院學士　　　　嵇　璜--掌院學士

乾隆五十二年（1787）丁未科

　　阿　桂--掌院學士　　　　王　杰--東閣大學士

乾隆五十四年（1789）己酉科

　　和　珅--文華殿大學士　　彭元瑞--吏部尙書

乾隆五十五年（1790）庚戌科

　　和　珅--文華殿大學士　　彭元瑞--吏部尙書

乾隆五十八年（1793）癸丑科

　　和　珅--掌院學士　　　　彭元瑞--掌院學士

乾隆六十年（1795）乙卯科

　　和　珅--掌院學士　　　　彭元瑞--掌院學士

附表三　南書房入直表（1677～1795）〔註3〕

康熙十六年（1677）

　　張　英　　康熙六年（1667）進士，改庶吉士，授編修。以侍講學士入直。

　　高士奇　　以監生供奉內廷，授詹事府錄事，遷內閣中書。以中書銜入直，旋授侍
　　　　　　　講。

　　勵杜訥　　生員出身，以《世祖實錄》議敍州同。以食原品州同俸入直，旋授編修。

　　熊賜履　　順治十五年（1658）進士，由庶吉士授檢討。以掌院學士入直。

　　張玉書　　順治十八年（1661）進士，改庶吉士，授編修。以庶子入直。

康熙十七年（1678）

　　陳廷敬　　順治十五年（1658）進士，改庶吉士，授檢討。以掌院學士入直。

　　葉方藹　　順治十六年（1659）一甲三名進士，授編修。以侍讀學士入直。

　　王士禎　　順治十五年（1658）進士，授陽州府推官。以侍講入直。

〔註3〕資料來源：朱珪等纂《皇朝詞林典故》，卷六十三，題名，南書房入直。

　　徐乾學　　康熙九年（1670）一甲三名進士，授編修。以贊善入直。
　　王鴻緒　　康熙十二年（1673）一甲二名進士，授編修。以左都御史入直。
康熙二十二年（1683）
　　朱彝尊　　康熙十八年（1679）試博學鴻詞科，授檢討。以檢討入直。
　　沈　荃　　順治九年（1652）一甲三名進士，授編修。以詹事入直。
　　孫在豐　　康熙九年（1670）一甲二名進士，授編修。以侍講學士入直。
康熙二十三年（1684）
　　韓　菼　　康熙十二年（1673）一甲一名進士，授修撰。以侍讀入直。
　　王　掞　　康熙九年（1670）進士，改庶吉士，授編修。以贊善入直。
康熙二十四年（1685）
　　孫岳頒　　康熙二十一年（1682）進士，改庶吉士，授編修。以編修入直。
　　陳元龍　　康熙二十四年（1685）一甲二名進士，授編修。以編修入直。
康熙二十六年（1687）
　　胡會恩　　康熙十五年（1676）一甲二名進士，授編修。以中允入直。
康熙二十八年（1689）
　　史　夔　　康熙二十一年（1682）進士，改庶吉士，授編修。以編修入直。
康熙三十年（1691）
　　張廷瓚　　康熙十八年（1679）進士，改庶吉士，授編修。以侍讀學士入直。
康熙三十三年（1694）
　　法　海　　康熙三十三年（1694）進士。以庶吉士入直，後授檢討。
康熙三十七年（1698）
　　王士禛　　以左都御史再入直。
康熙三十九年（1700）
　　查　昇　　康熙二十七年（1688）進士，改庶吉士，授編修。以編修入直。
康熙四十一年（1702）
　　勵廷儀　　康熙三十九年（1700）進士，改庶吉士，授編修。以庶吉士入直。
　　錢名世　　以舉人入直，旋由庶吉士授職編修。
　　查慎行　　以舉人入直，旋由庶吉士授職編修。
　　汪　灝　　以舉人入直，旋由庶吉士授職編修。
　　何　焯　　以舉人入直，旋由庶吉士授職編修。
　　陳壯履　　康熙三十六年（1697）進士，改庶吉士，授編修。以編修入直。
康熙四十二年（1703）
　　楊　瑄　　康熙十五年（1676）進士，改庶吉士，授編修。以編修入直。
康熙四十三年（1704）
　　蔡升元　　康熙二十一年（1682）一甲一名進士，授修撰。以少詹事入直。
　　張廷玉　　康熙三十九年（1700）進士，改庶吉士，授檢討。以檢討入直。
康熙四十五年（1706）
　　蔣廷錫　　康熙四十二年（1703）會試下第，賜進士，改庶吉士，未散館即授編修。以
　　　　　　　編修入直。

顧悅履　　康熙三十三年（1694）一甲三名進士，授編修。以編修入直。

康熙四十六年（1707）

　　汪士鋐　　康熙三十六年（1697）進士，改庶吉士，授編修。以中允入直。

康熙五十年（1711）

　　彭廷訓　　康熙四十五年（1706）進士，改庶吉士，授編修。以贊善入直。

康熙五十一年（1712）

　　趙熊詔　　康熙四十八年（1709）一甲一名進士，授修撰。以修撰入直。

康熙五十二年（1713）

　　方　苞　　以會試中式舉人入直，旋授中允。

康熙五十三年（1714）

　　陳邦彥　　康熙四十二年（1703）進士，改庶吉士，授編修。以侍講入直。
　　胡　煦　　康熙五十一年（1712）進士，改庶吉士，授檢討。以檢討入直。
　　賈國維　　康熙四十五年（1706）一甲三名進士，授編修。以編修入直。
　　楊名時　　康熙三十年（1691）進士，改庶吉士，授檢討。以檢討入直。
　　儲在文　　康熙四十八年（1709）進士，改庶吉士，授編修。以編修入直。

康熙五十四年（1715）

　　張　照　　康熙四十八年（1709）進士，改庶吉士，授檢討。以檢討入直。
　　薄　海　　康熙五十一年（1712）進士，改庶吉士，授編修。以編修入直。
　　魏廷珍　　康熙五十二年（1713）一甲三名進士，授編修。以侍讀入直。

康熙五十六年（1717）

　　王圖炳　　康熙五十一年（1712）進士，改庶吉士，授編修。以庶子入直。

康熙五十七年（1718）

　　汪應銓　　康熙五十七年（1718）一甲一名進士，以修撰入直。

雍正元年（1723）

　　嵇曾筠　　康熙四十五年（1706）進士，改庶吉士，授編修。以侍講入直。
　　吳　襄　　康熙五十二年（1713）進士，改庶吉士，授編修。以編修入直。
　　王　傳　　康熙三十（1691）進士，改庶吉士，授檢討。以侍講入直。
　　吳士玉　　康熙四十五年（1706）進士，改庶吉士，授編修。以內閣學士入直。
　　史貽直　　康熙三十九年（1700）進士，改庶吉士，授檢討。以侍讀學士入直。
　　任蘭枝　　康熙五十二年（1713）一甲二名進士，授編修。以編修入直。
　　劉於義　　康熙五十一年（1712）進士，改庶吉士，授編修。以編修入直。
　　張元懷　　康熙五十二年（1713）進士，改庶吉士，授檢討。以檢討入直。
　　曹源郊　　康熙五十七年（1718）進士，改庶吉士，授編修。以編修入直。
　　于　振　　雍正元年（1723）一甲一名進士，授修撰。以修撰入直。
　　戴　瀚　　雍正元年（1723）一甲二名進士，授編修。以編修入直。
　　楊　炳　　雍正元年（1723）一甲三名進士，授編修。以編修入直。
　　張廷珩　　雍正元年（1723）進士，改庶吉士，未散館特授檢討。以檢討入直。
　　朱　軾　　康熙三十三年（1694）進士，由庶吉士改湖北潛江縣知縣。以左都御史入直。

雍正二年（1724）

　　勵宗萬　　康熙六十年（1721）進士，改庶吉士，授編修。以編修入直。

　　蔡　珽　　康熙三十六年（1697）進士，改庶吉士，授檢討。以左都御史入直。

雍正四年（1726）

　　楊超曾　　康熙五十四年（1715）進士，改庶吉士，授編修。以編修入直。

　　孫嘉淦　　康熙五十二年（1713）進士，改庶吉士，授檢討。以祭酒入直。

雍正五年（1727）

　　彭啓豐　　雍正五年（1727）一甲一名進士，授修撰。以修撰入直。

　　劉統勳　　雍正二年（1724）進士，改庶吉士，散館授編修。以編修入直。

雍正八年（1730）

　　蔣　溥　　雍正八年（1730）進士，改庶吉士，授編修。以庶吉士入直。

雍正十年（1732）

　　勵宗萬　　以鴻臚寺卿再入直。

雍正十一年（1733）

　　鄂樂舜　　雍正八年（1730）進士，改庶吉士，授編修。以編修入直。

　　劉　復　　雍正五年（1727）進士，改庶吉士，授編修。以編修入直。

雍正十三年（1735）

　　錢陳群　　康熙六十年（1721）進士，改庶吉士，授編修。以侍讀學士入直。

　　鄂爾泰　　舉人，襲佐領，授三等侍衛出身。以大學士入直。

　　徐元夢　　康熙十二年（1673）進士，選庶吉士，改戶部主事。以內閣學士入直。

　　方　苞　　以內閣學士再入直。

　　邵　基　　康熙六十年（1721）進士，改庶吉士，授編修。以掌院學士入直。

　　張若靄　　雍正十一年（1733）進士，改庶吉士，未散館特授編修。以編修入直。

　　嵩　壽　　雍正元年（1723）進士，改庶吉士，授編修。以侍讀入直。

　　介　福　　雍正十一年（1733）進士，改庶吉士。以庶吉士入直，後授檢討。

乾隆元年（1736）

　　鄂容安　　雍正十一年（1733）進士，改庶吉士，授編修。以編修入直。

　　楊名時　　以禮部尚書銜再入直。

　　梁詩正　　雍正八年（1730）一甲三名進士，授編修。以侍講學士入直。

　　顧成天　　雍正八年（1730）進士，改庶吉士，授編修。以編修入直。

　　金德瑛　　乾隆元年（1736）一甲一名進士，授修撰。以修撰入直。

　　黃孫懋　　乾隆元年（1736）一甲二名進士，授編修。以編修入直。

　　秦蕙田　　乾隆元年（1736）一甲三名進士，授編修。以編修入直。

　　汪由敦　　雍正二年（1724）進士，改庶吉士，授編修。以四譯館少卿入直。

　　嵇　璜　　雍正七年（1729）欽賜舉人，八年（1730）進士，改庶吉士，授編修。以諭
　　　　　　　德入直。

乾隆二年（1737）

　　徐　本　　康熙五十七年（1718）進士，改庶吉士，授編修。以東閣大學士入直。

乾隆四年（1739）

莊有恭　　乾隆四年（1739）一甲一名進士，授修撰。以修撰入直。

乾隆六年（1741）

　　觀　保　　乾隆二年（1737）進士，改庶吉士，授編修。以編修入直。

乾隆七年（1742）

　　張若靄　　以侍讀學士再入直。

乾隆十年（1745）

　　德　保　　乾隆二年（1737）進士，改庶吉士，授檢討。以檢討入直。

乾隆十一年（1746）

　　張若澄　　乾隆十年（1745）進士，改庶吉士，未散館特授編修。以編修入直。

乾隆十二年（1747）

　　董邦達　　雍正十一年（1733）進士，改庶吉士，授編修。以侍讀學士入直。

乾隆十四年（1749）

　　劉　綸　　由廩生舉博學鴻辭試第一，授編修。以內閣學士入直。

　　錢維城　　乾隆十年（1745）一甲一名進士，授修撰。以中允入直。

　　裘曰修　　乾隆四年（1739）進士，改庶吉士，授編修。以詹事入直。

　　王際華　　乾隆十年（1745）一甲三名進士，授編修。以侍讀學士入直。

乾隆十五年（1750）

　　于敏中　　乾隆二年（1734）一甲一名進士，授修撰。以侍讀入直。

乾隆十七年（1752）

　　德　保　　以工部侍郎再入直。

　　寶光鼐　　乾隆七年（1742）進士，改庶吉士，授編修。以內閣學士入直。

　　莊存與　　乾隆十年（1745）一甲二名進士，授編修。以侍講入直。

　　錢汝誠　　乾隆十三年（1748）進士，改庶吉士，授編修。以編修入直。

乾隆二十五年（1760）

　　蔣　栅　　乾隆十六年（1751）進士，改庶吉士，授編修。以編修入直。

乾隆三十六年（1771）

　　裘曰修　　以工部尙書再入直。

　　王　杰　　乾隆二十六年（1761）一甲一名進士，授修撰。以內閣學士入直。

　　彭元瑞　　乾隆二十二年（1757）進士，改庶吉士，授編修。以少詹事入直。

　　沈　初　　乾隆二十八年（1763）一甲二名進士，授編修。以庶子入直。

　　董　誥　　乾隆二十八年（1763）進士，改庶吉士，授編修。以中允入直。

乾隆三十九年（1774）

　　梁國治　　乾隆十三年（1748）一甲一名進士，授修撰。以禮部侍郎入直。

　　曹文埴　　乾隆二十五年（1760）二甲一名進士，改庶吉士，授編修。以侍讀學士入直。

乾隆四十一年（1776）

　　劉　墉　　乾隆十六年（1751）進士，改庶吉士，授編修。以內閣學士入直。

乾隆四十三年（1778）

　　錢汝誠　　以刑部侍郎再入直。

乾隆四十七年（1782）

　　劉　墉　　以左都御史再入直。

乾隆五十四年（1789）

　　孫士毅　　乾隆二十六年（1761）進士，歸班候選。以太常寺卿再入直。

乾隆五十六年（1791）

　　玉　保　　乾隆四十六年（1781）進士，改庶吉士，授檢討。以內閣學士入直。

　　吳省蘭　　乾隆四十三年（1778）進士，改庶吉士，授編修。以詹事入直。

　　阮　元　　乾隆五十四年（1789）進士，改庶吉士，授編修。以少詹事入直。

　　瑚圖禮　　乾隆五十二年（1787）進士，改庶吉士，授檢討。以祭酒入直。

　　那彥成　　乾隆五十四年（1789）進士，改庶吉士，授編修。以侍講入直。

附表四　尙書房入直表（1723～1795）〔註4〕

世宗朝

雍正元年（1723）

　　張廷玉--以禮部尙書入直　　朱　軾--以左都御史入直　　蔡世遠--以庶吉士入直

　　嵇曾筠--以侍講入直　　　　徐元夢--以工部尙書兼掌院再入直

雍正二年（1724）

　　蔡　珽--以左都御史入直　　張廷璐--以侍講入直　　　王懋竑--以編修入直

雍正三年（1725）

　　喀爾欽--以檢討入直

雍正四年（1726）

　　戴　瀚--以編修入直

雍正五年（1727）

　　彭啓豐--以修撰入直

雍正六年（1728）

　　李天寵--以編修入直　　　　吳大受--以檢討入直

雍正八年（1730）

　　蔣廷錫--以大學士入直　　　胡　煦--以檢討入直

　　顧成天--以舉人入直，旋由庶吉士授職編修

雍正九年（1731）

　　鄂爾泰--以大學士入直　　　邵　基--以戶科給事中入直

雍正十年（1732）

〔註4〕世祖朝即有太子及皇子講讀，聖祖雖廢太子，仍重視皇子課讀，無尙書房之
　　　　名，確有其實，惟其制並不清晰。至世宗之時始置尙書房，專爲諸皇子講
　　　　讀。此處所列尙書房入直者，爲仁宗朝史官參照檔籍與國史列傳，將入直者
　　　　溯自雍正元年爲始，見朱珪等纂《皇朝詞林典故》，卷六十三，題名，尙書房
　　　　入直。

福　敏--以左都御史入直
雍正十一年（1733）
　　林令旭--以編修入直　　　　　任啓運--以庶吉士入直
雍正十二年（1734）
　　梁詩正--以編修入直　　　　　余　棟--以編修入直
雍正十三年（1735）
　　劉統勳--以庶子入直　　　　　沈景瀾--以庶子入直　　　　　王承堯--以檢討入直
　　赫成峨--以庶吉士入直　　　　雷　鋐--以庶吉士入直　　　　嵩　壽--以侍讀入直
　　徐元夢--以禮部侍郎再入直

高宗朝

乾隆元年（1736）
　　楊名時--以禮部尙書銜入直　　陳悳華--以侍講學士入直　　　福　敏--以左都御史再入直
　　張廷玉--以大學士再入直　　　鄂容安--以編修入直　　　　　世　臣--以侍講入直
乾隆三年（1738）
　　余　棟--以編修再入直　　　　劉　藻--以侍讀入直
乾隆五年（1740）
　　鄂容安--以詹事再入直
乾隆七年（1742）
　　秦蕙田--以編修入直　　　　　王會汾--以編修入直
乾隆九年（1744）
　　張泰開--以庶吉士入直　　　　阿爾賽--以戶部尙書入直
乾隆十年（1745）
　　涂逢震--以侍讀學士入直　　　蔡　新--以編修入直
乾隆十三年（1748）
　　齊召南--以侍讀學士入直　　　周長發--以侍講學士入直　　　沈德潛--以禮部侍郎入直
　　周　煌--以庶子入直
乾隆十四年（1749）
　　陳悳華--以副都御史再入直　　程景伊--以侍讀學士入直　　　嵩　壽--以禮部侍郎再入直
　　孫嘉淦--以副都御史銜入直　　汪師韓--以編修入直　　　　　郭肇鐄--以侍講入直
　　周玉章--以侍講入直
乾隆十六年（1751）
　　蔡　新--以侍講再入直　　　　吳　煒--以候補京堂入直　　　毛輝祖--以太常寺少卿入直
乾隆十七年（1752）
　　覺羅奉寬--以庶子入直　　　　梁錫嶼--以司業入直
乾隆十八年（1753）
　　張泰開--以禮部侍郎再入直

乾隆二十年（1755）
　　張泰開--以編修再入直　　　　觀　保--以兵部侍郎入直　　　周長發--以侍讀學士再入直
乾隆二十一年（1756）
　　富　德--以內閣學士入直　　　曹洛禋--以侍讀學士入直　　　孫　灝--以通政使入直
乾隆二十二年（1757）
　　金　甡--以侍講學士入直　　　何國宗--以編修銜入直　　　　秦大士--以修撰入直
　　李中簡--以編修入直　　　　　盧文弨--以編修入直　　　　　倪承寬--以編修入直
　　鍾蘭枝--以編修入直　　　　　介　福--以禮部侍郎爲總師傅
　　張泰開--以通政使爲總師傅　　蔡　新--以刑部侍郎爲總師傅
　　觀　保--以兵部侍郎爲總師傅
乾隆二十四年（1759）
　　邊繼祖--以中允入直　　　　　龔學海--以侍讀學士入直　　　謝　墉--以編修入直
　　汪永錫--以編修入直
乾隆二十八年（1763）
　　劉統勳--以大學士爲總師傅
乾隆二十九年（1764）
　　汪廷璵--以少詹事入直　　　　劉星煒--以侍讀學士入直　　　李汪度--以編修入直
　　覺羅奉寬--以內閣學士再入直
乾隆三十年（1765）
　　尹繼善--以大學士爲總師傅
乾隆三十一年（1766）
　　吉夢熊--以給事中入直　　　　邊繼祖--以侍讀學士再入直
乾隆三十四年（1769）
　　湯先甲--以侍讀學士入直　　　胡高望--以庶子入直　　　　　汪永錫--以侍講學士再入直
乾隆三十五年（1770）
　　謝　墉--以內閣學士再入直　　陳兆崙--以編修入直
乾隆三十六年（1771）
　　王懿修--以編修入直
乾隆三十七年（1772）
　　童鳳三--以編修入直　　　　　嵇承謙--以編修入直
乾隆三十八年（1773）
　　錢大昕--以侍讀學士入直　　　于敏中--以大學士爲總師傅
乾隆三十九年（1774）
　　阿　肅--以候補侍講入直　　　達　椿--以大理寺卿入直　　　吳綬詔--以光祿寺卿入直
　　王大鶴--以侍講入直　　　　　彭　冠--以候補侍講入直　　　姚　頤--以編修入直
　　章書勳--以修撰入直　　　　　徐天柱--以編修入直
乾隆四十年（1775）
　　錢　載--以內閣學士入直

乾隆四十一年（1776）

    鄭濟唐--以編修入直　　　　曹秀先--以禮部尙書入直　　　朱　珪--以侍講學士入直

乾隆四十二年（1777）

    彭　冠--以侍講再入直　　　　曹秀先--以禮部尙書爲總師傅

乾隆四十六年（1781）

    葉觀國--以侍讀學士入直　　　德　保--以禮部尙書爲總師傅

乾隆四十七年（1782）

    莊存與--以禮部侍郎入直　　　三　寶--以大學士爲總師傅　嵇　璜--以大學士爲總師傅

    黃　軒--以候補洗馬入直　　　周　煌--以兵部尙書爲總師傅

    劉　墉--以左都御史爲總師傅

乾隆四十八年（1783）

    汪如洋--以修撰入直

乾隆四十九年（1784）

    孫效曾--以候補侍講入直　　　吳壽昌--以編修入直

乾隆五十年（1785）

    嚴　福--以編修入直　　　　　吳省欽--以光祿寺卿入直　　季學錦--以檢討入直

乾隆五十一年（1786）

    王　杰--以大學士爲總師傅　　戴心亨--以編修入直　　　　秦承業--以編修入直

    程昌期--以編修入直　　　　　茅元銘--以庶子入直

乾隆五十二年（1787）

    姚　頤--以侍講再入直　　　　錢　棨--以修撰入直

乾隆五十三年（1788）

    萬承風--以檢討入直　　　　　錢　樾--以編修入直　　　　邵玉清--以編修入直

乾隆五十四年（1789）

    阿　桂--以大學士爲總師傅　　李　綬--以左都御史爲總師傅

    達　椿--以侍讀學士再入直　　阿　肅--以光祿寺少卿再入直

    陳萬全--以編修入直

乾隆五十五年（1790）

    陳崇本--以侍講學士入直　　　邱廷漋--以編修入直

乾隆五十六年（1791）

    王坦修--以洗馬入直　　　　　謝　墉--以編修再入直

    裴　謙--以編修入直　　　　　童鳳三--以鴻臚寺卿再入直

    王　杰--以大學士再爲總師傅

乾隆五十七年（1792）

    竇光鼐--以左都御史爲總師傅

乾隆六十年（1795）

    王　綬--以編修入直　　　　　張運暹--以檢討入直

附表五　文淵閣職表（1776～1795）〔註5〕

文淵閣領閣事

乾隆四十一年（1776）	舒赫德--以武英殿大學士充
	于敏中--以文華殿大學士充
乾隆四十二年（1777）	阿　桂--以武英殿大學士充
乾隆四十四年（1779）	陳景伊--以文淵閣大學士充
乾隆四十五年（1780）	嵇　璜--以協辦大學士吏部尙書充
乾隆五十九年（1794）	彭元瑞--以工部尙書充

文淵閣直閣事

乾隆四十一年（1776）

劉　墉--以署內閣學士充	金士松--以詹事充	陸費墀--以侍讀學士充
陸錫熊--以侍讀學士充	紀　昀--以侍講學士充	朱　珪--以侍講學士充

乾隆四十二年（1777）

彭紹觀--以侍講學士充

乾隆四十四年（1779）

嵩　貴--以內閣學士充

乾隆四十五年（1780）

錢士雲--以內閣學士署	陸錫熊--以光祿寺卿仍充

乾隆四十七年（1782）

紀　昀--以兵部侍郎仍充

乾隆四十八年（1783）

李　綬--以內閣學士充	劉躍雲--以詹事署

乾隆四十九年（1784）

翁方綱--以詹事充	褚廷璋--以侍讀學士充	彭　冠--以侍講學士充

乾隆五十年（1785）

陸費墀--以禮部侍郎仍充	胡高望--以署內閣學士充

乾隆五十一年（1786）

瑞　保--以內閣學士充	童鳳三--以少詹事充	尹壯圖--以內閣學士署
全　魁--以侍讀學士充	陸伯焜--以侍讀學士充	

乾隆五十二年（1787）

鄒奕孝--以內閣學士充	管幹貞--以內閣學士署

乾隆五十四年（1789）

圖　敏--以內閣學士充

乾隆五十五年（1790）

〔註5〕 資料來源：朱珪等纂《皇朝詞林典故》，卷六十二，題名，文淵閣領閣事，文
　　　　淵閣直閣事，文淵閣校理。

翁方綱--以內閣學士充
乾隆五十六年（1791）
　　伯　麟--以內閣學士充　　　　阮　元--以詹事充
乾隆五十七年（1792）
　　吳省蘭--以內閣學士充
乾隆六十年（1795）
　　瑚圖禮--以內閣學士充

文淵閣校理

乾隆四十一年（1776）
　　夢　吉--以洗馬充　　　　劉錫嘏--以監察御史充　　　王仲愚--以檢討充
　　百　齡--以編修充　　　　宋　銑--以編修充　　　　蕭際韶--以編修充
　　章寶傳--以給事中充　　　孫永清--以內閣侍讀充　　　劉種之--以編修充
　　劉亨地--以侍講充　　　　劉權之--以洗馬充　　　　季學錦--以檢討充
　　黃　軒--以修撰充　　　　蕭　芝--以檢討充　　　　黃瀛元--以編修充
　　翁方綱--以編修充
乾隆四十二年（1777）
　　鄒奕孝--以侍講充　　　　張　燾--以編修充　　　　陳初哲--以修撰署
　　王嘉曾--以編修署　　　　吳壽昌--以編修署
乾隆四十五年（1780）
　　韋謙恒--以編修充　　　　德　昌--以侍講署，旋充　平　恕--以編修充
　　李堯棟--以編修充　　　　李　鎔--以編修充　　　　莊通敏--以編修充
乾隆四十六年（1781）
　　瑞　保--以檢討充　　　　汪如藻--以編修充　　　　五　泰--以檢討署，旋充
乾隆四十七年（1782）
　　莊承籛--以中允署，旋充
乾隆四十八年（1783）
　　黃瀛元--以編修再充　　　秦　泉--以編修充　　　　周興岱--以編修署
乾隆四十九年（1784）
　　汪如藻--以編修再充
乾隆五十年（1785）
　　陳崇本--以中允充　　　　褚廷璋--以庶子充　　　　彭　冠--以庶子充
　　劉謹之--以給事中充　　　彭元珫--以檢討充
乾隆五十二年（1787）
　　莊通敏--以贊善再充　　　邵晉涵--以編修充　　　　戴衢亨--以修撰充
　　德　昌--以侍讀再充　　　恭　泰--以侍講署　　　　王燕緒--以侍講署
　　汪學金--以編修充　　　　戴均元--以編修充　　　　王春煦--以編修充
　　羅修源--以編修充　　　　徐　鑑--以檢討署，旋充　胡　榮--以編修署
　　朱　攸--以編修署
乾隆五十五年（1790）
　　吳省蘭--以侍講充

乾隆五十六年（1791）
　　章宗瀛--以編修充　　　　　邱庭瀟--以編修充　　　　翟　槐--以編修充
　　錢　樾--以編修充　　　　　關　槐--以編修充
乾隆五十七年（1792）
　　繆　晉--以編修充
乾隆五十八年（1793）
　　馮集梧--以編修充　　　　　王　綏--以編修充　　　　洪　梧--以編修充
　　張師誠--以編修充

附表六　殿閣大學士簡歷表（1644～1795）〔註6〕

世祖朝始任大學士者

姓　名	籍貫、出身、殿閣經歷、謚號
范文程	瀋陽人，前明生員，文館出身。歷內秘書院、內翰林秘書院大學士。謚文肅。
希　福	滿洲正黃旗，文館出身。歷內弘文院、內翰林弘文院大學士。謚文簡。
剛　林	滿洲正黃旗，舉人，文館出身。歷內國史院、內翰林國史院大學士。
甯完我	遼陽人，漢軍正紅旗，文館出身。歷內翰林弘文院、內翰林國史院大學士。謚文毅。

〔註 6〕世祖朝至高宗朝大學士表，及下文漢缺六部尚書、漢缺左都御史、雍乾兩朝
　　　　軍機大臣等職官人員簡歷表，除別有引據外，均據下列諸書整理而得：
　　　　趙爾巽等撰《清史稿》。
　　　　錢實甫編《清代職官年表》（北京：中華書局，1980 年，全四冊）。
　　　　朱保炯、謝沛霖編《明清進士題名碑錄索引》（上海：上海古籍出版社，全三
　　　　冊，1980 年）。
　　　　《清史列傳》（台北：臺灣中華書局，據 1928 年上海中華書局排印本影印，
　　　　全十冊，1983 年臺二版）。又一部，王鍾翰點校本（北京：中華書局，全二十
　　　　冊，1987 年）。
　　　　《滿漢名臣傳》（哈爾濱：黑龍江人民出版社，據清末北京琉璃廠活字三集本
　　　　點校，全四冊，1991 年）。
　　　　李元度《國朝先正事略》（長沙：嶽麓書社，據清同治丙寅（五年，1866）冬
　　　　月循陔草堂木刻本點校，1991 年）。
　　　　徐世昌《大清畿輔先哲傳》（北京：北京古籍出版社點校本，全二冊，1993
　　　　年）。
　　　　錢儀吉纂《碑傳集》（北京：中華書局標點本，全十二冊，1993 年）。
　　　　《清碑傳合集》（錢儀吉《碑傳集》、繆荃孫《續碑傳集》、閔爾昌《碑傳集補》、
　　　　閔爾昌《碑傳集外文》、汪兆鏞《碑傳集三編》。上海：上海書店據清刊本影
　　　　印，全五冊，1988 年）。
　　　　李桓《國朝耆獻類徵》（台北：明文書局，周駿富輯《清代傳記叢刊》據清光
　　　　緒十年，湘陰李氏刊本影印，全六十五冊，1985 年）。

馮　銓	順天涿州人，明萬曆進士，改庶吉士，授檢討。降清，徵以大學士原銜入內院。歷內弘文院、內翰林弘文院、中和殿大學士。諡文敏，後削諡。
洪承疇	福建南安人，明萬曆進士。降清，隸漢軍鑲黃旗。歷內秘書院、內翰林秘書院、內翰林弘文院、武英殿大學士。諡文襄。
謝　陞	山東德州人，明萬曆進士。降清，任大學士。歷建極殿大學士。諡清義。
祁充格	滿洲鑲白旗，啓心郎出身。歷內翰林弘文院大學士。
李建泰	山西曲沃人，明天啓進士。降清，授內翰林弘文院大學士。
宋　權	河南商丘人，明天啓進士。降清，任巡撫，擢內翰林國史院大學士。諡文康。
陳　泰	滿洲鑲黃旗，初以護軍參領從征。歷內翰林國史院大學士。諡忠襄。
雅泰（秦）	滿洲正藍旗，承襲騎都尉世職，監管佐領事從征，後擢內國史院大學士。
陳名夏	江南溧陽人，明崇禎進士，官翰林修撰。降清，累遷內翰林弘文院、內翰林秘書院大學士。
李率泰	漢軍正藍旗，幼年入侍禁廷，從太宗征。順治元年授刑部參政，兼副都統。歷內翰林弘文院大學士。諡忠襄。
額色黑	滿洲鑲白旗，由護軍校從征。歷內翰林國史院、中和殿、保和殿、內國史院大學士。
陳之遴	浙江海寧人，明崇禎進士，授編修。降清，累遷內翰林弘文院大學士。
高爾儼	直隸靜海人，明崇禎進士，授編修。降清，累遷內翰林弘文院大學士。諡文端。
圖　海	滿洲正黃旗，初由筆帖式加員外郎銜，累遷內翰林弘文院、內弘文院、中和殿大學士。諡文襄。
成克鞏	直隸大名人，明崇禎進士，改庶吉士。入清，薦授國史院檢討。歷內翰林秘書院、中和殿、保和殿、內國史院、內秘書院大學士。
張　端	山東掖縣人，明崇禎進士，改庶吉士。入清，授檢討，累遷內翰林國史院大學士。諡文安。
劉正宗	山東安丘人，明崇禎進士，由推官行取，授翰林院編修。入清，薦授國史院編修。歷內翰林弘文院、文華殿大學士。
呂　宮	江蘇武進人，順治四年（1647）一甲一名進士，授秘書院修撰。歷內翰林弘文院大學士。
金之俊	江南吳江人，明萬曆進士。降清，仍兵部右侍郎。歷內翰林國史院、中和殿、內秘書院、武英殿大學士。諡文通。
蔣赫德	世居遵化，漢軍鑲白旗，文館讀書出身。歷內翰林國史院、文華殿、內弘文院、內國史院大學士。諡文端。
王永吉	江南高郵人，明天啓進士，薊遼總督。入清，累遷內翰林秘書院、內翰林國史院大學士。諡文通。
党崇雅	陝西寶雞人，明天啓進士，戶部侍郎。入清，徵授原官。歷內翰林國史院大學士。
傅以漸	山東聊城人，順治三年（1646）一甲一名進士，授弘文院修撰。歷內翰林秘書院、武英殿大學士。
巴哈納	覺羅，滿洲鑲白旗，從征有功，授騎都尉世職，管佐領，授刑部理事官。歷內翰林弘文院、中和殿、內秘書院大學士。諡敏壯。
車　克	滿洲鑲白旗，佐領兼前鋒侍衛從征。歷內翰林秘書院、內秘書院大學士。諡文端。
胡世安	四川井研人，明崇禎進士，改庶吉士，累官少詹事。降清，授原官。歷內翰林秘書院、武英殿、內秘書院大學士。
衛周祚	山西曲沃人，明崇禎進士，戶部郎中。入清，起授吏部郎中。歷內翰林弘文院、

	文淵閣、內國史院、保和殿大學士。
李　霨	直隸高陽人，順治三年（1646）進士，改庶吉士，授檢討。歷內翰林弘文院、東閣、內弘文院、保和殿大學士。諡文勤。
伊　圖	覺羅，滿洲鑲紅旗，順治元年（1644）秘書院學士起家。歷內弘文院大學士。諡文僖。
蘇納海	滿洲正白旗，多爾袞護衛。歷內國史院大學士。諡襄愍。

聖祖朝始任大學士者

姓　名	籍貫、出身、殿閣經歷、諡號
孫廷銓	山東益都人，明崇禎進士。降清，授推官。歷內秘書院大學士。諡文定。
巴　泰	漢軍鑲藍旗，二等侍衛從征，累遷內大臣。歷內國史院、內秘書院、中和殿大學士。諡文恪。
魏裔介	直隸柏鄉人，順治三年（1646）進士，由庶吉士授工部給事中。歷內秘書院、保和殿大學士。諡文毅。
班布爾善	宗室，太祖諸孫輔國公塔拜子，初封三等奉國將軍，累進輔國公，以領侍衛內大臣拜秘書院大學士，坐鰲拜事，絞。
對喀納	滿洲正藍旗，順治二年（1645）由內院筆帖式遷工部主事。歷內國史院、文華殿大學士。諡文端。
杜立德	直隸寶坻人，明崇禎進士。入清，薦授中書科中書。歷內國史院、保和殿大學士。諡文端。
索額圖	滿洲正黃旗，初任侍衛，後授吏部右侍郎。歷內國史院、保和殿大學士。
馮　溥	山東益都人，順治三年（1646）進士。四年（1647）補殿試，改庶吉士，授編修。歷文華殿大學士。諡文毅。
莫　洛	滿洲正紅旗，順治七年（1650）任刑部理事官，改工部主事，累遷郎中。歷武英殿大學士。諡忠愍。
熊賜履	湖北孝感人，順治十五年（1658）進士，由庶吉士授檢討。歷武英殿、東閣大學士。諡文端。
明　珠	滿洲正黃旗，由侍衛授鑾儀衛治儀正，遷內務府郎中，擢內務府總管。歷武英殿大學士。
勒德洪	覺羅，起家不詳，康熙十六年（1677）武英殿大學士。
王　熙	順天宛平人，順治四年（1647）進士，改庶吉士，授檢討。歷保和殿大學士。諡文靖。
黃　機	浙江錢塘人，順治四年（1647）進士，改庶吉士，授弘文院編修。歷文華殿大學士。諡文僖。
吳正治	湖廣江夏人，順治五年（1648）進士，改庶吉士，授內翰林國史院編修。歷武英殿大學士。諡文僖。
宋德宜	江南長州人，順治十二年（1655）進士，改庶吉士，授編修。歷文華殿大學士。諡文恪。
余國柱	湖北大冶人，順治九年（1652）進士，授兗州府推官。歷武英殿大學士。
李之芳	山東武定人，順治四年（1647）進士，授金華府推官。歷文華殿大學士。諡文襄。

梁清標	直隸眞定人，明崇禎進士，改庶吉士，降清，授編修。歷保和殿大學士。
伊桑阿	滿洲正黃旗，順治九年（1652）進士，由禮部六品筆帖式授主事。歷文華殿大學士。謚文端。
阿蘭泰	滿洲鑲藍旗，初任兵部筆帖式，累遷職方司郎中。歷武英殿大學士。謚文清。
徐元文	江南崑山人，順治十六年（1659）一甲一名進士，授修撰。歷文華殿大學士。
張玉書	江南丹徒人，順治十八年（1661）進士，改庶吉士，授編修。歷文華殿大學士。謚文貞。
李天馥	河南永城人，順治十五年（1658）進士，改庶吉士，授檢討。歷武英殿大學士。謚文定。
吳　琠	山西沁州人，順治十六年（1659）進士，選授河南確山縣知縣。歷保和殿大學士。謚文端。
馬　齊	滿洲鑲黃旗，由蔭生授工部員外郎。歷武英殿、保和殿大學士。謚文穆。
佛　倫	滿洲正白旗，初由筆帖式遷兵部主事。歷文淵閣大學士。
張　英	江南桐城人，康熙六年（1667）進士，改庶吉士，授編修。歷文華殿大學士。謚文端。
席哈納	滿人，起家不詳，康熙四十一年（1702）自禮部尙書爲文淵閣大學士。
陳廷敬	山西澤州人，順治十五年（1658）進士，改庶吉士，充會試同考，授檢討。歷文淵閣大學士。謚文貞。
李光地	福建安溪人，康熙九年（1670）進士，改庶吉士，授編修。歷文淵閣大學士。謚文貞。
溫　達	滿洲鑲黃旗，由筆帖式授都察院都事，遷戶部員外郎。歷文淵閣、文華殿大學士。謚文簡。
蕭永藻	漢軍鑲白旗，由蔭生補刑部筆帖式，授內閣中書。歷文華殿大學士。
嵩　祝	滿洲鑲藍旗，襲騎都尉，管佐領，遷護軍參領，擢內閣學士。歷文華殿大學士。
王　掞	江南太倉人，康熙九年（1670）進士，改庶吉士，授編修。歷文淵閣大學士。
王頊齡	江南華亭人，康熙十五年（1676）進士，授太常寺博士。康熙十八年（1679）博學鴻詞一等，授編修。歷武英殿大學士。謚文恭。
白　潢	漢軍鑲白旗，由筆帖式授內閣中書，遷侍讀。歷協理大學士事務、文華殿大學士。
富寧安	滿洲鑲藍旗，襲騎都尉世職，授侍衛，任佐領，遷驍騎參領，兼管火器營事。歷武英殿大學士。謚文恭。

世宗朝始任大學士者

姓　名	籍貫、出身、殿閣經歷、謚號
徐元夢	滿洲正白旗，康熙十二年（1673）進士，選庶吉士，改戶部主事。歷署大學士事。謚文定。
張鵬翮	四川遂寧人，康熙九年（1670）進士，選庶吉士，改刑部主事，遷員外郎。歷文華殿大學士。謚文端。
高其位	漢軍鑲黃旗，由筆帖式管佐領，隨征吳三桂，署參領。歷文淵閣大學士。謚文恪。
朱　軾	江西高安人，康熙三十三年（1694）進士，由庶吉士改授湖北潛江縣知縣。歷文

	華殿大學士。諡文端。
田從典	山西陽城人，康熙二十七年（1688）進士，授廣東英德縣知縣。歷協理大學士事、文華殿大學士。諡文端。
張廷玉	安徽桐城人，康熙三十九年（1700）進士，改庶吉士，授檢討。歷署大學士事、文淵閣、文華殿、保和殿大學士。諡文和。
遜　柱	滿洲鑲紅旗，補吏科筆帖式，授工部主事，遷戶部員外郎。歷署大學士事、文淵閣大學士。
蔣廷錫	江南常熟人，初由舉人供奉內廷，康熙四十二年（1703）會試下第，賜進士，改庶吉士，未散館即授編修。歷文淵閣大學士。諡文肅。
馬爾賽	滿洲正黃旗，襲爵，迭授護軍統領、鑲黃旗蒙古都統、領侍衛內大臣，掌鑾儀衛事。歷武英殿大學士。
陳元龍	浙江海寧人，康熙二十四年（1685）一甲二名進士，授編修。歷額外大學士、文淵閣大學士。諡文簡。
尹　泰	滿洲鑲黃旗，初由翰林院筆帖式補起居注主事，遷內閣侍讀，授翰林院侍講。歷額外大學士、東閣大學士。諡文恪。
鄂爾泰	滿洲鑲藍旗，舉人，襲佐領，授三等侍衛，遷內務府員外郎，特擢江蘇布政使，授廣西巡撫。歷保和殿大學士。諡文端。
福　敏	滿洲鑲白旗，康熙三十六年（1697）進士，改庶吉士，散館歸班。歷協理大學士事、武英殿大學士。諡文端。
嵇曾筠	江南長州人，康熙四十五年（1706）進士，改庶吉士，授編修。歷文華殿大學士。諡文敏。
彭維新	湖南茶陵人，康熙四十五年（1706）進士，改庶吉士，授編修。歷辦理內閣事務。
三　泰	滿洲鑲黃旗，起家不詳，雍正十二年（1734）由禮部尚書協辦大學士事。
徐　本	浙江錢塘人，康熙五十七年（1718）進士，改庶吉士，授編修。歷協辦大學士、東閣大學士。諡文穆。
邁　柱	滿洲鑲藍旗，由筆帖式授國子監助教，遷工部主事。歷武英殿大學士。諡文恭。
查郎阿	滿洲鑲白旗，初襲世職，兼佐領，授參領、吏部郎中。歷文華殿大學士。
巴　泰	滿人，起家不詳，雍正十三年（1735）由工部尚書任協辦大學士。

高宗朝始任大學士者

姓　名	籍貫、出身、殿閣經歷、諡號
趙國麟	山東泰安人，康熙四十五年（1706）進士，授直隸長垣縣知縣，遷永平府知府。歷文淵閣大學士。
陳世倌	浙江海寧人，康熙四十二年（1703）進士，改庶吉士，授編修。歷文淵閣大學士。諡文勤。
史貽直	江南溧陽人，康熙三十九年（1700）進士，改庶吉士，授檢討。歷協辦大學士、文淵閣大學士。諡文靖。
訥　親	滿洲鑲黃旗，由筆帖式襲公爵，授散秩大臣，命乾清門行走。歷協辦大學士、保和殿大學士。

慶　復　　漢軍，起家不詳，乾隆十年（1745）爲文華殿大學士，仍留川陝總督任。歷文華殿大學士。

劉於義　　江南武進人，康熙五十一年（1712）進士，改庶吉士，授編修。歷協辦大學士。謚文恪。

高　斌　　滿洲鑲黃旗，初隸內務府。由內務府主事遷員外郎，兼佐領，遷郎中，管理蘇州織造，授廣東布政使。歷協辦大學士、文淵閣大學士。

來　保　　滿洲正白旗，由庫使在批本處行走，奏事處行走，授藍翎侍衛。歷協辦大學士、武英殿、文華殿大學士。謚文端。

傅　恆　　滿洲鑲黃旗，藍翎侍衛，歷遷頭等侍衛，授總管內務府大臣，管理圓明園事務。歷協辦大學士、保和殿大學士。謚文忠。

陳大受　　湖南祁陽人，雍正十一年（1733）進士，改庶吉士，授編修。歷協辦大學士。謚文肅。

阿克敦　　滿洲正藍旗，康熙四十八年（1709）進士，改庶吉士，授編修。歷協辦大學士。謚文勤。

汪由敦　　浙江錢塘人，雍正二年（1724）進士，改庶吉士，授編修。歷協辦大學士。謚文端。

張允隨　　漢軍鑲黃旗，由監生捐光祿寺典簿，授江南寧國府同知。歷東閣大學士。謚文和。

孫嘉淦　　山西興縣人，康熙五十二年（1713）進士，改庶吉士，授檢討。歷協辦大學士。謚文定。

黃廷桂　　漢軍鑲紅旗，由監生襲雲騎尉世職，遷三等侍衛。歷武英殿大學士。謚文襄。

蔣　溥　　江南常熟人，雍正八年（1730）進士，改庶吉士，直南書房，授編修。歷協辦大學士、武英殿大學士。謚文恪。

達勒當阿　滿洲鑲黃旗，由三等侍衛襲一等子爵，授鑲黃旗蒙古副都統。歷協辦大學士。

鄂彌達　　滿洲正白旗，由戶部筆帖式授吏部主事，累遷郎中。歷協辦大學士。謚文恭。

兆　惠　　滿洲正黃旗，由筆帖式在軍機處行走，補內閣中書，遷內閣侍讀。歷協辦大學士。謚文襄。

劉統勳　　山東諸城人，雍正二年（1724）進士，改庶吉士，散館授編修。歷協辦大學士、東閣大學士。謚文正。

梁詩正　　浙江錢塘人，雍正八年（1730）一甲三名進士，授編修。歷協辦大學士、東閣大學士。謚文莊。

楊廷璋　　漢軍鑲黃旗，世襲佐領，由筆帖式授工部主事，遷員外、郎中，遷廣西桂林府知府。歷體仁閣大學士。謚勤愨。

尹繼善　　滿洲鑲黃旗，雍正元年（1723）進士，改庶吉士，授編修。歷協辦大學士、文華殿大學士。謚文端。

楊應琚　　漢軍正白旗，由蔭生授戶部員外郎，擢山西河東道。歷東閣大學士。

阿里袞　　滿洲鑲黃旗，由二等侍衛授總管內務府大臣。歷協辦大學士。謚襄壯。

莊有恭　　廣東番禺人，乾隆四年（1739）一甲一名進士，授修撰。歷協辦大學士。

陳宏謀　　廣西臨桂人，雍正元年（1723）進士，改庶吉士，授檢討。歷協辦大學士、東閣大學士。謚文恭。

阿爾泰	滿洲正黃旗，以副榜貢生授宗人府筆帖式，屢遷山東巡撫。歷武英殿大學士。
劉　綸	江蘇武進人，由廩生舉博學鴻辭試第一，授編修。歷協辦大學士、文淵閣大學士。諡文定。
官　保	滿洲正黃旗，由刑部筆帖式擢堂主事，遷員外郎。歷協辦大學士。諡文勤。
高　晉	滿洲鑲黃旗，由監生授山東泗水知縣。歷文華殿大學士。諡文端。
溫　福	滿洲鑲紅旗，繙譯舉人，補兵部筆帖式。歷武英殿大學士。
舒赫德	滿洲正白旗，由筆帖式授內閣中書。歷武英殿大學士。諡文襄。
于敏中	江蘇金壇人，乾隆二年（1734）一甲一名進士，授修撰。歷協辦大學士、文華殿大學士。諡文襄。
李侍堯	漢軍鑲黃旗，授六品蔭生，補印務章京，授副參領，遷參領。歷文華殿大學士。諡恭毅。
阿　桂	滿洲正藍旗，由蔭生任大理寺寺丞，中式舉人，補兵部主事，陞員外郎。歷協辦大學士、武英殿大學士。諡文成。
三　寶	滿洲正紅旗，繙譯進士，授中書，襲世管佐領，遷內閣侍讀。歷東閣大學士。諡文敬。
程景伊	江南武進人，乾隆四年（1739）進士，改庶吉士，授編修。歷協辦大學士、文淵閣大學士。諡文恭。
英　廉	漢軍鑲黃旗，舉人，由筆帖式授內務府主事，補淮安府外河同知。歷協辦大學士、東閣大學士。諡文肅。
嵇　璜	江蘇無錫人，雍正七年（1729）欽賜舉人，八年（1730）進士，改庶吉士，授編修。歷協辦大學士、文淵閣大學士。諡文恭。
永　貴	滿洲正白旗，由筆帖式授戶部主事，遷本部員外郎。歷協辦大學士。諡文勤。
蔡　新	福建漳浦人，乾隆元年（1736）二甲一名進士，改庶吉士，授編修。歷協辦大學士、文華殿大學士。諡文端。
伍彌泰	蒙古正黃旗，由蔭生襲三等伯，授公中佐領，擢散秩大臣。歷協辦大學士、東閣大學士。諡文端。
梁國治	浙江會稽人，乾隆十三年（1748）一甲一名進士，授修撰。歷協辦大學士、東閣大學士。諡文定。
和　珅	滿洲正紅旗，由生員襲三等輕車都尉，授三等侍衛，挑補黏杆處侍衛，遷乾清門侍衛，擢御前侍衛，授正藍旗滿洲副都統。歷協辦大學士、文華殿大學士。
劉　墉	山東諸城人，乾隆十六年（1751）進士，改庶吉士，授編修。歷協辦大學士、體仁閣大學士。諡文清。
王　杰	陝西韓城人，乾隆二十六年（1761）一甲一名進士，授修撰。歷東閣大學士。諡文端。
福康安	滿洲鑲黃旗，由閒散襲雲騎尉，授三等侍衛，命在乾清行走。歷協辦大學士、武英殿大學士。諡文襄。
彭元瑞	江西南昌人，乾隆二十二年（1757）進士，改庶吉士，授編修。歷協辦大學士。諡文勤。
孫士毅	浙江仁和人，乾隆二十六年（1761）進士，歸班候選。歷協辦大學士、文淵閣大學士。諡文靖。

附表七　漢缺六部尚書簡歷表（1644～1795）

世祖朝始任尚書者

姓　名	籍貫、出身、六部經歷、謚號
陳名夏	江南溧陽人，明崇禎進士，官翰林修撰。降清，累遷大學士。歷吏部尚書。
謝啓光	山東章丘人，明萬曆進士，累官南京兵部左侍郎。降清，授總督倉場戶部侍郎。歷戶部、工部尚書。
李若琳	山東新城人，明天啓進士，官翰林院檢討。降清，授原官。歷禮部尚書。
劉餘祐	順天宛平人，明萬曆進士，歷知嘉興、登封、河內三縣。降清，授工部侍郎。歷兵部、刑部、戶部尚書。
党崇雅	陝西寶雞人，明天啓進士，戶部侍郎。入清，徵授原官。歷刑部、戶部尚書。
金之俊	江南吳江人，明萬曆進士。降清，仍兵部右侍郎，累遷國史院大學士。歷工部、兵部尚書。謚文通。
高爾儼	直隸靜海人，明崇禎進士，授編修。降清，累遷大學士。歷吏部尚書。謚文端。
陳之遴	浙江海寧人，明崇禎進士，授編修。降清，累遷大學士。歷禮部、戶部尚書。
張鳳翔	山東堂邑人，明萬曆進士，除廣平府推官，擢給事中。降清，授戶部右侍郎。歷工部尚書。
王　鐸	河南孟津人，明天啓進士，改庶吉士，授編修。降清，命以禮部尚書管弘文院學士。歷禮部尚書。謚文安。
胡世安	四川井研人，明崇禎進士，改庶吉士，累官少詹事。降清，授原官。歷禮部尚書。
李化熙	山東長山人，明崇禎進士，選湖州府推官。降清授工部右侍郎。歷刑部尚書。
成克鞏	直隸大名人，明崇禎進士，改庶吉士。入清，薦授國史院檢討。歷吏部尚書。
劉正宗	山東安丘人，明崇禎進士，由推官行取，授翰林院編修。入清，薦授國史院編修。歷吏部尚書。
王永吉	江南高郵人，明天啓進士，薊遼總督。入清，累遷國史院大學士。歷兵部、吏部尚書。謚文通。
張秉貞	直隸人，明崇禎進士。入清，歷刑部、兵部尚書。
劉　昌	河南祥符人，明天啓進士，官至戶科給事中。降清，授原官。歷工部、刑部尚書。謚勤僖。
孟明輔	河南祥符人，明崇禎進士。入清，順治十一年（1654）由吏部左侍郎遷。
任　濬	山東益都人，明崇禎進士，累官兵部右侍郎，兼右僉都御史。入清，薦授戶部右侍郎，督理錢法。歷刑部尚書。
戴明說	直隸滄州人，明崇禎進士，由戶部主事，累遷兵科都給事中。入清，薦授原官。歷戶部尚書。
李際期	河南孟津人，明崇禎進士。入清，歷兵部、工部尚書。
孫廷銓	山東益都人，明崇禎進士。降清，授推官。歷兵部、戶部、吏部尚書。謚文定。
衛周祚	山西曲沃人，明崇禎進士，戶部郎中。入清，起授吏部郎中。歷工部、吏部尚書。
梁清標	直隸眞定人，明崇禎進士，改庶吉士，降清，授編修。歷兵部、禮部、刑部、戶部尚書。

白允謙	山西陽城人，明末進士，選庶吉士。入清，召入翰林，擢吏部侍郎。歷刑部尚書。
王宏祚	雲南永昌人，明舉人，官戶部郎中，督餉大同。降清，授岢嵐兵備道。歷戶部、刑部、兵部尚書。諡端簡。
王崇簡	直隸宛平人，明萬曆進士，官陝西布政使。入清，薦補庶常，擢秘書院檢討。歷禮部尚書。諡文貞。
杜立德	直隸寶坻人，明崇禎進士。入清，薦授中書科中書。歷刑部、戶部、吏部尚書。諡文端。
霍　達	陝西武功人，明崇禎進士，官御史，累遷江蘇巡撫。入清，薦授山東道監察御史。歷工部尚書。
楊　義	山西洪洞人，明崇禎進士，官山東聊城知縣。降清，選補河南汝陽知縣。歷工部尚書。
傅以漸	山東聊城人，順治三年（1646）一甲一名進士，授弘文院修撰。曾以武英殿大學士兼兵部尚書。
沙　澄	山東萊陽人，順治三年（1646）進士，改庶吉士，授檢討。歷禮部尚書。
高　景	直隸新安人，順治三年（1646）進士，初授湖廣道監察御史。歷刑部、工部尚書。
傅維鱗	直隸靈壽人，順治三年（1646）進士，改庶吉士，授編修。歷工部尚書。

聖祖朝始任尚書者

姓　名	籍貫、出身、六部經歷、諡號
魏裔介	直隸柏鄉人，順治三年（1646）進士，由庶吉士授工部給事中。歷吏部尚書。諡文毅。
龔鼎孳	江南合肥人，明崇禎進士，授兵科給世中。降清，授吏科右給事中。歷刑部、兵部、禮部尚書。諡端毅。
郝維訥	直隸霸州人，順治四年（1647）進士，授刑部主事，歷遷員外、郎中。歷工部、刑部、禮部、戶部、吏部尚書。諡恭定。
朱之弼	順天大興人，順治三年（1646）進士，受禮科給事中，累轉工科都給事中。歷工部、刑部、兵部尚書。
黃　機	浙江錢塘人，順治四年（1647）進士，改庶吉士，授弘文院編修。歷禮部、戶部、吏部、刑部尚書。諡文僖。
王　熙	順天宛平人，順治四年（1647）進士，改庶吉士，授檢討。歷工部、兵部尚書。諡文靖。
馮　溥	山東益都人，順治三年（1646）進士。四年（1647）補殿試，改庶吉士，授編修。歷刑部尚書。諡文毅。
艾元徵	山東濟陽人，順治三年（1646）庶吉士。歷刑部尚書。
吳正治	湖廣江夏人，順治五年（1648）進士，改庶吉士，授內翰林國史院編修。歷禮部、工部尚書。諡文僖。
冀如錫	直隸永平人，順治四年（1647）進士，授刑部主事，歷遷本部員外郎、郎中。歷工部尚書。
姚文然	江南桐城人，明崇禎進士，改庶吉士。入清，薦授國史院庶吉士，改禮科給事中。歷刑部尚書。諡端恪。

陳敱永	浙江海寧人，順治十二年（1655）進士，改庶吉士，授檢討。歷工部尚書。諡文和。
宋德宜	江南長州人，順治十二年（1655）進士，改庶吉士，授編修。歷刑部、兵部、吏部尚書。諡文恪。
劉　楗	直隸大城人，順治三年（1646）進士，授戶科給事中。諡端敏。歷刑部尚書。
魏象樞	山西蔚州人，明崇禎舉人。順治三年（1646）庶吉士，改刑科給事中。歷刑部尚書。諡敏果。
李之芳	山東武定人，順治四年（1647）進士，授金華府推官。歷兵部、吏部尚書。諡文襄。
余國柱	湖北大冶人，順治九年（1652）進士，授兗州府推官。歷戶部尚書。
張士甄	直隸通州人，順治六年（1649）進士，選庶吉士，授編修。歷刑部、禮部、吏部尚書。
杜　臻	浙江秀水人，順治十五年（1658）進士，改庶吉士，授編修。歷工部、刑部、兵部、禮部尚書。
胡昇猷	浙江山陰人，順治四年（1647）進士，授行人、戶部主事。歷刑部尚書。
陳廷敬	山西澤州人，順治十五年（1658）進士，改庶吉士，充會試同考，授檢討。歷工部、吏部、戶部、刑部尚書。諡文貞。
王日藻	江南華亭人，順治十二年（1655）進士，歷戶部、工部尚書。
張玉書	江南丹徒人，順治十八年（1661）進士，改庶吉士，授編修。歷刑部、禮部、兵部尚書。諡文貞。
湯　斌	河南睢州人，順治九年（1652）進士，由庶吉士授國史院檢討，外轉兵備道。康熙十八年（1679）舉博學鴻詞一等，授翰林院侍講。歷工部尚書。諡文正。
熊一瀟	江西南昌人，康熙三年（1664）進士，由庶吉士散館改浙江道御史。歷工部尚書。
徐元文	江南崑山人，順治十六年（1659）一甲一名進士，授修撰。歷戶部、刑部尚書。
熊賜履	湖北孝感人，順治十五年（1658）進士，由庶吉士授檢討。歷禮部、吏部尚書。諡文端。
李天馥	河南永城人，順治十五年（1658）進士，改庶吉士，授檢討。歷兵部、刑部、工部、吏部尚書。諡文定。
徐乾學	江南崑山人，康熙九年（1670）一甲三名進士，授編修。歷刑部尚書。
翁叔元	江南常熟人，康熙十五年（1676）一甲三名進士，授編修。歷工部、刑部尚書。
王　騭	山東福山人，順治十二年（1655）進士，授戶部主事。歷戶部尚書。
張　英	江南桐城人，康熙六年（1667）進士，改庶吉士，授編修。歷工部、禮部尚書。諡文端。
高爾位	漢軍正黃旗，舉人。順治九年行取，授監察御史。歷工部尚書。
李根裕	出身不詳，歷工部尚書。
李振裕	江西吉水人，康熙九年（1670）進士，選庶吉士，授檢討。歷工部、刑部、戶部、禮部尚書。
吳　琠	山西沁州人，順治十六年（1659）進士，選授河南確山縣知縣。歷刑部尚書。諡文端。
張鵬翮	四川遂寧人，康熙九年（1670）進士，選庶吉士，改刑部主事，遷員外郎。歷刑部、戶部、吏部尚書。諡文端。
范承勳	漢軍鑲黃旗，由蔭生入國子監讀書，康熙三年（1664）授工部員外郎。歷兵部尚書。

王士禎	山東新城人，順治十五年（1658）進士，授陽州府推官。歷刑部尚書。諡文簡。
王鴻緒	江南婁縣人，康熙十二年（1673）一甲二名進士，授編修。歷工部、戶部尚書。
王澤宏	江西鄱陽人，順治十二年（1655）進士，選庶吉士，授編修。歷禮部尚書。
韓　菼	江南長州人，康熙十二年（1673）一甲一名進士，授修撰。歷禮部尚書。諡文懿。
李光地	福建安溪人，康熙九年（1670）進士，改庶吉士，授編修。歷吏部尚書。諡文貞。
徐　潮	浙江錢塘人，康熙十二年（1673）進士，改庶吉士，授檢討。歷戶部、吏部尚書。諡文敬。
屠粹忠	浙江鄞縣人，順治十五年（1658）進士。歷兵部尚書。
王　掞	江南太倉人，康熙九年（1670）進士，改庶吉士，授編修。歷刑部、工部、禮部、兵部尚書。
宋　犖	河南商丘人，順治四年（1647）應詔以大臣子列侍衛，逾歲考試，注銓通判。康熙三年（1664）授湖廣黃州通判。歷吏部尚書。
金世榮	出身不詳，歷兵部尚書。
蕭永藻	漢軍鑲白旗，由蔭生補刑部筆帖式，康熙十六年（1677）授內閣中書。歷兵部、吏部、兵部尚書。
許汝霖	浙江海寧人，康熙二十一年（1682）進士，改庶吉士，授編修。歷禮部尚書。
張廷樞	陝西韓城人，康熙二十一年（1682）進士，改庶吉士，授編修。歷刑部、工部尚書。
桑　額	漢軍鑲藍旗，由護衛遷參領，授寧夏總兵。歷吏部尚書。
孫徵灝	出身不詳，歷兵部尚書。
郭世隆	漢軍鑲紅旗，襲管佐領，授禮部員外郎，擢監察御史。歷刑部尚書。
徐元正	浙江德清人，康熙二十四年（1685）進士，改庶吉士，授編修。歷工部尚書。
吳一蜚	福建長泰人，康熙二十一年（1682）進士，改庶吉士，授編修。歷刑部尚書。
陳　詵	浙江海寧人，由舉人授中書科中書舍人，考選科道，授吏科給事中。歷工部、吏部、禮部尚書。諡清恪。
胡會恩	浙江德清人，康熙十五年（1676）一甲二名進士，授編修。歷刑部尚書。
趙申喬	江南武進人，康熙九年（1670）進士，授商丘縣知縣。諡恭毅。歷戶部尚書。
王頊齡	江南華亭人，康熙十五年（1676）進士，授太常寺博士。康熙十八年（1679）博學鴻儒一等，授編修。歷工部尚書。諡文恭。
趙宏燦	甘肅寧夏人，由蔭生擢寧夏總兵。歷兵部尚書。諡敏恪。
范時崇	漢軍鑲黃旗，以蔭入監讀書，康熙二十三年（1684）授遼陽州知州。歷兵部尚書。
陳元龍	浙江海寧人，康熙二十四年（1685）一甲二名進士，授編修。歷工部、禮部、兵部尚書。諡文簡。
蔡升元	浙江德清人，康熙二十一年（1682）一甲一名進士，授修撰。歷禮部尚書。
田從典	山西陽城人，康熙二十七年（1688）進士，授廣東英德縣知縣。歷戶部、吏部尚書。諡文端。
白　潢	漢軍鑲白旗，由筆帖式授內閣中書，遷侍讀。歷兵部尚書。
張廷玉	安徽桐城人，康熙三十九年（1700）進士，改庶吉士，授檢討。歷禮部、戶部尚書。諡文和。
李先復	四川南部人，康熙十一年（1672）舉人，授山東曹縣知縣。歷工部尚書。

世宗朝始任尚書者

姓　名	籍貫、出身、六部經歷、諡號
張伯行	河南儀封人，康熙二十四年（1685）進士，考取內閣中書，改中書科中書。歷禮部尚書。諡清恪。
盧　詢	出身不詳，歷兵部尚書。
勵廷儀	直隸定海人，康熙三十九年（1700）進士，改庶吉士，授編修。歷刑部、吏部尚書。諡文恭。
李永紹	山東寧海州人，康熙二十四年（1685）進士，歷工部尚書。
蔡　珽	漢軍正白旗，康熙三十六年（1697）進士，改庶吉士，授檢討。歷吏部、兵部尚書。
李周望	直隸蔚州人，康熙三十六年（1697）進士，改庶吉士，授檢討。歷禮部尚書。
楊名時	江南江陰人，康熙三十年（1691）進士，改庶吉士，授檢討。歷吏部尚書。諡文定。
蔣廷錫	江南常熟人，初由舉人供奉內廷，康熙四十二年（1703）會試下第，賜進士，改庶吉士，未散館即授編修。歷戶部尚書。諡文肅。
何天培	漢軍正白旗，由七品蔭生授佐領，授火器營章京。歷兵部尚書。
宜兆熊	漢軍正白旗，襲二等男，補佐領，授參領。歷吏部尚書。
黃國材	漢軍正白旗，由監生考補內閣中書，遷都察院都事。歷兵部、刑部、工部尚書。
嵇曾筠	江南長州人，康熙四十五年（1706）進士，改庶吉士，授編修。歷吏部、兵部尚書。諡文敏。
石文焯	漢軍正白旗，由監生授江南松江府同知。歷禮部、兵部尚書。
路振揚	山西長安人，由行伍拔補把總，洊陞守備、游擊，授西安參將。歷兵部尚書。
馬會伯	甘肅寧夏人，康熙三十九年（1700）一甲一名武進士，授頭等侍衛。歷兵部尚書。
李永陞	出身不詳，歷工部尚書。
錢以塏	浙江嘉善人，康熙二十七年（1688）進士，選授廣東茂名知縣。歷禮部尚書。諡恭恪。
唐執玉	江南武進人，康熙四十二年（1703）進士，授浙江德清縣知縣。歷兵部、刑部尚書。
張大有	陝西郃陽人，康熙三十三年（1694）進士，改庶吉士，授編修。歷工部、禮部尚書。諡文敬。
魏廷珍	直隸景州人，康熙五十二年（1713）一甲三名進士，授編修。歷禮部、兵部、工部尚書。諡文簡。
史貽直	江南溧陽人，康熙三十九年（1700）進士，改庶吉士，授檢討。歷兵部、戶部、刑部、工部、吏部尚書。諡文靖。
劉於義	江南武進人，康熙五十一年（1712）進士，改庶吉士，授編修。諡文恪。歷刑部、吏部、戶部尚書。
彭維新	湖南茶陵人，康熙四十五年（1706）進士，改庶吉士，授編修。歷戶部、兵部尚書。
范時繹	漢軍鑲黃旗，初授佐領，遷參領。授副將，擢總兵。歷工部尚書。

吳士玉	江南吳縣人，康熙四十五年（1706）進士，改庶吉士，授編修。歷禮部尚書。諡文恪。
吳　襄	江南青陽人，康熙五十二年（1713）進士，改庶吉士，授編修。歷禮部尚書。諡文簡。
涂天相	湖北孝感人，康熙四十二年（1703）進士，改庶吉士，留館再教習三年，授編修。歷兵部、刑部、工部尚書。
張　照	江蘇婁縣人，康熙四十八年（1709）進士，改庶吉士，授檢討。歷刑部尚書。諡文敏。
徐　本	浙江錢塘人，康熙五十七年（1718）進士，改庶吉士，授編修。歷工部、刑部、戶部尚書。諡文穆。
任蘭枝	江蘇溧陽人，康熙五十二年（1713）一甲二名進士，授編修。歷禮部、戶部、兵部尚書。
高　起	由蔭生授四川茂州知州，遷陝西漢中知府。歷兵部尚書。
甘汝來	江西奉新人，康熙五十二年（1713）進士，由教習授直隸淶水縣知縣。歷兵部、吏部尚書。諡莊恪。

高宗朝始任尚書者

姓　名	籍貫、出身、六部經歷、諡號
孫嘉淦	山西興縣人，康熙五十二年（1713）進士，改庶吉士，授檢討。歷刑部、吏部、工部尚書。諡文定。
趙宏恩	漢軍鑲紅旗，由歲貢捐納道員，任湖廣襄陽道。歷工部尚書。
高其倬	漢軍鑲黃旗，康熙三十三年（1694）進士，改庶吉士，授檢討。歷戶部、工部尚書。諡文良。
趙國麟	山東泰安人，康熙四十五年（1706）進士，授直隸長垣縣知縣，遷永平府知府。歷禮部、刑部尚書。
楊超曾	湖南武陵人，康熙五十四年（1715）進士，改庶吉士，授編修。歷兵部、吏部尚書。諡文敏。
趙殿最	浙江仁和人，康熙四十二年（1703）進士，由內閣中書洊授禮部主事、員外郎，遷刑部郎中。歷工部尚書。
郝玉麟	漢軍鑲白旗，由驍騎校授千總，遷守備。歷吏部尚書。
陳惪華	直隸安州人，雍正二年（1724）一甲一名進士，授修撰。歷戶部、兵部、禮部尚書。
韓光基	漢軍鑲藍旗，由副榜貢生補驍騎校、副參領、佐領，擢協領。授正紅旗漢軍副都統。歷刑部、工部尚書。
陳世倌	浙江海寧人，康熙四十二年（1703）進士，改庶吉士，授編修。歷兵工部尚書。諡文勤。
劉吳龍	江西南昌人，雍正元年（1723）進士，改庶吉士，揀選改授吏部主事，累遷郎中。歷刑部尚書。諡清愨。
張　楷	漢軍正藍旗，領薦選授東阿縣令。歷戶部尚書。
阿爾賽	滿人，出身不詳，歷戶部尚書。
王安國	江蘇高郵人，雍正二年（1724）一甲二名進士，授編修。歷兵部、禮部、吏部尚書。諡文蕭。

汪由敦	浙江錢塘人，雍正二年（1724）進士，改庶吉士，授編修。歷刑部、工部、吏部尚書。謚文端。
梁詩正	浙江錢塘人，雍正八年（1730）一甲三名進士，授編修。歷戶部、兵部、吏部、刑部、工部尚書。謚文莊。
陳大受	湖南祁陽人，雍正十一年（1733）進士，改庶吉士，授編修。歷兵部、吏部尚書。謚文肅。
蔣　溥	江南常熟人，雍正八年（1730）進士，改庶吉士，直南書房，授編修。歷戶部尚書。謚文恪。
劉統勳	山東諸城人，雍正二年（1724）進士，改庶吉士，散館授編修。歷工部、刑部、吏部尚書。謚文正。
李元亮	出身不詳，歷兵部、戶部尚書。
黃廷桂	漢軍鑲紅旗，由監生襲雲騎尉世職，遷三等侍衛。謚文襄。歷吏部尚書。
楊錫紱	江西清江人，雍正五年（1727）進士，授吏部主事，累遷郎中，授貴州道監察御史。歷禮部尚書。謚勤愨。
衛哲治	河南濟源人，由拔貢生廷試優等，發江南委用，初署贛榆知縣，調鹽城。歷工部尚書。
何國宗	順天大興人，康熙五十一年（1712）進士，改庶吉士，授編修。歷禮部尚書。
歸宣光	出身不詳，歷禮部、工部尚書。
秦蕙田	江蘇金匱人，乾隆元年（1736）一甲三名進士，授編修。歷工部、刑部尚書。謚文恭。
嵇　璜	江蘇無錫人，雍正七年（1729）欽賜舉人，八年（1730）進士，改庶吉士，授編修。歷禮部、工部、兵部、吏部尚書。謚文恭。
李侍堯	漢軍鑲黃旗，授六品蔭生，補印務章京，授副參領，遷參領。歷戶部、工部、刑部尚書。謚恭毅。
劉　綸	江蘇武進人，由廩生舉博學鴻辭試第一，授編修。歷兵部、戶部、吏部尚書。謚文定。
董邦達	浙江富陽人，雍正十一年（1733）進士，改庶吉士，授編修。歷工部、禮部尚書。謚文恪。
陳宏謀	廣西臨桂人，雍正元年（1723）進士，改庶吉士，授檢討。歷吏部、兵部尚書。謚文恭。
彭啟豐	江南長州人，雍正五年（1727）一甲一名進士，授修撰。歷兵部尚書。
莊有恭	廣東番禺人，乾隆四年（1739）一甲一名進士，授修撰。歷刑部尚書。
楊廷璋	漢軍鑲黃旗，世襲佐領，由筆帖式授工部主事，遷員外、郎中，遷廣西桂林府知府。歷工部、刑部尚書。謚勤愨。
于敏中	江蘇金壇人，乾隆二年（1734）一甲一名進士，授修撰。歷戶部尚書。謚文襄。
張泰開	江蘇金匱人，乾隆七年（1742）進士，改庶吉士，尚書房行走，散館授編修。歷禮部尚書。謚文恪。
陸宗楷	雍正元年（1723）進士，充景山官學教習，改授檢討。歷兵部、禮部尚書。
裘曰修	江西新建人，乾隆四年（1739）進士，改庶吉士，授編修。歷禮部、工部、刑部尚書。謚文達。
蔡　新	福建漳浦人，乾隆元年（1736）二甲一名進士，改庶吉士，授編修。歷工部、刑部、兵部、禮部、吏部尚書。謚文端。
吳紹詩	山東海豐人，由生員保舉分刑部學習，授七品小京官。歷禮部、刑部尚書。謚恭定。

王際華	浙江錢塘人，乾隆十年（1745）一甲三名進士，授編修。歷禮部尚書。諡文莊。
程景伊	江南武進人，乾隆四年（1739）進士，改庶吉士，授編修。歷工部、刑部、吏部、戶部尚書。諡文恭。
范時綬	漢軍鑲黃旗，由筆帖式補戶部主事，累遷郎中。歷工部、刑部尚書。
崔應階	湖北江夏人，蔭生，初授順天府通判，遷西路同知。歷刑部尚書。
閻循琦	山東昌樂人，乾隆七年（1742）進士，改庶吉士，散館授工部主事。歷工部尚書。諡恭定。
曹秀先	江西新建人，乾隆元年（1736）進士，改庶吉士，授編修。歷禮部尚書。諡文恪。
袁守侗	山東長山人，由舉人授內閣中書，在軍機司員上行走。歷戶部、刑部尚書。諡清愨。
余文儀	浙江諸暨人，乾隆二年（1737）進士，由咸安公官學教習授刑部主事，累遷郎中，授福建福寧府知府。歷刑部尚書。
梁國治	浙江會稽人，乾隆十三年（1748）一甲一名進士，授修撰。歷戶部尚書。諡文定。
胡季堂	河南光山人，初以蔭生授順天府通判，改刑部員外郎，遷郎中。歷刑部尚書。諡莊敏。
周　煌	四川涪州人，乾隆二年（1737）進士，改庶吉士，授編修。歷工部、兵部尚書。諡文恭。
周元理	浙江仁和人，舉人，以知縣揀發直隸，補蠡縣，調清苑。歷工部尚書。
羅源漢	湖南長沙人，雍正十一年（1733）進士，改庶吉士，授編修。歷工部尚書。
劉　墉	山東諸城人，乾隆十六年（1751）進士，改庶吉士，授編修。歷工部、吏部、禮部尚書。諡文清。
金　簡	滿洲正黃旗，初授內務府筆帖式，累遷奉宸院卿，授總管內務府大臣。歷刑部尚書。諡勤恪。
姚成烈	浙江錢塘人，乾隆十年（1745）進士，授吏部主事，遷員外郎。歷禮部尚書。
王　杰	陝西韓城人，乾隆二十六年（1761）一甲一名進士，授修撰。歷兵部尚書。諡文端。
曹文埴	安徽歙縣人，乾隆二十五年（1760）二甲一名進士，改庶吉士，授編修。歷戶部尚書。諡文敏。
彭元瑞	江西南昌人，乾隆二十二年（1757）進士，改庶吉士，授編修。歷禮部、兵部、吏部、工部尚書。諡文勤。
董　誥	浙江富陽人，乾隆二十八年（1763）進士，改庶吉士，授編修。歷戶部、刑部尚書。諡文恭。
紀　昀	直隸獻縣人，乾隆十九年（1754）進士，改庶吉士，授編修。歷禮部、兵部尚書。諡文達。
孫士毅	浙江仁和人，乾隆二十六年（1761）進士，歸班候選。歷兵部、吏部尚書。諡文靖。
劉　峩	山東單縣人，由貢生捐納知縣即用。歷兵部尚書。〔註7〕
朱　珪	順天大興人，乾隆十三年（1748）進士，改庶吉士，授編修。歷兵部、吏部、戶部尚書。諡文正。

〔註7〕秦國經主編《清代官員履歷檔案全編》（上海：華東師範大學出版社，全三十冊，1997年），冊二，頁288；冊十八，頁129、135。

附表八　漢缺左都御史簡歷表（1644～1795）

世祖朝始任左都御史者

姓　　名	籍貫、出身、諡號
徐啓元	出身不詳，順治四年（1647）任左都御史。
洪承疇	福建南安人，明萬曆進士。降清，隸漢軍鑲黃旗。諡文襄。
趙開心	湖南長沙人，明崇禎進士，官兵部員外郎。入清，授陝西道御史。
房可壯	山東益都人，明萬曆進士，授御史。降清，薦授大理寺卿。
金之俊	江南吳江人，明萬曆進士。降清，仍兵部右侍郎，累遷國史院大學士。諡文通。
王永吉	江南高郵人，明天啓進士，薊遼總督。入清，累遷國史院大學士。諡文通。
龔鼎孳	江南合肥人，明崇禎進士，授兵科給世中。降清，授吏科右給事中。諡端毅。
成克鞏	直隸大名人，明崇禎進士，改庶吉士。入清，薦授國史院檢討。
魏裔介	直隸柏鄉人，順治三年（1646）庶吉士。諡文毅。
霍　達	陝西武功人，明崇禎進士，官御史，累遷江蘇巡撫。入清，薦授山東道監察御史。

聖祖朝始任左都御史者

姓　　名	籍貫、出身、諡號
郝惟訥	直隸霸州人，順治四年（1647）進士，授刑部主事，歷遷員外、郎中。諡恭定。
朱之弼	順天大興人，順治三年（1646）進士，受禮科給事中，累轉工科都給事中。
王　熙	順天宛平人，順治四年（1647）進士，改庶吉士，授檢討。諡文靖。
馮　溥	山東益都人，順治四年（1647）庶吉士。諡文毅。
杜篤祜	山西蒲州人，明崇禎舉人。入清，授延安府推官。
艾元徵	山東濟陽人，順治三年（1646）庶吉士。
吳正治	湖廣江夏人，順治六年（1649）庶吉士。諡文僖。
冀如錫	直隸永平人，順治四年（1647）進士，授刑部主事，歷遷本部員外郎、郎中。
劉鴻儒	直隸遷安人，順治三年（1646）進士，授兵科給事中。
姚文然	江南桐城人，明崇禎進士，改庶吉士。入清，薦授國史院庶吉士，改禮科給事中。諡端恪。
陳敱永	浙江海寧人，順治十二年（1655）進士，改庶吉士，授檢討。諡文和。
宋德宜	江南長州人，順治十二年（1655）進士，改庶吉士，授編修。諡文恪。
魏象樞	山西蔚州人，明崇禎舉人。順治三年（1646）庶吉士，改刑科給事中。諡敏果。
徐元文	江南崑山人，順治十六年（1659）一甲一名進士，授修撰。
余國柱	湖北大冶人，順治九年（1652）進士，授兗州府推官。
陳廷敬	山西澤州人，順治十五年（1658）進士，改庶吉士，充會試同考，授檢討。諡文貞。
董　訥	山東平原人，康熙六年（1667）一甲三名進士，授編修。
王鴻緒	江南婁縣人，康熙十二年（1673）一甲二名進士，授編修。
徐乾學	江南崑山人，康熙九年（1670）一甲三名進士，授編修。

郭　琇	山東即墨人，康熙九年（1670）進士，授吳江知縣。
于成龍	漢軍鑲黃旗，康熙七年（1668）由蔭生授直隸樂亭知縣。諡襄勤。
范承勳	漢軍鑲黃旗，由蔭生入國子監讀書，康熙三年（1664）授工部員外郎。
蔣宏道	山西臨汾人，順治十六年（1659）進士，選庶吉士，授檢討。
吳　琠	山西沁州人，順治十六年（1659）進士，選授河南確山縣知縣。諡文端。
張鵬翮	川遂寧人，康熙九年（1670）進士，選庶吉士，改刑部主事，遷員外郎。諡文端。
王士禎	山東新城人，順治十五年（1658）進士，授陽州府推官。諡文簡。
王澤宏	江西鄱陽人，順治十二年（1655）進士，選庶吉士，授編修。
李　柟	江南興化人，康熙十二年（1655）進士，選庶吉士，授檢討。
吳　涵	浙江石門人，康熙二十一年（1682）一甲二名進士，授編修。
梅　鋗	江南宣城人，康熙六年（1667）進士，康熙四十五年（1706）任左都御史。
蕭永藻	漢軍鑲白旗，由蔭生補刑部筆帖式，康熙十六年（1677）授內閣中書。
王九齡	江南華亭人，康熙二十一年（1682）進士，由庶吉士改授編修。
徐元夢	滿洲正白旗，康熙十二年（1673）進士，由庶吉士散館改戶部主事。諡文定。
趙申喬	江南武進人，康熙九年（1670）進士，授商丘縣知縣。諡恭毅。
劉　謙	直隸武強人，康熙十五年（1676）進士，康熙五十二年（1713）任左都御史。
范時崇	漢軍鑲黃旗，以蔭入監讀書，康熙二十三年（1684）授遼陽州知州。
蔡升元	浙江德清人，康熙二十一年（1682）一甲一名進士，授修撰。
田從典	山西陽城人，康熙二十七（1688）進士，授廣東英德知縣。諡文端。
朱　軾	江西高安人，康熙三十三年（1694）進士，由庶吉士改湖北潛江縣知縣。諡文端。

世宗朝始任左都御史者

姓　名	籍貫、出身、諡號
蔡　珽	漢軍正白旗，康熙三十六年（1697）進士，改庶吉士，授檢討。
裴倬度	山西曲沃人，由副貢捐納主事，受刑部主事，遷員外郎。
沈近思	浙江錢塘人，康熙三十九年（1700）進士，選授河南臨潁知縣。諡端恪。
唐執玉	江南武進人，康熙四十二年（1703）進士，授浙江德清縣知縣。
史貽直	江南溧陽人，康熙三十九年（1700）進士，改庶吉士，授檢討。諡文靖。
彭維新	湖南茶陵人，康熙四十五年（1706）進士，改庶吉士，授編修。
吳士玉	江南吳縣人，康熙四十五年（1706）進士，改庶吉士，授編修。諡文恪。
涂天相	湖北孝感人，康熙四十二年（1703）進士，改庶吉士，留館再教習三年，授編修。
張　照	江蘇婁縣人，康熙四十八年（1709）進士，改庶吉士，授檢討。諡文敏。
徐　本	浙江錢塘人，康熙五十七年（1718）進士，改庶吉士，授編修。諡文穆。
孔毓璞	山東曲阜人，由捐貢生補授戶部江西司郎中、江南揚州知府、分巡蘇松太道。〔註8〕
孫嘉淦	山西興縣人，康熙五十二年（1713）進士，改庶吉士，授檢討。諡文定。

〔註8〕秦國經主編《清代官員履歷檔案全編》冊一，頁32、47。

高宗朝始任左都御史者

姓　名	籍貫、出身、謚號
楊汝穀	江南懷寧人，康熙三十九年（1700）進士，授浙江浦江縣知縣。謚勤恪。
魏廷珍	直隸景州人，康熙五十二年（1713）一甲三名進士，授編修。謚文簡。
陳世倌	浙江海寧人，康熙四十二年（1703）進士，改庶吉士，授編修。謚文勤。
王安國	江蘇高郵人，雍正二年（1724）一甲二名進士，授編修。謚文肅。
劉吳龍	江西南昌人，雍正元年（1723）進士，改庶吉士，揀選改授吏部主事，累遷郎中。歷刑部尚書。謚清愨。
劉統勳	山東諸城人，雍正二年（1724）進士，改庶吉士，授編修。謚文正。
梅瑴成	安徽宣城人，以生員供奉蒙養齋，康熙五十三年（1714）欽賜舉人，五十四年（1715）賜殿試，成進士，改庶吉士，授編修。謚文穆。
楊錫紱	江西清江人，雍正五年（1727）進士，授吏部主事，累遷郎中，授貴州道監察御史。謚勤愨。
何國宗	順天大興人，康熙五十一年（1712）進士，改庶吉士，授編修。
趙宏恩	漢軍鑲紅旗，由歲貢捐納道員，任湖廣襄陽道。
歸宣光	出身不詳，乾隆二十三年（1758）任左都御史。
陳悳華	直隸安州人，雍正二年（1724）一甲一名進士，授修撰。
劉　綸	江蘇武進人，乾隆元年（1736）由廩生舉博學鴻詞試第一，授編修。謚文定。
金德瑛	浙江仁和人，乾隆元年（1736）一甲一名進士，授修撰。
董邦達	浙江富陽人，雍正十一年（1733）進士，改庶吉士，授編修。謚文恪。
彭啓豐	江南長州人，雍正五年（1727）一甲一名進士，授修撰。
張泰開	江蘇金匱人，乾隆七年（1742）進士，改庶吉士，授編修。謚文恪。
范時綬	漢軍鑲黃旗，由筆帖式補戶部主事，累遷郎中。
張若渟	安徽桐城人，雍正八年（1730）進士，授兵部主事，考選江西道御史。
崔應階	湖北江夏人，蔭生，初授順天府通判，遷西路同知。
羅源漢	湖南長沙人，雍正十一年（1733）進士，改庶吉士，授編修。
劉　墉	山東諸城人，乾隆十六年（1751）進士，改庶吉士，授編修。謚文清。
王　杰	陝西韓城人，乾隆二十六年（1761）一甲一名進士，授修撰。謚文端。
朱　椿	江蘇婁縣人，由監生捐納通判，效力江南海塘，議敘湖北荊州府同知。
周　煌	四川涪州人，乾隆二年（1737）進士，改庶吉士，授編修。謚文恭。
紀　昀	直隸獻縣人，乾隆十九年（1754）進士，改庶吉士，授編修。謚文達。
李　綬	直隸宛平人，乾隆十六年（1751）進士，改庶吉士，授編修。
竇光鼐	山東諸城人，乾隆七年（1742）進士，改庶吉士，授編修。
朱　珪	順天大興人，乾隆十三年（1748）進士，改庶吉士，授編修。謚文正。
金士松	江蘇吳江人，乾隆二十五年（1760）進士，改庶吉士，授編修。謚文簡。

附表九　雍乾兩朝軍機大臣簡歷表

世宗朝始任軍機大臣者

姓　名	籍貫、出身、諡號
張廷玉	安徽桐城人，康熙三十九年（1700）進士，改庶吉士，授檢討。雍正八年（1730）由保和殿大學士入直。諡文和。
蔣廷錫	江南常熟人，初由舉人供奉內廷，康熙四十二年（1703）會試下第，賜進士，改庶吉士，未散館即授編修。雍正八年（1730）由文淵殿大學士入直。諡文肅。
馬爾賽	滿洲正黃旗，襲爵，迭授護軍統領、鑲黃旗蒙古都統、領侍衛內大臣，掌鑾儀衛事。雍正八年（1730）由武英殿大學士入直。
馬蘭泰	滿洲正黃旗，襲伯爵，參贊大臣。雍正十一年（1733）由領侍衛內大臣、蒙古都統、一等英誠侯入直。
訥　親	滿洲鑲黃旗，由筆帖式襲公爵，授散秩大臣，命乾清門行走。雍正十一年（1733）由御前大臣、三等果毅公入直。
徐　本	浙江錢塘人，康熙五十七年（1718）進士，改庶吉士，授編修。雍正十三年（1735）由刑部尚書入直。諡文穆。
班　第	蒙古鑲黃旗，由官學生授內閣中書。雍正十三年（1735）由理藩院右侍郎辦理軍機事務。諡義烈。
索　柱	出身不詳，雍正十三年（1735）由內閣學士軍機辦理軍機事務。
豐盛額	出身不詳，雍正十三年（1735）由都統辦理軍機事務。
海　望	滿洲正黃旗，由護軍校授內務府主事，遷員外郎。雍正十三年（1735）由內大臣、戶部左侍郎辦理軍機事務。諡勤恪。
莽鵠立	滿洲鑲黃旗，初授理藩院筆帖式，遷內閣中書。雍正十三年（1735）由都統辦理軍機事務。諡勤敏。
納延泰	蒙古正藍旗，由理藩院筆帖式授主事，遷員外郎。雍正十三年（1735）由理藩院左侍郎辦理軍機事務。
允　祿	莊恪親王，聖祖第十六子。雍正十三年（1735）命總理事務王大臣。
允　禮	果毅親王，聖祖第十七子。雍正十三年（1735）命總理事務王大臣。
鄂爾泰	滿洲鑲藍旗，舉人，襲佐領，授三等侍衛，遷內務府員外郎，特擢江蘇布政使，授廣西巡撫。雍正十三年（1735）由保和殿大學士入直。諡文端。

高宗朝始任軍機大臣者

姓　名	籍貫、出身、諡號
傅　恒	滿洲鑲黃旗，藍翎侍衛，歷遷頭等侍衛，授總管內務府大臣，管理圓明園事務。乾隆十年（1745）由戶部右侍郎入直。諡文忠。
高　斌	滿洲鑲黃旗，初隸內務府。由內務府主事遷員外郎，兼佐領，遷郎中，管理蘇州織造，授廣東布政使。乾隆十年（1745）由吏部尚書入直。
蔣　溥	江南常熟人，雍正八年（1730）進士，改庶吉士，直南書房授編修。乾隆十年（1745）由吏部右侍郎入直。諡文恪。

汪由敦	浙江錢塘人，雍正二年（1724）進士，改庶吉士，授編修。乾隆十一年（1746）由刑部尚書入直。諡文端。
陳大受	湖南祁陽人，雍正十一年（1733）進士，改庶吉士，授編修。乾隆十三年（1748）由吏部尚書入直。諡文肅。
舒赫德	滿洲正白旗，由筆帖式授內閣中書。乾隆十三年（1748）由戶部尚書入直。諡文襄。
來　保	滿洲正白旗，由庫使在批本處行走，奏事處行走，授藍翎侍衛。乾隆十三年（1748）由武英殿大學士入直。諡文端。
尹繼善	滿洲鑲黃旗，雍正元年（1723）進士，改庶吉士，授編修。乾隆十三年（1748）由戶部尚書入直。諡文端。
劉　綸	江蘇武進人，由廩生舉博學鴻辭試第一，授編修。乾隆十五年（1750）由工部右侍郎入直。諡文定。
兆　惠	滿洲正黃旗，由筆帖式在軍機處行走，補內閣中書，遷內閣侍讀。乾隆十五年（1750）由刑部右侍郎入直。諡文襄。
劉統勳	山東諸城人，雍正二年（1724）進士，改庶吉士，散館授編修。乾隆十七年（1752）由刑部尚書入直。諡文正。
雅爾哈善	覺羅，滿洲正紅旗，由翻譯舉人授內閣中書，遷侍讀。乾隆十九年（1754）由浙江巡撫署戶部左侍郎入直。
阿蘭泰	蒙古正白旗，襲雲騎尉世職，授藍翎侍衛，累遷二等侍衛。乾隆十九年（1754）由盛京將軍入直。
阿里袞	滿洲鑲黃旗，由二等侍衛授總管內務府大臣。乾隆二十一年（1756）由戶部尚書入直。諡襄壯。
裘曰修	江西新建人，乾隆四年（1739）進士，改庶吉士，授編修。乾隆二十一年（1756）由吏部右侍郎入直。諡文達。
夢　齡	蒙古籍，出身不詳，乾隆二十一年（1756）由工部右侍郎學習入直。
三　泰	漢軍正白旗，由藍翎侍衛洊授二等侍衛，遷正紅旗漢軍副都統。乾隆二十三年（1758）由吏部左侍郎入直。諡果勇。
富　德	滿洲正黃旗，駐防吉林，自護軍擢至三等侍衛，從征金川，遷二等侍衛。乾隆二十五年（1760）由理藩院尚書入直。
于敏中	江蘇金壇人，乾隆二年（1734）一甲一名進士，授修撰。乾隆二十五年（1760）由戶部右侍郎入直。諡文襄。
阿　桂	滿洲正藍旗，由蔭生任大理寺寺丞，中式舉人，補兵部主事，陞員外郎。乾隆二十八年（1763）由工部尚書入直。諡文成。
福隆安	滿洲鑲黃旗，尚和嘉公主，授和碩都尉，授御前侍衛。乾隆三十三年（1768）由兵部尚書學習入直。諡勤恪。
索　琳	滿洲正藍旗，由蔭生以主事用，籤製兵部，中翻譯舉人，洊陞吏部員外郎，調兵部。乾隆三十三年（1768）由署戶部右侍郎入直。
溫　福	滿洲鑲紅旗，繙譯舉人，補兵部筆帖式。乾隆三十五年（1770）由吏部右侍郎入直。
豐昇額	自三等侍衛襲封一等公，擢領侍衛內大臣，署兵部尚書、鑲藍旗蒙古都統。乾隆三十五年（1770）由署兵部尚書學習入直。諡誠武。
桂　林	滿洲鑲藍旗，由廩生捐主事，授工部主事，洊遷郎中，遷山西河東道。乾隆三十六年（1771）由戶部右侍郎學習入直。諡壯敏。

慶　桂	滿洲鑲黃旗，以蔭生授戶部員外郎，充軍機章京。乾隆三十六年（1771）由理藩院右侍郎學習入直。諡文恪。
福康安	滿洲鑲黃旗，由閒散襲雲騎尉，授三等侍衛，命在乾清行走。乾隆三十七年（1772）由戶部右侍郎學習入直。諡文襄。
袁守侗	山東長山人，由舉人授內閣中書，在軍機司員上行走。乾隆三十八年（1773）由刑部左侍郎學習入直。諡清愨。
梁國治	浙江會稽人，乾隆十三年（1748）一甲一名進士，授修撰。乾隆三十八年（1773）由湖南巡撫召京入直。諡文定。
阿思哈	滿洲正黃旗，由官學生考授內閣中書，遷侍讀，洊遷刑部郎中、軍機處行走。乾隆三十九年（1774）由左都御史入直。諡莊恪。
和　珅	滿洲正紅旗，由生員襲三等輕車都尉，授三等侍衛，挑補黏杆處侍衛，遷乾清門侍衛，擢御前侍衛，授正藍旗滿洲副都統。乾隆四十一年（1776）由戶部右侍郎入直。
明　亮	滿洲鑲黃旗，文生員，指爲多羅額駙，授整儀尉，累遷鑾儀尉鑾儀使。乾隆四十一年（1776）由成都將軍入覲，命留京日入直。諡文襄。
董　誥	浙江富陽人，乾隆二十八年（1763）進士，改庶吉士，授編修。乾隆四十四年（1779）由戶部左侍郎入直。諡文恭。
福長安	滿洲鑲黃旗，自藍翎侍衛累遷至正紅旗滿洲副都統、武備院卿，領內務府，命在軍機處學習行走。乾隆四十一五年（1780）由戶部右侍郎入直。
王　杰	陝西韓城人，乾隆二十六年（1761）一甲一名進士，授修撰。乾隆五十一年（1786）由兵部尚書入直。諡文端。
孫士毅	浙江仁和人，乾隆二十六年（1761）進士，歸班候選。乾隆五十四年（1789）由兵部尚書入直。諡文靖。
松　筠	蒙古正藍旗，由翻譯生員考補理藩院筆帖式，充軍機章京，陞主事。乾隆五十八年（1793）由戶部左侍郎入直。諡文清。
台　布	蒙古正藍旗，由繙譯生員補理藩院筆帖式，擢額外主事。乾隆六十年（1795）由內閣學士、工部左侍郎學習入直。